◎启明星道德故事丛书

校园品德故事

项　星主编

编写者：

吕志宏　　刘娜娜　　舒　颖　　唐澜波

项　红　　江国何　　徐　菲　　周　晓

唐玉平　　项龙康　　唐澜涛　　付汇娟

杨雪奎

海峡出版发行集团
THE STRAITS PUBLISHING & DISTRIBUTING GROUP

福建少年儿童出版社
FUJIAN CHILDREN'S PUBLISHING HOUSE

图书在版编目（CIP）数据

校园品德故事 / 项星主编 . — 福州：福建少年儿童出版社，2015.5（2022.12重印）

（启明星道德故事丛书）

ISBN 978-7-5395-5196-8

Ⅰ．①校… Ⅱ．①项… Ⅲ．①品德教育－青少年读物　Ⅳ.① D432.62

中国版本图书馆 CIP 数据核字（2015）第 068408 号

校园品德故事

——启明星道德故事丛书

主　　编：项　星
出版发行：福建少年儿童出版社
http://www.fjcp.com　e-mail: fcph@fjcp.com
社　　址：福州市东水路 76 号 17 层（邮编：350001）
经　　销：福建新华发行（集团）有限责任公司
印　　刷：福州印团网印刷有限公司
地　　址：福州市仓山区建新镇十字亭路 4 号
开　　本：720 毫米 ×1000 毫米　1/16
字　　数：227 千字
印　　张：13.5
版　　次：2015 年 5 月第 1 版
印　　次：2022 年 12 月第 2 次印刷
ISBN 978-7-5395-5196-8
定　　价：25.00 元

如有印、装质量问题，影响阅读，请直接与承印者联系调换。

联系电话：0591-87881810

前　言

为什么编这套书？说得夸张点：为了幸福。什么是幸福？仁者智者，各有见解。有一点恐怕是肯定的：幸福离不开一个使人心情舒畅的生活环境。什么是环境？字面上解释是指周围的情况和条件。这包括了两个方面：自然环境和社会环境。世界上评选出不少适宜人居住的城市，它的标准也包含这两点。

人们的幸福生活，离不开一个良好的生活环境。这个良好的生活环境，不仅仅指自然环境，更重要的是社会环境。这个社会环境，就是我们共同的家园。这个家园，需要全社会成员共同创建。人与人之间都是相互依存的。我为人人，人人为我，各行各业各尽其职，人人规言矩行，团结互助，同舟共济……这样才能建成和谐社会。

和谐社会，令人神往。古往今来，先贤们发挥了充分的想象，为我们绘制了详细的蓝图。如今，我们仍在为此努力。大家把建设和谐社会的重点放在道德建设上。为此，我们以道德为主题，组织编写了启明星道德故事丛书。

中国自古就是礼仪之邦，有许多传统美德。有些道德观念，以今天眼光来看也许过时了，但我们不应苛求古人。千百年来，正因为有这么多传统美德，才孕育了光辉灿烂的中华文明。助人为乐、尊老爱幼、诚实守信、先人后己、谦虚谨慎、勤奋好学……这些优良品质是亘古不变的。

我们在崇尚中华传统美德的同时，也不应忘了其他国家人民的美德。你应该看到，那儿的人民，更多的是遵纪守法、宽容豁达、开拓进取、乐善好施、尊重他人的……这些美德，也是人类共同的精神财富。

这套丛书中的故事，有的以历史事实为依据，加以描写；有的以人物传记为蓝本，加以缩写；有的以新闻报道为素材，加以改写。

俗话说："十年树木，百年树人。"道德建设要从娃娃抓起，要以青少年道德教育作为重点，正因为如此，这套丛书是专为青少年朋友编写的。

青少年读物，不应局限于青少年生活。在这套丛书里，我们除了讲诉感人至深的青少年道德方面的故事，也让青少年朋友提前跨入成年人的现实生活和精神世界。让他们看看，先辈是怎样忧国忧民，公而忘私的；先贤们是怎样刻苦自励，艰苦创业的；守信者是怎样言而有信，一诺千金的；重义者是怎样见义勇为，扶危济困的。也让他们看看，先辈是怎样克己奉公，刚正不阿的；是怎样赤胆忠心，忍辱负重的……

这些故事，像一颗颗璀璨的珍珠，晶莹剔透，闪闪发亮，折射出这些人物身上夺目的光芒，这就是道德力量。青少年朋友读了这些故事，当可从中获得知识，受到启迪，明白事理，学会做人。

目录 Contents

第一章　融化寒冬的蜡梅香

一　因为爱你，所以不近人情

　　小婷的家里很贫穷，家里虽然只有小婷一个独生女，但是因为爸爸妈妈都没念过书，所以只能靠种庄稼来维持一家人的生活。小婷能够来学校上学，都是爸爸妈妈平时省吃俭用留下来的钱来供她念书的。小婷知道父母很辛苦，因此在学校努力地学习，她的学习成绩也很好。但是每次班里开家长会，总是不见小婷的父母。

　　这一次月考过后，课上班主任冯老师通知本周六上午班级要开家长会，而且这次要求所有的家长都要到。因为，冯老师要把这次的月考成绩告诉各个学生的父母，并向父母了解一下各个学生在家里的情况。小婷听了这个消息，心里很着急，她不是担心自己的成绩不好到时候会被老师批评，而是害怕请来爸爸妈妈让大家瞧不起。

　　下课后，小婷自己一个人去找班主任，跟班主任说，她的爸爸妈妈不能来参加家长会。当班主任冯老师问她原因的时候，她只是吞吞吐吐地说："我爸爸妈妈都要干活，没时间过来。"班主任听了小婷的回答后，还是坚持要求小婷一定要把这个通知告诉她的父母，并要求一定要准时来参加家长会。

　　放学回家后，小婷放下书包就在房间里做作业，晚上妈妈干完农活回来，问她："婷婷啊，听说这次月考的成绩出来了，你考得怎么样啊？"小婷看着一脸微笑的妈妈，竟有些不耐烦了，她回了句："还不就那样啊？"然后就埋下头自己看书了。

　　妈妈看小婷的情绪有些不对劲，以为是孩子在学习上遭遇了什么困难，于是就去学校找班主任了解一下情况。当班主任冯老师看到小婷的妈妈之后，他似乎明白了什么。当时，他跟小婷的妈妈说，小婷在学校的状态挺好的，学习成绩不错，这次月考成绩是全班的第二名。小婷妈妈听了很开心，连忙感谢老师对小婷的教育。冯老师面对小婷妈妈的感谢，微笑了一下，然后跟小婷妈妈说："小婷妈妈啊，我们学校这个周六的上午将会开一次家长会，到时候您准时来参加啊！"小婷妈妈听了，连忙说好。

周六上午的时候，家长会准时召开。小婷望了望，教室里面坐满了人，家长都在互相交流着，但是班主任冯老师还没出现。

一会儿，班主任冯老师从教室外面走进来了，但是他的后面还有一个人。这是一个中年妇女，只见她一身朴素打扮，穿在身上的衣服都很破旧，但是很整洁。小婷看着那熟悉的身影，心里在惊叹："那不是妈妈吗？"妈妈一走进教室就微笑着向教室里的人点了点头，接着就在人群中寻找小婷。这时，冯老师连忙指了指小婷的方向。小婷看到妈妈向她走过来，脸一下子就红了。她连忙低下头，心里在埋怨冯老师，觉得他太不近人情了。同时，她的耳边顿时什么都听不清了，直到妈妈来到她身边坐下，她才听到冯老师说家长会开始。

冯老师首先公布了一下这个月的月考结果，冯老师没有将大家的成绩按照排名的方式来念，而是分为了优、好、良。小婷自然是被分到了优等一级，但是她依然没敢抬起头来看大家。当家长会进行到最后的时候，冯老师说："下面，就请我们一位优秀的妈妈，来给大家讲讲她的教育之道吧！大家欢迎！"说完，冯老师就把目光转向小婷的妈妈，示意她上台来演讲。

小婷的妈妈顺着过道走上了讲台，大家的掌声一起响了起来。当妈妈的声音从讲台上传来时，小婷慢慢地抬起了头。妈妈在上面谈到自己的女儿时，总不忘夸奖她聪明懂事，但同时也很谦卑地说到小婷的不足。台下的家长们，听着小婷妈妈的演讲，掌声一阵阵地响起，大家都向她投去羡慕和赞叹的目光。

小婷看着讲台上的妈妈，她的脸上堆满了微笑，有些雀斑的脸上干净得发亮。她再看看身边的其他同学的父母们，他们不时给妈妈送去掌声，不时又用赞叹的目光看着小婷。这时，小婷把目光转向了站在讲台旁边的冯老师，他正专注地听着妈妈演讲。她终于明白了，原来冯老师不是不近人情，而是因为关心她。明白了一切的小婷，此刻心里对冯老师充满了感激。当她再次望向讲台，她不由自主地仰起了头。

二 最亲爱的"刁蛮校长"

9 月是收获的季节，一个山村的老校长望着田野里的金黄色的麦子，再望望教室里坐着的学生，他那严肃古板的脸上竟然露出了灿烂的笑容。

老校长走在学校的石板路上，秋风迎面吹来，他感到很惬意。忽然，老校长的电话响了起来。

"喂，江校长，你好！你的一个学生在找你，说要跟你拿一个什么画本。"电话那头是学校收发室的小李。老校长听了，开始是迷糊了，他在脑子里快速地想了一下，自己拿过哪个学生的画本，可是想了大半天，他还是没能想起来。于是，他给收发室的小李说："那个学生叫什么名字啊？他还在吗？"

"在，他说他的名字是刘峰。"小李话刚一说完，老校长立马就想了起来，自己确实是拿过那么一个学生的画本。可是，那个画本他早已经不知道放到哪里去了，"这下该怎么办？学生过来拿，那个画本对他的意义肯定很重大，那我回去得好好找找。"老校长在心里想着。

"那你让他先回去吧，我正在外面办事情呢。还有，你让他把他的地址留下来吧，到时候我给他寄过去。"老校长想完之后决定暂时还是不跟刘峰见面。

将刘峰打发走之后，老校长赶紧回到办公室，他到处翻找，就是没有发现绘画本的影子。于是，他就在脑里回想着当年那件事情的经过，试着找回自己对那绘画本的记忆。

老校长清楚地记得，那是一个炎热的夏天的中午，他正在每个教室外面走动，去视察各个班级的学习情况。当他走到初三年级（3）班的时候，讲台上的老师正在讲解数学题目，而坐在窗户旁边的一位学生却正在埋头画画。老校长先是站在外面，看了那个学生好半天，然后是在讲课的老师发现了校长。她跑出来，跟老校长说了一会儿话，然后那个学生被叫了出来，跟着老校长去了办公室。

来到办公室，老校长一脸严肃地问那个学生："你叫什么名字？上数学课画画，你数学是学得够好了吗？"那个学生只回答说，他的名字叫刘峰，之后就沉默了下来。老校长见刘峰一直不说话，然后就让他走，并且没有要把绘画本还给刘峰的意思。刘峰急了，临走的时候还小声地问了句："能不

能把绘画本还给我，那是我用攒下的零花钱买的？"老校长听了，随手翻了一下那绘画本，然后又看着刘峰，说了句："等你毕业后再来跟我拿！"刘峰听了，只好默默地走了出去。

想到这里，老校长依稀记得那本绘画本里画着的画，其实都很漂亮。他当时想着学生即将面临中考，所以现在不能让他分心。他本来以为自己收过那么多学生的东西，到最后不是自己忘了就是学生忘了，只是没想到，刘峰竟然还是记得当年老校长对他许下的承诺。

凭着回忆，老校长再次把当年为学生保留的东西翻找了一遍，但是仍然没有下落。此时，老校长心里觉得有点愧疚，他推测这对刘峰来说是一个非常重要的物品，但是想了想，觉得还是要为他做点儿什么。于是，老校长重新买了一个绘画本，然后从收发室的小李那里拿来了刘峰的地址，并附上了几句话：

刘峰，你好，我是江校长。当年我给你保管的绘画本已经找不到了。我感到很抱歉，请你原谅校长。

搞好这些后，老校长将新买的绘画本寄给了刘峰。虽然给他寄去了这些东西，但是老校长心里依旧有些愧疚，尽管他平时对学生严格要求，总是会以一副刁蛮古板的样子来面对学生，但实际上，他在心里对学生是很关心的。这次，因为不知道刘峰会不会接受自己的道歉，所以真的会有一种寝食难安的感觉。所幸的是，过了几天之后，刘峰给老校长来信了，刘峰在信中说道：

敬爱的江校长，我非常感谢你当年为我保留那本绘画本。那是我用攒下的零花钱买的，因为我很喜欢画画。虽然今天我没能拿回那本绘画本，但是看着校长您给我的这本绘画本，我高兴极了。因为，当时我太喜欢画画所以经常会忽略老师上的课，可是后来没有了那本仅有的绘画本，我反而可以专心上课了。现在，我已经考上了我们市里的一中，我回来拿绘画本，其实是为了见您一面，想亲口对您说声"谢谢"！

敬爱的江校长，虽然您平时都是一副刁蛮的样子，但是在我的心里，您是亲近和蔼的。谢谢您，我亲爱的"刁蛮校长"。

看着信中的内容，老校长动容了，他觉得心里的石头终于落下了。

三 最难忘的惩罚

在玛丽的印象中，弗洛斯丽老师是一个精明苛刻的老师。其实，在玛丽看来，平时生活中弗洛斯丽并不是那么严肃，只是同学们都这么说，她也就这么以为了。不过，在一次考试中，玛丽也算是见识到了弗洛斯丽老师的"精明"。

"今天我们来进行一次测验，大家都要我认真地对待，不要弄虚作假。考试首先就是要以诚信为原则，你们不要欺骗我，更不要欺骗你们自己。好了，开始考试。"弗洛斯丽老师在说这些话的时候，她的脸上没有一丝让人亲近的感觉。大家听着弗洛斯丽老师的讲话，感受着她那严肃的气氛，开始考试做题。

时间一分一秒地过去了，教室里静悄悄地，只听得见同学们翻试卷和铅笔在试卷上摩擦的声音。玛丽看着自己手中的卷子，还有好几道大题没做，开始着急了。然而一看竟然发现自己不会做。离考试结束还有半个小时，玛丽的那几道大题依旧没有解出来，她急得手心开始冒冷汗。忽然，她的心里有了一个想法，她想要让丽丽给她写答案。于是，她抬起头来偷偷地看了下前面，她发现弗洛斯丽老师此时正坐在橡木桌子前看书，玛丽心想这下正好不会被逮到，所以就赶紧塞了张纸条给丽丽。丽丽迅速地接过纸条，然后快速地抄完答案，将纸条再递给玛丽。玛丽拿到丽丽给她的答案，然后再看了一眼弗洛斯丽老师，她还在保持着刚刚看书的状态。玛丽看一切正常，连忙将答案抄写在试卷上。"丁零零……"随着下课铃的响起，大家停下了手中的笔，陆续走上讲台将自己的答卷交给弗洛斯丽老师。当玛丽上去交卷的时候，不知道是自己心慌，还是弗洛斯丽老师发现了她考试作弊，玛丽发现弗洛斯丽老师对她笑了一下。

考完测验，学生们便可以迎来一个轻松的周末了，这是玛丽每个星期最享受的两天。不过，这个周末对于玛丽来说却是最难熬的两天。因为玛丽回家以后，她一直在想着弗洛斯丽老师对她的那一笑，她担心老师已经发现了自己的不诚实行为。这种忐忑的心情一直持续了两天两夜，就连晚上睡觉的时候，玛丽在梦里都梦到弗洛斯丽老师把她叫过去惩罚她。玛丽终于受不了这种内心的煎熬，最后她还是决定星期一上学的时候，要和丽丽去向弗洛斯丽老师坦白一切。

星期一上学的时候，玛丽和丽丽提前来到了学校。她们一起找到了弗洛斯丽老师，此时她正在办公室里批改她们的作业。玛丽看了一眼放在弗洛斯丽老师手边的试卷，然后她向弗洛斯丽老师问候了一句："您好！弗洛斯丽老师。"弗洛斯丽老师抬起头看着她们笑了一下，这一笑在玛丽的心中像一道闪电，一下子触动了她这两天来不安的心情。于是，玛丽随即接着说："弗洛斯丽老师，对不起，我是来向您认错的。上周的考试，我们作弊了，我让丽丽给我写了答案。"说完，玛丽就低下了头，丽丽在一边也是红着脸，低着头。

"过来。"弗洛斯丽老师发话了。玛丽和丽丽抬起头看着弗洛斯丽老师，她让她们站到一个方形的桌子的对面。然后，弗洛斯丽老师拿出了一个长长的木三角板，并让她们都闭上眼睛。玛丽紧紧地闭上了眼睛，她知道这是弗洛斯丽老师要对她们进行惩罚了。"啪"的一声之后，丽丽大叫了一下，接着又是"啪"的一声，丽丽又喊了一下。玛丽听着丽丽的喊叫声，心里又害怕又愧疚，她觉得都是自己连累丽丽，这不应该是她受到惩罚。所以，当再次"啪"地一声响起之后，玛丽随即睁开了眼睛，"弗洛斯丽老师，要打请打我吧，是我让丽丽帮我写答案的，这是我连累了她。"

丽丽听了玛丽的话很惊讶，她说："不是你在受惩罚吗？"说完，两人面面相觑，而弗洛斯丽老师接着就将木三角板在那个长方形的桌子上狠狠地打了一下。接着，弗洛斯丽老师便笑着对她们说："这次的惩罚是对你们两个考试作弊的惩罚，虽然不是真的打你们，但是你们让我看到了你们诚实的一面，这是最可贵的。好了，以后记得做人也要像现在一样诚实。这次你们的考试成绩将作废，以后再也不许这样做了啊。"

玛丽听着弗洛斯丽老师的话，顿时觉得她并不像同学们说的那样苛刻，虽然是如传闻中一样"精明"。那以后，弗洛斯丽老师在同学们心中的印象依旧没有改变，但是同学们越来越尊敬她，越来越爱她。

四　感谢有你

12岁以前，小言和爸爸妈妈一直都是聚少离多。记忆中，她经常寄住在亲戚家里，为了防止小言到处乱跑，他们有的时候会把她反锁在屋子里。也许是因为一个人待的时间太久，小言渐渐变得内向与敏感，也不爱和周围的小朋友一起玩耍。后来，就算爸爸妈妈不再东奔西跑了，她还是孤独如故。

尽管爸爸妈妈不再东奔西跑了，但工作依旧很忙，他们很少过问小言的学习。为了引起他们更多的关注，小言努力做个"乖孩子"，按时上学，按时完成作业，按时回家。她开始隐藏自己敏感内向的那一面，逢人就露出傻乎乎的笑容，大家都以为小言是个开朗乐观的好孩子。

初三那一年的分班考试，小言被分到了初三（3）班，还被任命为语文课代表，也就是在那一年，她有幸遇到了学生时代最让她尊敬的语文老师。她姓艾，长发齐肩，经常戴着漂亮的丝巾，她笑的时候两颊有浅浅的酒窝。那一年也是小言学生时代最开心的一年。

进入初三了，面临着中考的压力，每个老师都不敢放松对他们学习的要求，艾老师更是如此。或许是小言平时的表现比较大大咧咧，艾老师一直都以为小言是一个热情开朗的学生，再加上她对学生的要求也很严格，经常会拿小言和班里另一个成绩比较好的女生作比较，有时甚至会当着全班同学的面批评她。小言喜欢写作，测试作文部分经常拿高分，但前面的基础题却总是因为粗心大意丢分。起初老师批评小言前面的基础题掌握不扎实的时候，她常常都不以为然。"哼！有什么了不起，我只要作文写得再好一点儿就行，前面的基础题都是小意思，根本不需要花太多功夫提高。"那个时候的小言既敏感又偏执，丝毫听不进别人的意见，总觉得老师是故意让她难堪，自然也没有把老师的话真正放在心上。

直到有一次，小言心中那堵自尊的高墙终于崩塌了。

还记得那是一次比较重要的考试，由于粗心大意，小言基础题部分错了很多。在发试卷的时候，艾老师在全班同学的面前毫不留情地数落她："跟你说过很多次了你都不听，你不要以为作文写得还不错就沾沾自喜，语文可不仅仅是写作，还有很多基础的部分，你连基础都没有打牢，作文写得再好也只不过是空中楼阁。这次家长会得好好和你父母沟通一下才行。"

老师的声音不算小，即使低着头，小言依然能感受到她那责备的目光。小言又气又急，一方面觉得老师总是这样在所有人面前数落她，真是太不给面子了；另一方面又很忐忑，急得团团转。心想："完了完了，爸爸妈妈一直都以为我是个乖孩子，如果知道我学习不好，爸爸会不会像小时候那样打我？"小时候挨打的情景也如放电影一般在她的脑海里重现，隐藏在内心深处的那种敏感与自卑再次被唤醒了。

怀着这种忐忑的心情，小言通知妈妈去学校给她开家长会。当然，因为害怕，她并没有主动和妈妈说起老师在班里批评她的那些话。那天晚上，小言如坐针毡地在家里等待参加家长会的妈妈，短短的几个小时就像煎熬了好几年似的。

"老师有跟你说起什么吗？"妈妈刚推开大门，还没等妈妈开口，小言就迫不及待地问道，心里更是做好了被妈妈狠狠批评一顿的准备。

没想到妈妈竟然笑着告诉小言："老师夸你对待班级工作认真负责，是她的好帮手，她还让我多多鼓励你，说你学习很自觉！"

小言心里一惊，看着妈妈，满腹疑云，心想："艾老师不是要告我的状的吗？平时在我面前这么严厉，她居然会在妈妈面前表扬我，真是不可思议！"

带着这样的疑问，她和往常一样去上学。第二天下课的时候老师把她叫到办公室。当时的小言局促不安，心头的那张大鼓咚咚作响。"这次又要跟我说什么？她葫芦里到底卖的什么药啊？"

没想到艾老师一脸歉意地看着小言，微笑着说道："对不起！我一直以为你是个热情开朗的孩子，而且你又是语文课代表，想对你严格一些，所以才会以那样的方式激励你。如果之前我批评你的话让你觉得难以接受，我真的很抱歉！"

小言抬起头，一脸愕然地看着她。艾老师又接着说："其实我还是很喜欢你的，所以想让你做得更好，并不是真的想批评你。以后有什么烦恼或是任何想说的话，都可以写在周记里。我仔细看过你的周记本，那些周记是你自己写的吗？"

小言默默地点点头，艾老师接着说："写得很不错，一定要再接再厉，老师期待能看到你更好的一面，当然其他部分也不能放松哦！"

小言感激地看着艾老师，心中那根绷紧的弦瞬间放松了，原来艾老师不是不认可她，只是想激励她做得更好。于是小言渐渐找回了开朗自信的自己，只要一有机会，老师也会在全班同学面前念小言写的周记，鼓励她参加各种各样的征文竞赛，甚至还说服班主任和数学老师帮小言补习数学。在艾老师的鼓励下，小言学习的干劲也越来越足，进步也越来越大。

如今，初中岁月已经远去，很多同学也已各奔东西，但艾老师对小言的谆谆教导，她到现在还记忆犹新。艾老师从来都不会因为某个学生成绩不好就忽视他，而是尽可能发掘每一个学生的优点并及时鼓励。初中毕业之后，小言和父母一起从老家搬到了城里，自然也没有机会再见到艾老师。她一直很想亲自告诉艾老师，说："真的很感谢！因为有你，我的初三生涯才能如此快乐而充实。"

五　水中情

她在大学里的时候一直有个梦想，那就是去大山里支教。虽然听很多人说那边的条件很艰苦，但是她总是坚信自己能够吃得来这些苦。大学毕业以后，终于有了一个远赴西部山区支教的机会，她义无反顾地选择前往。

她一个人被分到了一个山坳里的小村落里，临行前，她的同学把自己查到的，关于她即将要去的那个地方的环境告诉了她，让她有个心理准备，她只说知道了。看来，现在她的心意已决。

来到山村时是下午，虽然才3点多，但是由于四处都是黄土，而且漫天都是昏黄的沙子，所以天空仿佛是罩了一层幕布，提前进入了黑暗。接待她的是一个中年的妇女，那妇女自我介绍说，她是这村里小学的校长，叫赞布。赞布校长带着她来到学校，她老远就模糊地看到，一个破落低矮的土房前站满了人。当她走近的时候，她发现这些人都是当地的家长和孩子。经赞布校长介绍说，村里的人听说有一个老师要过来支教，大家都前来迎接。在赞布校长的带领下，她一一地和各位家长握手和拥抱，这种感觉很好，她第一次感受到了以前从未感受过的热情。

当家长带着孩子都散去之后，赞布校长带着她参观了一下她们的校园。只见这里所谓的校园就是一个土房屋，再加门前的一个小山坡，坡上插了一根不高的竹篙，上面绑着五星红旗。看到这一幕，她有些心酸。

晚上，赞布校长领着她到为她准备好的宿舍，然后为她提来一桶温水，嘱咐她洗个澡，好好休息下。她满怀着激情和对这个小山村的感动，对赞布校长连连表示感谢。送走了赞布校长之后，她准备洗澡。当她把水倒进洗澡盆里的时候，发现水浑浊不清，她就有些不适应，但由于赶了一天的路，满身的汗味，她还是勉强用水擦了一下。但结果却是越洗越脏，这下她开始感觉到不舒服了。第二天上课的时候，她用自己新买的开水瓶去接开水，却发现接出来的开水也是浑浊的，她只好先倒出水，沉淀之后再喝。可是，当她将水倒入口中的时候，发现这水的味道竟是又酸又苦。虽然这种情况她早已在心中想过千遍万遍，但是真正到了自己身上，她还是有些抱怨。

坚持了一个星期之后，她实在是无法忍受了。于是，她向赞布校长提出了用水不方便的情况，但是赞布校长听了却没有任何表示。她看着赞布校长的反应，心里有点儿失落，最初的激情也慢慢地退掉了，有时候她的心中也会突然迸出要离开的念头。

坚持了一个月之后，就在她打算跟赞布校长说一个星期之后离开时，赞布校长先找她，跟她说："今天晚上你把你的桶给我，明天早上你就可以用到清水了。"她听了，半信半疑，觉得只要是能够把用水的情况解决了，那她还是可以继续坚持下去的。所以，那天她最终还是没有把要走的话说出来。第二天早上的时候，她一出门发现门口确实有一桶清水，她用这难得的清水洗了一下脸，顿时觉得积累了多日的烦恼一下子烟消云散了。

从那天之后，她每天早上都能用到清水。她也知道这是赞布校长为她送来的，但是她却不知道赞布校长是从哪儿弄来的清水。时间一长，她觉得老师让赞布校长给她送水不好，于是她找到赞布校长，要求校长告诉她水的来源，然后自己去提。赞布校长在她的再三请求下，终于告诉了她事实真相。她最终知道了，自己长期以来所用的清水都是赞布校长从远离山村的几十里的山泉中取得的。而且，由于路途遥远，赞布校长一般都是早上很早去山泉取水，这让她好几次都险些遇到危险。

知道这一切之后，她热泪盈眶，觉得自己很对不起赞布校长。后来，她提出自己也要去为赞布校长取水，可是赞布校长拒绝了，因为校长跟她讲，她们山里人已经习惯了用浑浊的水洗衣做饭。她回学校之后才发现，原来赞布校长用的水还是那么浑浊。而赞布校长每天去取水，都只是为了自己。

当她明白了赞布校长为她所做的一切之后，她对赞布校长充满了感激，而且她也决定，不管怎样，一定会在这个小村落里坚持下去。

六 幸运纸条

肖强是一个十分悲观孤僻的孩子，他在学校从不与同学说话，也不喜欢学习。但是他小时候并不是这样的，肖强的改变是从他 10 岁开始的。

肖强 10 岁那年，他的爸爸由于偷盗而被关进了监狱，他的妈妈也因此和他的爸爸离婚，离开了他。从那以后，肖强就被他的爷爷从城里接到了乡下，跟着爷爷一起生活。肖强的爷爷年纪很大，肖强自从家里发生了这些事情之后，他的性格开始变得孤僻起来。他看着其他的孩子都是那么幸福和快乐，他的心里渐渐蒙上了不幸的阴影。

肖强上初中之后，由于不爱与人打交道，心里又很自卑，所以学习成绩也不好。老师将他放在倒数第一排，他坐在后面，仿佛一个透明人一样。初二的时候，班里来了一个女老师，听说她是从省里的师范大学毕业的。新来的女老师很漂亮，大家都很喜欢她。每当她上课的时候，台下的学生们都会积极地举手，踊跃地发言，但是慢慢地她注意到，躲在教室最后一排的一个同学似乎一直都没有举过手，也没有回答过问题，那个人就是肖强。

时间一天天地过去，肖强依旧那么孤僻，但是，这位新来的女老师却一直都在关注着他。她私下里问其他的学生，打探肖强平时的生活情况。当她最后全部弄清楚了肖强的身世和他的性格之后，她想帮助肖强走出生活的阴霾。

快到元旦的时候，她课后找一些学生聊天，想让大家一起帮助肖强度过这段难过的时光。她本以为，平时大部分学生都不会主动去跟肖强玩，这下做这些工作会有些难度。但是出乎意料的是，班里的其他同学都表示，其实平时就有人喊肖强一起出去操场运动，但是肖强从来都是拒绝。这次，既然是老师提出了这个建议，大家很快就达成了一致意见。他们一起商定，要在元旦晚会的时候给肖强一个惊喜。

元旦晚会的当晚，在进行到互动环节时，新来的那个女老师提议大家一起做个游戏。她站在教室的最前面，大声跟大家宣布着游戏规则："现在，大家随便拿出一张纸出来，然后在上面写上自己的新年愿望。当你们都写完之后，我会从中抽出一个人所写的纸条，那么那个被我抽中的人将是我们班里最幸运的人。而这位最幸运的人，最后将会得到老师的一个特殊奖励。"她说完，学生们都一起欢呼起来。接着，在音乐的律动下，同学们开始写起了自己愿望。几分钟之后，她将学生们写完的纸条都收了上来，然后开始了抽纸条的环节。她快速地将手中的纸条打乱，同学们的目光都集中在她的手上，眼睛里都透露出一种期待自己是最幸运的人的目光。

当音乐声响起的时候，那些纸条在她的手里转换着，音乐突然停止的那一刻，她的手中拿出了一张纸条。大家都知道这将是那个最幸运的人，但是这个人会是谁呢？她将纸条紧紧地握在手中，然后跟大家说："现在，最幸运的人已经产生了，那他究竟会是谁呢？下面让我们一起来揭晓吧！"她一边说着，一边面露微笑地将手中的纸条打开。

"肖——强！"她故意把这两个字的声音念得很重。当大家听到肖强的名字后，都朝着他欢呼，而肖强则一下子红了脸，低着头。

"下面，我们一起有请我们的肖强同学上来，说一下自己的新年愿望吧！"新来的女老师一说完这话，然后便带动其他的同学鼓起掌来。肖强在热烈的掌声中，慢慢地站起来，来到老师身边。当他接过那张纸条，看着上面的字迹时，他使劲地擦了一下眼睛。他以为自己看错了，这不是他自己写的纸条，因为字迹不是他的，但是名字确确实实是他的啊。他定了定神，然后念道："肖强，我希望新的一年里能够开开心心。"当他念完这句话之后，大家的掌声再次响起。而那位女老师这时也履行了自己的承诺，她走过来，给了肖强一个大大的拥抱。面对这突如其来的幸福，肖强的眼泪忍不住地流了出来。他含着泪，面向大家半晌没有说话。接着，老师把手上的纸条全都交给了他，并示意他打开来看看。他一张一张地打开手中的纸条，发现上面写的全是他的名字。

"肖强，希望你能跟我一起玩。"

"肖强，在我眼里你真是超酷的，希望以后可以越长越帅啊！"

"肖强，祝愿你学习进步！"

......

肖强再也无法看下去了，因为眼泪已经模糊了他的双眼。他站到大家的面前，给大家深深地鞠了一躬，并对大家说："原来我是最幸运的人，谢谢你们！"

七　不能忘的荆条

在战火纷乱的时代，他被送到了异国做人质。离开了家乡，离开了自己的亲人，他开始了一段孤苦无依的生活。来到陌生的国度，他对一切都感到好奇，但是同时又感到恐惧，就连在课堂上，他都是小心翼翼。

他在异国的私塾里跟着一位老师念书，那是一位威严的老人。上课的时候，老师的身边总是会放着一根黄荆条，大家知道这是老师用来教训大家用的。他看到只要有同学上课不专心，或者不认真学习，老师就会拿起那根荆条去打同学的手心或是屁股。他把老师的这些行为看在眼里，心里既害怕老师又厌恶老师，所以他总是规规矩矩地上课、认真地听讲。可是，就算他再怎么小心翼翼，终究还是难逃老师的荆条之罚。

一次上课的时候，老师正在讲课，这次课讲的是大家的姓氏。老师在大家的前面讲得津津有味，大家也听得特别认真。老师首先讲解了"亡"、"口"、"月"、"女"、"凡"这几个姓氏的由来和故事，然后将这几个字合成了一个"嬴"字。当老师讲到"嬴"这个姓氏的起源时，大家都听得全神贯注，他也不例外。可是。当老师讲完了这些有趣的历史故事之后，还布置下要求说：

"今天所学的知识，大家都记住了吗？现在，我要求大家回去之后巩固今天所学的知识并加以背诵，明天我要检查大家每一个人的背写情况。"大家听了，都默不作声，因为大家知道老师是一个严厉的人，他说的要求大家一定要做到，不然就要受到惩罚。不过，虽然在座的各位对这一点都是心知肚明，而身处异乡作为人质的他，更是对这个老师充满了恐惧。但是，他一看"赢"字这么难写，心想自己肯定不能完成任务，所以他踌躇了半天，最后还是忍不住对老师说道："老师，这字……笔画太多，太难写了！"

"什么？一个'赢'字就难住了？将来秦国要你去治理，难事多着哩！你能知难而不进吗？"老师声色俱厉地看着他说道。说完，老师就生气地拿起手边的黄荆条走向他，准备打他的手心。而他愣愣地站在那里，低着头，一动也不动，等待着即将落下的黄荆条。

几十年之后，那位老师去世了，而他也已长大，并成功地当上了秦国的君主。他不仅做到了老师说的治理秦国，更是统一了全国，成为了历史上著名的始皇帝，他就是秦始皇。

其实，当年老师拿荆条打他的时候，他却站着让老师来打，这是因为他当时就明白了老师的良苦用心。老师对他的希望是把他培养成为秦国的君主，而不是以一个他国的人质来对待。离开老师之后，幼时的秦始皇一直记着老师的话，并且他在心里告诉自己"我不会知难而退的"。果然，历经艰难，他终于实现了老师的愿望。

作为至高无上的皇帝，秦始皇却始终谨记老师的恩惠。

一次，在他出巡的路上，路过一座岛屿。当时，士卒告知秦始皇快到目的地，所以秦始皇便换马骑行。来到岛屿上，面对面前的波涛壮阔，秦始皇感慨万千，他下马准备一览自己的江山风光。可是，当他下马环顾四周的时候，他不禁热泪盈眶，随即撩起衣服跪了下来并进行参拜。一路随行的大臣对于秦始皇的行为感到莫名其妙，但是又不敢询问，只好跟着一起跪拜起来。过了半天，秦始皇缓缓地站了起来，长长地舒了口气，然后命令随行的大臣一起起身。大家正好奇这一切，有大臣准备上前问问情况，结果秦始皇自己先说话了。他说："这个地方生长了很多荆条，当年我在他国做人质时，有一个老师对我有很大的恩惠，这些荆条和他当年用的荆条是一样的。现在，虽然他已经去世了，但是我只要看到这些荆条，我就会想起他对我的恩情。我之所以能有今天的成就，这里面也有他的一份功劳啊！当年的荆条之罚，我忘不了，也不能忘啊！"说完这些，秦始皇又深深地对着这些荆条鞠了一躬。

作为"九五至尊"，秦始皇不顾及自己的颜面，在臣子的面前跪拜荆条。这些历史虽然随着时间而消逝，但是秦始皇对恩师的情却会一直印记在过往的人的心中。

八　美丽的谎言

汤姆曾经是个幸福快乐的小男孩，他的童年也像其他的小朋友那样充满了欢声笑语。然而这样幸福的童年在他8岁那年就戛然而止了。8岁那年的某一天，他和小伙伴在玩耍的时候不小心触摸了高压电线，汤姆虽然幸运地保住了一条命，但却永远地失去了双臂。爸爸妈妈虽然极力表现得正常一点，不让年幼的汤姆看出他们内心有多难过，但懂事的汤姆心里很明白他再也不能像以前那样和小伙伴一起嬉戏玩耍了。

汤姆是个坚强的孩子，为了不给爸爸妈妈添麻烦，8岁的汤姆开始训练自己的双脚，经过长时间的艰苦训练，汤姆的双脚渐渐变得灵活起来，他可以用双脚给自己穿鞋穿衣服了。他甚至开始训练自己用双脚吃饭，后来连用脚吃饭这样困难的任务他都可以自己完成了。她的爸爸妈妈不想让汤姆觉得自己是个与众不同的孩子，坚持让汤姆在普通孩子念书的学校里接着上学，而不是把他送到专门的残疾人学校。

小汤姆原本以为他可以和以前一样和小伙伴们一起玩耍了，但周围的小朋友看到他空荡荡的袖口时那种小心翼翼又带有怜悯的眼神还是把他刺伤了。他要的是尊重，而不是同情。虽然同学们并没有因为他失去双臂而嘲笑他，相反，大家都很照顾他，生怕他有任何闪失。

但汤姆真的很不喜欢这种感觉，好像在他们眼中自己真的什么事也做不了，任人摆布，就像个牵线木偶一样。

于是汤姆开始疏远班里的同学。总比被当作病人一样照顾好，他常常在心里这样想。小伙伴们也看出了汤姆失落，却没人理解汤姆内心的真实想法，于是汤姆也变得更加孤僻了。

这一天上体育课的时候，老师教同学们学游泳。虽然汤姆也很想像其他同学那样在水里自由地游来游去，要知道游泳可是他以前最爱的运动了，只不过那个时候他还没有失去双手。现在不一样了，他只能远远地站在一旁，看着小伙伴在游泳池里嬉戏玩耍，内心无比低落。

就在他站在一旁发呆的时候，老师默默地走到汤姆身边，温柔地问道："汤姆，你不喜欢游泳吗？""喜欢，可是，可是我没有手。"汤姆低着头，用一种不能再低的声音紧张地说。

"谁说没有手就不能游泳了，你不去试试看你怎么知道呢？游泳的方式有很多种，你只要用自己最拿手的方法就行了。"老师一边说一边把汤姆带到泳池旁边。

"来，不要害怕，老师会给你加油的。说不定你比你想象的更厉害哟！"听完老师这一番鼓励的话，汤姆决定试一试，他勇敢地跳进水中，用自己最快的速度游到了泳池的另一头。还没等汤姆上岸，老师就拿着秒表在班里大声宣布："汤姆的速度是我们班最快的。"

其他同学都用一种惊讶又羡慕的眼神看着汤姆，"汤姆，你真棒！"大家都纷纷夸奖汤姆。

这大概是汤姆自从失去双臂以后第一次被人这样夸奖了，汤姆只觉得内心无比地激动。

老师走到汤姆面前，看着汤姆，微笑地说："汤姆，你很有天分。以后一定要多加练习，老师相信你将来一定会成为一名优秀的游泳健将的。""嗯，我会的。"汤姆看着老师，坚定地回答。

从此以后，汤姆在课余时间只要一有空就去泳池练习，老师也教了汤姆各种各样适合他游泳的技巧，在老师的悉心指导下，汤姆的进步也越来越快。在小学毕业的时候，老师鼓励汤姆参加当地的残疾人游泳赛，汤姆在比赛中取得了第一名的好成绩。

在之后的人生中，汤姆不再因为自己失去双臂而敏感自卑，他努力学习各种知识，还尝试用双脚弹钢琴。凭借着自己的不懈努力，他最终成为了一名优秀的游泳健将。他深知自己的今天离不开那位老师的鼓励。

多年之后的某一天，他回母校看望这位老师，向老师表达自己的感激之情。老师听完他的话，笑着说："其实那个时候你的速度并不是最快的，是我把时间调快了几秒。我知道那个时候你是个很敏感的孩子，所以想用这样的方式激励你战胜内心的恐惧。"

汤姆不可置信地看着老师。谁能想到一个老师用善意编织的美丽谎言，竟成了一个残疾孩子多年来不懈努力的动力呢？

九　不懂就要大声说出来

他是医学院的高材生，毕业后留在本校的校医院当医生。在人们的眼里，他一直是一个博学的医生，甚至有人称他为神医，但是他自己并不这么认为。他一直觉得自己还有很多不懂的地方，而且会经常去向别人请教一些问题。虽然，同一个医院的医生都不能理解他这一做法，但是他自己心里却比任何人都明白一个道理，只要遇到不懂的问题就要大声说出来，这是当年医学院的教授跟他们讲过的一句话。

他之所以还记得当年教授对他说过的这句话，是因为一件事让他印象深刻。

那天一大早，教授让他和其他四个同学一起去病房里，进行临床观察教学。他和同学都高兴极了，觉得终于可以不用上那些理论课程了，对于这期待已久的实际操作，他们已经跃跃欲试。去之前，教授跟他们说了，这次去观察的一个病人得了罕见的二尖瓣狭窄症，需要他们几个人认真地观察和诊断。他们听了教授的话，连连点头，只盼能快点儿见到这个病人。

来到了病房，他们看到了即将要观察的病人，他是一个有点儿胖胖的中年男人。病人正在睡觉，只见教授看了他们几个学生一下，示意他们在门外等一下，然后自己就走近病人。过了一会儿，教授向他和他的四个同学招了招手，他们知道这是让他们进去。来到病人的床前时，病人已经睁开了眼，他看着教授旁边的几个学生笑了笑。教授看到他们来了，然后对他们说："这位是沃斯先生，我刚刚已经跟他说清楚了情况，他也已经允许我们今天来听一下他的心脏。现在，大家一个一个地来倾听一下沃斯先生的心脏吧！"

他们听完教授的叮嘱之后，他最先举手，要求第一个去听听二尖瓣狭窄症心脏的声音。教授看着他，微笑地点了点头表示允诺。接着，教授将自己所带的听诊器递给他，并跟他说："用我的听诊器吧，等会儿大家就都用我的这个听诊器。"他接过教授递过来的听诊器，慢慢地将听诊器放在沃斯先生的胸口上，然后专注地听着。同时，教授也在一边跟其他的四个同学讲解着二尖瓣狭窄病状的临床特点：

二尖瓣狭窄的理论，就是指患者的两个心瓣的其中一个的口通常会变窄。这个理论，我们在理论课上已经跟大家说了，虽然这是个罕见的病例，我们平时没有多少机会见到。但是，我们在听过这种心脏的声音之后，应该能听出来二尖瓣狭窄患者的心脏跳动的声音。首先会是和普通人一样的响亮的心搏声，这是我们的心脏的瓣膜打开时的扑通的一声。而接着，后面的两声杂音就是这种病所特有的声音了。

在教授讲解的时候，其他几个同学也都陆续地听诊完了。大家完成了听诊之后，都纷纷点头对教授的说法表示赞同，尤其是他，当听到教授说'沃斯先生瓣膜打开的一瞬间的扑通一声是非常响的'时，他面露喜色地说："我听到了。"后面听的几个同学也接着说："我也听到了。"教授听了他们几个人的话，什么也没说，只是带着他们来到了自己的办公室。

刚进办公室，教授让他们5个人都坐下，然后从口袋了慢慢地掏出了一个小镊子。大家都很好奇教授到底要干什么，只见教授将刚刚他们用的听诊器拿出来，然后用镊子在听诊器的听筒里夹出了两团棉花球。原来，教授给他们的听诊器是听不见任何声音的，所以他们所说的能够听到沃斯心跳的声音都是假的。看到教授的举动，他们顿时都脸红了起来。

"我们医生的职责是医人救命，如果我们不懂却装懂，万一出了什么问题，那么我们都负不起这个责任。作为医生，对于病人，一定要把你看到的和听到的实情告诉病人，这样是对病人负责，也是对你们自己负责。以后遇到不懂的问题一定要大声说出来，只有说出来了，你们才能解除疑惑并获得进步。"教授看着几个学生语重心长地说。

他们几个人，尤其是他，对于自己刚刚的不懂装懂更是觉得羞愧万分。

从此以后，他时刻记着教授的那句"不懂就要大声说出来。"的话，并且一直把这个当作自己行医的准则。

十　不要小瞧掉进裂缝的种子

当他还是一个小学生的时候，他是一个居于深山之中，没有见过世面的小孩子。因此，他从小就对山外的世界充满了好奇，总希望有一天能够有机会去外面的世界看看。终于有一天，他等到了这个机会。

那天早上，校长站在20多个孩子面前，隆重地介绍了一年一次全国性作文比赛："这次作文比赛是全国性的，这次大家是去县城里参加初赛。如果通过了初赛，那么大家就可以去省城里参加复赛，如果在两次比赛中都能胜出的话，那就有机会去北京参加最后的决赛。"

校长是一个头发苍白的老人，他是他们学校的校长，也是他们的语文老师。当大家听完这个消息，都感到欢欣鼓舞，同时又有些担忧。他就首先向校长提问："老师，我们这些人可以跟城里的孩子比吗？"校长看了看他，然后意味深长地说："悬崖上的松柏会屹立不倒，蒲公英可以随风飞翔。而你们就像是长在我们山石裂缝中的种子，你们可不要小瞧了这些种子，总有一天它们会长成参天大树的。"那时，他牢牢地记住了校长的这句话。

带着校长的殷切期望，他和其他的两个同学一起去了县城，去参加了这次的作文比赛。第一次来到县城，在他的眼里，这里好像是梦里才有的世界，到处是好吃的和好玩的东西。对这一切他感到很好奇，但是后来他由于尿急在大街上找不到厕所，在问别人的时候遭到了一个人的白眼，这又使得他对外面这个世界感到害怕。

他来到县城的考点，这里来参加作文比赛的学生挤满了整个校园，他觉得有些紧张，尤其是当他听到有些人信心满满地说"这些山里的人肯定比不过我们"时，他的心里更是有些气馁。但是当他想起校长之前跟他们讲过的话，以及刚才被城里人的瞧不起，此刻他觉得自己一定要为山里的孩子争口气。想着想着，他的心情逐渐平静下来。比赛的时间很短，他很快就回到了山里。

回来之后，他更是下定决心，将来一定要回到城里，因为他要向大家证明：他们山里的孩子一样很聪明。两个月之后，比赛结果出来了。当校长站在讲台上准备宣布结果时，他紧张得要命。因为，校长站在讲台上一脸严肃的表情，这使得他猜测他这次考得不好。可是，就在他的心快要跳到嗓子眼的时候，校长说了句："这次比赛，你们3个全部通过。"当时，全班的同学都为他们鼓起了热烈的掌声，而他虽然也很开心，但是更多的是焦虑和担心，因为这意味着接下来他们还要面临更大的挑战。

课后，他找到校长并跟他说了自己的担忧。校长看出了他心中的焦虑，然后带着他一起去学校的山上，望着对面高山崖壁上的树木。那里的树木郁郁葱葱，中间的山体裂开了一条缝，但是中间竟然真的长有一些参天的大树。校长指着那些树说："你看，这些树都是鸟儿衔的种子掉在了缝里然后长起来的，不管这里的环境多么恶劣，你看它们不是照样长得好好的吗？"说完，校长抚摸了一下他。他顿时豁然开朗，这时才真正感受到了校长所说的掉在裂缝中的种子的力量。

回到学校之后，他专心备战。在省城复赛的那天，他和其他两个同学都准时参加了比赛。这次来到一个更大的城市，他的心里却没有了第一次的彷徨，因为他清楚地明白自己来到这个地方的目的。省城离山村比较远，这次他们考完试没有马上赶回去，而是在这个大城市留宿了一晚。晚上，带领他们去考试的老师带着他们一起去逛了逛。走在街上，还会有些与这个城市格格不入的感觉，但是他这次心里却不是那么地不高兴了，因为他相信，终有一天他也会在这样的城市里扎根。

经过了复赛，最后入围决赛的时候，他的两个同学都没能通过，而他也是以晋级的最后一名通过的。面对这个结果，校长既高兴又担忧，但是他却不是那么着急。复习了两个星期之后，校长带着他去了北京参加决赛。回来之后，校长问他感觉考得怎样，他笑着对校长说："不能小瞧掉在裂缝里的种子。"

一个月之后，城里发来消息，说他获得了全国作文比赛一等奖。听到这个消息，校长高兴地笑了。

现在，几十年的时间过去了，他已经获得了成功，是一个真正的城里人。但是，他从来都不会忘记，自己一直都是一颗掉在裂缝里的种子。

十一 杨时求学程门立雪

杨时乃北宋著名哲学家，年少时就因为聪慧好学、善读诗书而被人们称为神童。历史上有许多"神童"年少出名却因孤高自傲而"泯然众人矣"，可少年杨时则不同，他自小就刻苦用功、虚心好学，从不恃才傲物。杨时，15 岁便四处游历，拜师求学，21 岁成为待补太学生，24 岁考中进士，中进士之后被朝廷提拔为汀州司户参军。

别人中榜当了官别提有多高兴，大摆酒席，宴请宾客是不能少的。可杨时却不怎么兴奋，他认为自己的学识还不够，难当大任，便假装得了重病，不去赴任，反而专心研究起理学来，还在不久之后写下了《列子解》这一著作。
1081 年，朝廷又提拔杨时为徐州司法。1085 年，宋神宗去世，王安石的熙宁新政被废除，司马光成为宰相。当时的洛学大师程颐受到青睐，成为皇帝的老师。杨时向来就勤学好问，一直都想拜见程颐，但是程颐又偏偏卷入了党派之争，遭到罢官贬职。后来，心情烦闷的程颐便归隐洛阳，号伊川先生，从此不再过问政事。

1092 年寒冬腊月，正是大雪纷飞之时，杨时得知程颐的遭遇之后，决定放下手头的事务，绕道河南河清县，跟他的好友游酢去洛阳请教理学知识。隆冬腊月里，寒雪飘零，冰冷刺骨的北风毫无忌惮地肆掠大地。杨时和游酢只得将身上的衣服裹了又裹，背对着北风艰难前行。虽天公不作美，但这一路上，杨时、游酢二人却因为即将拜见伊川先生而兴奋异常。二人你一言我一句地讨论起理学观点来，渐渐忘了冰雪和冷风了。

来到洛阳，二人在山坡上看到几朵绽放的梅花，便以此为主题讨论起来。游酢即兴作了一首诗："树在深山中，花俏不争春。花开不花落，我心何相关？"杨时感慨不已，联想到理学概念，洛阳城里的牡丹名声在外却无法和梅花一样在寒冬时节迎霜斗雪，这既取决于时令不同，又取决于花卉品种的不同。如此一来，杨时想见到程颐，探讨理学知识的想法就更加强烈了。当晚，杨时和游酢留宿洛阳，两人还以月亮为主题讨论了一个晚上。翌日天刚亮，杨时便招呼游酢前往程颐的住所。

程颐的住所比较简陋，就是一座不起眼的青砖瓦房，外边还围了一圈篱笆，篱笆里有菜园。杨时和游酢在冷风中走了很长时间，手脚都冻得有些不听使唤了，但想到程颐就端坐在瓦房之内，二人心情顿时畅快不已。杨时激动地敲开大门，结果见到的却是程颐的老婆。杨时说明来意，程夫人遗憾地告诉他们俩，程颐 3 天前就去嵩阳书院了，一时半会儿可能回不来。见杨时和游酢两人冻得直打哆嗦，程夫人就劝他们先进屋暖暖身子。但杨时拜师心切，谢过程夫人之后便拉着游酢往嵩阳书院奔去。

嵩阳书院乃佛道名胜之地，位于登封境内，后唐开始就有许多学者隐居在此，讲学传经。到宋朝时期，这里成为北宋"四大书院"之一，新儒学就是诞生于此的。后来，程颐、程颢兄弟二人在这里创立了"理学"，向学子们传授理学知识。想必程颐这一回也在书院里和其他高人共同交流理学思想，杨时这样想便加快步伐，傍晚时分终于赶到嵩阳书院。却没想到，程颐早在当天早晨就出发回洛阳了。因为天色已晚，杨时和游酢只得在嵩阳书院住下

了。第二天拂晓，再次匆匆赶往洛阳。来到程颐家的时候，已经过了吃中饭的时间了。

程夫人连忙招呼二人进屋，可杨时婉言谢绝了，因为他看到程颐正在火炉旁静坐修炼，这个时候不能去打搅他。没办法，程夫人只好让二人在屋檐下等候，还奉上两碗姜汤让二人暖和身体。杨时和游酢趁等候程颐的时机讨论起理学里的道理，因为害怕惊醒程颐，只得窃窃私语。很快，北风呼啸着卷来一阵飞雪，漫山遍野便开始笼罩在纷纷扬扬的大雪之中。杨时和游酢虽然冻得瑟瑟发抖，却依旧毕恭毕敬，耐心等候程颐。又过了很长一段时间，程颐终于出来，当他发现杨时和游酢还等候在门外时，立即起身将他们俩迎接到屋里，大加赞赏。

随后，青砖瓦房之内便传来杨时、游酢和程颐的激烈讨论，师生3人很快沉醉在理学的奥妙之中。此时，门外积雪已有一尺多厚，可见杨时有多么尊重师长了。程颐深受感动，随即倾囊相授，杨时和游酢也不负众望，后来都成了名噪一时的理学大师。后人更是将此典故称之为"程门立雪"，来表示学生对师长的敬重。

十二　谁言寸草心，能报恩师情

有一位学生名叫宋金萍，今年69岁，曾经有一位叫钟炳堃的老师给了他母亲一般的爱，所以，他也回报她以爱。他视老师为亲生母亲，无微不至地照顾了她整整28年。

这位老师现在已99岁高寿，在北京朝阳区松榆西里小区一栋老旧居民楼内，与宋金萍一家三口生活在一起。

原来，55年前，宋金萍就读于北京王府井八面槽小学，钟炳堃是他六年级一班的班主任。时年44岁的钟炳堃仍旧单身，没有子女，学生成了她的孩子。钟老师对孩子们疼爱有加，也给了不到两岁就失去妈妈的宋金萍无限的母爱。

小学毕业后，宋金萍心里时常惦记着钟老师，钟老师也牵挂着他。后来，宋金萍考取了当时的北京体育学院。

有一天，钟老师特意来到体院看他。因为饥饿，在吊环上训练的宋金萍刚巧跌落在地上。看到这种情形，钟老师赶忙将他扶起，发现他身体乏力，满头虚汗，顿时心痛不已："孩子，今天老师让你吃一顿饱饭吧！"

之后，她把自己平时积攒的22元钱和一些零零碎碎的粮票统统给了宋金萍。就这样，宋金萍度过了人生最困难的阶段，他对自己的这位老师自然是感激不已。

此时此刻，宋金萍就暗下决心："老师到现在没有结婚，我就要当她的儿子，长大后为她养老送终。"

体育学院毕业后，宋金萍在一所学校当了老师，只要一有空他就去看望钟老师，陪老师说说话，为老师买米买面，隔三差五还送点儿鱼和肉。

时光如流水，一眨眼钟炳堃就成了70岁高龄的老人。有一天，宋金萍在回家的路上琢磨着，自己没时间每天都去看老师，万一她病了需要人照顾怎么办？

这一年，宋金萍的女儿宋旸刚刚1岁。他就和妻子找到独自居住的钟老师，将她接到自己的家中。

就这样，钟炳堃住进了宋金萍家中。年迈的钟炳堃，感受到了久违的家的温暖，人也渐渐开朗起来。

钟老师来到宋金萍家没多久，右眼由于患有眼疾被摘除了眼球。2001年，左眼也突然失明。双目失明的钟炳堃老人大部分时候只能躺在床上生活。

照顾老师的重担一下子落到宋金萍的身上。他每天早上为老师整理完床铺后，在枕边放上牛奶、糖果、饼干、山楂片等等。

宋金萍的女儿宋旸常常对人说："照顾奶奶，爸爸和妈妈作了分工。爸爸负责做饭，一日三餐；妈妈包下了奶奶的洗洗涮涮，包括端屎倒尿。"在女儿看来，宋金萍夫妇的劳作，异常平凡。小时候，女儿看在眼里；长大后，女儿也参与其中。

每天，宋金萍变着花样为老师做可口的饭菜。早上一个鸡蛋、一杯麦片；中午，有时吃上9个饺子或3个面包；临睡前，床头保准有一杯酸奶、两片面包。老师的饮食习惯一直很好，宋金萍一直非常细心地调理着。

虽然99岁高龄，钟炳堃的血糖、血压、血脂等各项指标都很正常。为了让老师打发孤寂的时间，宋金萍为老师买来了收音机，几年下来一共买了7台。

有时，总犯迷糊的钟老师会非常欣慰地对周围的人说："我最有福气了，不是他们，我哪能活到今天？"

宋金萍把钟老师当成了自己的"母亲"，孩子也把钟老师当成了自己的奶奶。

为了这位"母亲"，宋金萍的退休生活也不同于常人，除了买菜要出趟门，大部分时间就在家看书，陪伴老师。

妻子在学校做兼职工作，家里一会儿都离不人，他只能选择留在家里陪伴钟老师。就这样，陪伴老师成为宋金萍一天中最重要的工作。

回顾自己经历的往事，宋金萍非常感慨地说："确实也挺累的，特别是自己的年纪也大了。"随着年龄的增加，昼夜操劳让步入老年的宋金萍感到了疲惫，高血压、糖尿病等也悄悄袭来。

宋金萍和钟老师早就亲如一家人了。钟老师只要身体不好受，即便半夜，也会"金萍，金萍"地唤他。其实，宋金萍也想过找个保姆替替自己。可是，权衡再三，一是家里没地方住，二是担心钟老师不接纳"生人"，考虑了许久他还是决定由自己来照顾老师。

钟老师随着年龄增长，忘性大了，脾气变了，特别较真，爱发脾气。有段时间，她的脾气变得十分暴躁，经常为一些鸡毛蒜皮的小事对宋金萍发火。

"老人就是个老小孩，我不会因此嫌弃老师。"对钟炳堃失明后的每次发火，宋金萍都默默地听着，没有顶过一次嘴。

正所谓"有其父必有其女"，宋金萍的一举一动深深地影响着自己的女儿宋旸。

自打懂事起，宋旸就一直与钟老师住在一个房间。钟老师的床铺一直靠近窗户，宋旸的单人床放在门边。

钟老师失明后，收音机成了她的主要信息来源，有时她昼夜颠倒，白天黑夜地开着，声音又开得很大，宋旸为了安静休息，只好搬起铺盖睡在客厅里。

钟老师不分昼夜地听收音机，宋旸高考那年，回家没有地方学习，只好在阳台拐角支起一张床。晚上宋旸回来在阳台上看书、睡觉。冬天冷，弄电炉子，窗户上滴水，第二天起来床都潮湿了。

但是，宋旸打小就是钟老师带大的，在她心中，钟老师就是她的"亲奶奶"，是家中的一员。

令宋金萍十分欣喜的是，在夫妇二人的潜移默化下，女儿也非常懂孝道。她心中不仅从来没有埋怨过奶奶，而且对奶奶和爸妈都孝顺有加。

渐渐地宋旸长大了，结了婚的她经常回到家中，与奶奶同住一个房间，只是单人床已换成了双人，因为多了一位她爱的人。

如今，宋金萍皱纹已爬上双颊，头发大半花白。钟老师马上就满100岁了，宋金萍还时常思索着怎样让"母亲"寿命更长。

宋金萍的故事给了人们很深的启发，我们每个人都应该以爱回报恩师的深情。

十三　居里夫人和她的欧班老师

玛丽·居里在世界科学史上，是一个永远不朽的名字。她发现镭和钋两种放射性元素，在物理学和化学领域，都作出了杰出的贡献，并因此成为唯一在两个不同学科领域、两次获得诺贝尔奖的法国籍波兰裔科学家。居里夫人于1867年，出生在波兰王国华沙市的一个中学教师家庭。她的父亲是位中学的数学教师，母亲是当地女子寄宿学校的校长。她在16岁的时候，就知道了补习教师的辛劳和卑屈，她在自传里回忆道："在雨天和冷天穿过市区，走很远的路；学生常是不听话或懒惰的，学生家长往往让人在有穿堂风的门厅里等很久。或者只是由于疏忽，到月终忘了付给应付的几个卢布，而这个教师是急需钱用，算准了在那天早晨一定能拿到的！"

也许怜悯别人的同时，她也是在同情自己。因为当时的波兰首都华沙正受着沙俄侵略者的统治，所以居里夫人的童年是不幸的，由于母亲得了严重的传染病，家庭几乎处于贫困的边缘。生活中充满了艰难，也就是这样的生活环境培养了她独立的生活能力，以及非常坚强的性格。居里夫人非常勤奋和刻苦，她的父母都是教师，这也使她对教师这一职业，具有特殊的感情。她天生有超强的记忆力，对学习也有着强烈的兴趣和特殊的爱好。

1895 年在巴黎大学的理学院物理系毕业，后与讲师皮埃尔·居里在巴黎郊区梭镇结婚。她与丈夫两人经常一起进行放射性物质的研究，并提出了一个逻辑推断：沥青铀矿石中必定含有某种未知的放射成分，其放射性远远大于铀的放射性。经过不懈的努力，终于成功地分离出了氯化镭并发现了两种新的化学元素：钋和镭。1903 年 12 月 10 日举行的诺贝尔奖"正式常会"上，公开宣布把诺贝尔物理学奖金一半授予柏克勒尔，一半授予居里先生和其夫人，奖励他们在放射性方面的种种发现。居里夫人也因此成为了历史上第一个获得诺贝尔奖的女性。

在她的眼睛里，诺贝尔奖金只代表一件事：授予的 7 万法郎奖金，是减少丈夫教课钟点，用来挽救他健康的唯一机会！这张给人幸福的支票在第二年的 1 月 2 日交到了他们具有极少存款的银行账上。如何让这笔奖金帮助更多的人？居里夫人开出了长长的赠款项，她先以借款名义寄了两万奥币给德卢斯基，帮助他们创立疗养院。又赠予一部分的波兰学生，激励他们努力学习，以完成学业。她又把省下的部分奖金赠给了青年时候的一些朋友，以及实验室的工人和一些经济紧张的赛福尔女学生，但是她没有想过趁得诺贝尔奖金的机会去买一顶新帽子。

居里夫人曾经说过："我们的生活都不容易，但是那有什么关系？我们必须有恒心，尤其要有自信力！我们必须相信我们的天赋是要用来做某种事情的，无论代价多么大，这种事情必须做到。"在赠款时她想到了一位教过她法文的女老师，那是一位穷苦的妇人，她叫德·圣·欧班，现在是科兹罗夫斯卡夫人。她生在第厄普，住在波兰，在波兰结了婚，她的最大梦想，是能重游故乡。可这位欧班做梦也没有想到，她竟然能收到从法国寄来的"玛丽·居里"的信，这位举世闻名的科学家会给她写信。当她拆开信默读的时候，泪水涌出了眼眶，原来居里夫人是她20年前教过的学生。她在信中向欧班老师表示了深深的敬意，同时寄来了往返法国第厄普至波兰的路费。同时，居里夫人想请她到家里做客。

"玛丽·居里"的这份深厚情谊让欧班久久不能平静，直到她千里迢迢地来到居里夫人家时，才相信这一切都是真实的。居里夫人见到欧班时是那样的亲切，让她想起了童年学校的那些往事，欧班也表示了久别重逢的问候。居里夫人在家里亲自下厨，为老师欧班小姐制作可口的食物，两人在用餐时互相举杯，并愉快的共续旧情。很适当地施赠，不张扬，也不过分，决意在有生之年帮助那些需要她帮助的人，她愿意量力而为，以便永远能够继续帮助人。

居里夫人知道，她能获得诺贝尔奖，除了自己努力以外，另一部分是通过老师的辛勤培养出来的。所以她也选择当一名教师，她爱她的学生，也更能感同身受老师的艰辛。她不忘师恩在参加华沙镭研究所开幕式时，从主席台上走下来，穿过捧着鲜花的人群，来到一位坐在轮椅里的老年妇女面前。深情地亲吻了这位老妇人，并推着她的轮椅向主席台走去。回到台上，居里夫人向大家介绍，这位老人就是自己中学时代的欧班老师。会场里的人见到这情景，都向她们鼓起掌来。

老人的脸上挂满了激动的泪水，她的学生在成为世界名人之后，对她还是那样热爱，那样尊敬。

十四　你有一双翅膀

从上小学起夏天就明白自己是个与众不同的孩子，她一出生就有一只手臂因为先天畸形而萎缩，因此夏天只有一只正常的手臂。在夏天还小的时候她就经常缠着爸爸妈妈问道："为什么我不像其他的小朋友那样可以双手玩玩具，双手吃饼干呢？我的另一只手丢在哪里了？"每当夏天一问到这个问题，夏天的妈妈的眼眶总是红红的。看来这个问题会让妈妈伤心，夏天以后就不问了。为了不让妈妈难过，夏天不再缠着爸爸妈妈问她的另一只手去哪儿了。爸爸妈妈也像对待正常孩子那样对待夏天，他们不想让夏天知道她的与众不同，最好永远都不要知道。

很快夏天就长到了该上小学的年纪，上小学的第一天，夏天班里的小伙伴看着她空空的手臂都在背后偷偷议论她。她好奇怪啊！她是不是没有手啊！她一定是个怪物！那个时候的孩子大都童言无忌，还不懂什么叫顾及别人的感受。6 岁的夏天只觉得自己突然成为了别人眼中的怪物，心里有种酸酸的感觉。渐渐地，全班的同学都知道了夏天是个手臂有缺陷的孩子。手臂畸形的夏天成为了同学们取笑的对象，尽管夏天的爸爸妈妈每次都耐心地告诉她，她和其他孩子一样是个正常的小朋友，没有什么不同，但这也弥补不了夏天内心的自卑，她深深地为自己的残疾而伤心难过。日子一天天过去，随着年龄的增长，夏天越来越为自己的残疾而害怕。她明白周围的小伙伴都不愿意和她这样有缺陷的孩子在一起玩，她也总是尽量避开集体活动。

课余时间，同学们最大的娱乐活动就是荡秋千了。夏天内心其实很渴望能和其他同学一起荡秋千，但她每次只能远远地躲在一旁的角落里，默默地看着同学们围着秋千，整个操场都回荡着同学们的欢声笑语。等到所有的小朋友都离开之后，夏天才偷偷地坐到了秋千上，她一边荡秋千一边想象着自己有两只完整手的样子。

夏天一直以为她以后的生活就只能这样了，除了爸爸妈妈，没人愿意理她，直到她遇到了陶老师。

这一年开学的时候，班里新调来一位女老师。"我姓陶，从今天起我就是你们的班主任，但我更希望能成为你们的朋友。"成为你们的朋友，夏天还是第一次听到有老师说出这样的话，她偷偷地抬起头，默默地打量着这位年轻又略带稚气的女老师。

陶老师为了培养同学们观察生活的能力，鼓励他们每周都写一篇周记。"不管什么都可以写，老师希望你们能尽量表现出你们最真实的一面！"陶老师环视教室一周，最后把目光定格在了夏天的脸上。看着陶老师那热切的眼神，夏天不由自主地脸红了。

真的什么都可以写吗？带着这样的疑惑，夏天开始试着在周记里写下她的烦恼，当然说得最多的就是关于她那只畸形的手臂。尽管夏天失去了一只手臂，但她的字写得很漂亮，她把平日里无法向人倾诉的心事都写在了日记里，她的文字也不像同龄的孩子那般稚嫩。

一天课间的时候，陶老师把夏天单独叫到办公室。夏天内心七上八下，以为自己做错了什么。谁知陶老师看着她，微笑着说："在我小的时候，妈妈曾经告诉我。上帝是个很慈祥的爷爷，他为了方便照顾他在人间的子民，派了好多天使到人间。他不想让天使被人们发现，就把这些天使变成人的样子。但天使太多了，为了方便辨认，上帝只给他们留下了一只正常的手臂，给另一只手装上了隐形的翅膀，只有上帝知道。所以，夏天你和我们都不一样，不是因为你缺一只手，而是因为你有一只隐形的翅膀啊！"

夏天惊讶地抬起头，疑惑地看着陶老师。陶老师又接着说："你看，你的字写得这么漂亮。你的周记老师都认真看完了，写得都很不错。你有其他人没有的光芒，所以，不要因为那只看不见的翅膀难过，做个快乐的孩子，好吗？"夏天感激地看着陶老师，眼里却闪着泪光。

从此以后，夏天更加认真对待每一周一次的周记，在周记里大胆地写下自己的各种各样的想法，她不再在日记里执着地追问为什么自己少了一只正常的手臂，而是满怀感恩之心去观察生活的多姿多彩。在班会的时候，一有机会陶老师也会把夏天的周记当作范文念给全班的同学听。同学们也慢慢接受了夏天，不再取笑她了。

后来，在一次作文竞赛中，夏天的作文《隐形的翅膀》荣获了第一名。作文的开头这样写道：她说，你是上帝派到人间的天使，但你来时把翅膀遗落在了天堂。

十五　野百合也有绚烂的春天

3岁的那年，一场车祸夺去了莉莉的左腿，后来虽然安上了假肢，但是她走起路来还是一瘸一拐的。随着时间的流逝，莉莉渐渐长大了，但是当她看着周围的人都能正常走路的时候，她开始变得自卑和焦虑起来。

上初中的时候，莉莉的脾气变得暴躁起来了，她有时会突然地一个人趴在桌子上哭，有时则干脆不过来上学。莉莉的这些情况，全被朱老师看在了眼里。朱老师是生物老师，她教莉莉她们生物课。朱老师作为一名生物老师，她对花花草草很有研究，她的家里种了很多花，她有时候也会教学生们养花。

一次上课的时候，朱老师从家里带来了很多花种子。上课的时候，朱老师又给大家讲了一些养花的方法。快到下课的时候，朱老师说："同学们，上了今天这堂课，大家应该知道怎么养花了吧？现在，我要给大家布置一个作业，大家看到老师手上的种子了吗？"一边说着，朱老师一边将手中的花种给大家看。"这些种子是不同的花的种子，我现在把它们发给大家，希望大家回去的时候，利用今天所学的知识，把这些花养好。等到花开的时候，大家看看它们都是些什么花，它们有什么特点，然后把结果告诉老师，那样大家就算完成了这次作业。"大家听说要养花，都很高兴，但是莉莉似乎提不起兴趣，仍然沉浸在自己的悲伤世界里。接着，朱老师说："好了，大家现在可以来领花种了。"说完，同学们一个个地到讲台上去领自己的花种。当朱老师手中还剩下最后一颗花种的时候，她笑着问了下："同学们，还有谁的花种没有领到啊？"大家拿到种子都是你看看我，我看看你，然后再看着朱老师。站在台上的朱老师一看大家的反应，再看看坐在角落里低着头的莉莉，她便知道这是属于莉莉的种子。

"小莉！"朱老师亲切地叫着她。大家听到老师点名，一齐看向莉莉，此刻莉莉慢慢地抬起了头，但是目光依旧只是望着自己的桌子。朱老师来到莉莉的身边，她把手中的种子放进口袋里，又从另一个口袋里拿出一颗种子，轻轻地放在莉莉的手中。大家看着朱老师对莉莉亲切的关怀，都对她投来羡慕的目光。莉莉看着大家的神情，握着朱老师给她的种子，她的心里突然有了一阵感动。

回到家之后，莉莉将这颗特殊的花种种到了一个漂亮的花盆里，她觉得这是朱老师对她的特殊照顾，她对此很是珍惜。

一个月之后，有的同学种下的花种已经开花了，他们拿着自己种好的花回到学校，然后把花的特点告诉了朱老师，朱老师在课堂上都表扬了他们。随着时间的推移，两个多月过去了，同学们的花全都开了，只有莉莉种的花迟迟没有拿来。莉莉看着同学们种的花那么漂亮，可是看看自己的，仍然只有几片稀稀疏疏的叶子，她顿时有觉得自己很没用，心里觉得很自卑。

在冬天最后一堂生物课上，朱老师把大家种花的成果都做成图片，在屏幕上给大家展示了一遍。大家看着自己的劳动成果，都感到特别高兴，欢呼了起来，这时的莉莉却更是伤心。她在同学们的欢呼声中，默默地低下了头。突然，朱老师说："同学们，大家的作业都完成得不错，这学期大家的生物课就到这里为止了，我们下学期再见。"听着朱老师说这句结束的话语，莉莉心里彻底绝望了，她觉得老师把她给忘了。

　　寒假的时候，东风一直在刮，霜雪也降了下来。莉莉花盆里种的那颗花种依旧只有那么几片叶子，而且在寒风中似乎变得更加萧条，莉莉看着这棵花树，眼泪不自觉地落了下来，之后就没再管它。

　　第二年春天的时候，学校里迎来了新的学期，大家都高高兴兴地来到学校。上学的第一天，莉莉就碰到了朱老师。朱老师看到莉莉，首先就叫了她一声"小莉"，然后还问了句："小莉，你的作业完成得怎么样了啊？"朱老师说完对着莉莉微笑着，而莉莉却是突然一下子懵了，原来朱老师一直都记挂着她。此时，莉莉已经对那颗种子不管不问一个多月了，她有些激动也有些失望地回答说："还没开花。"朱老师听了，笑着说："不急，等它哪天开花了，你再把它带给我看看。"

　　回家后，莉莉去窗台上看那盆被遗忘的花，但是却发现不见了。莉莉心里很着急，四处找了一下，最后惊奇地发现那盆花不知什么时候被吹落在地上，花盆摔碎了，但是它却长得很茂盛。更让她惊讶的是，那盆花竟然开花了，花瓣呈喇叭状，粉白粉白的，虽然小却很漂亮。第二天上学的时候，莉莉迫不及待地把花带到了学校，当朱老师看着这盆花的时候，她对莉莉说："真漂亮，你看野百合也有春天！"这时，莉莉似乎明白了什么，她也开心地笑了。上课的时候，朱老师跟大家说："同学们，我们一起来看看莉莉同学的作品吧！这是一株野百合，它经过了整个寒冬，直到这个春天才开的花。"朱老师一边说着一边将莉莉请上讲台，莉莉高昂着头走上讲台，脸上露出了自信的微笑。大家看着莉莉端着那盆野百合，感觉她也像那花儿一样漂亮。

十六　老师的美丽谎言

　　上数学课的时候，数学老师李老师在黑板上抄完了练习题，让大家抄下来自己做，然后就下来在教室里转圈，时不时地给一些学生指点作业。

　　"嘉玲，你在干什么？"李老师的声音突然在教室里大声地响了起来。这时，大家闻声都停住了手中的笔，目不转睛地看着嘉玲。嘉玲看到这突如其来的情况，她有些手足无措，半天没有回答老师的话，只是呆坐在那里。

　　李老师见嘉玲没有回话，便走了过去。李老师一看她手中的彩色的信纸，加上前面开头的几个字"亲爱的××",他心里就知道这是一封情书。李老师当时有些生气,因为学生早恋毕竟不好,这也违反了校纪。但是,出于对学生心理成长的健康考虑,李老师知道他不能把嘉玲写情书的事情公布出来。李老师顿时觉得有些为难了,其实他只是站在讲台上看到嘉玲一直埋头奋笔疾书,根本没有看黑板抄练习题,所以才会大声呵斥她一下,他没有想到情况会是这样。

李老师看着其他学生好奇的眼神,再看看一旁的嘉玲,此刻她的脸涨得通红,身体似乎在发抖。他正着急该怎么处理这种情况,突然一下子,他的脑中闪过了一个主意,他决定要把这封情书的内容改一改。

"好吧!原来你是在写信。"李老师故作镇定地说到,"嘉玲的爸爸妈妈常年在外工作,嘉玲好长时间没有看到爸爸妈妈,所以才想给他们写信啊!"

"老师,那她的信中是写的什么啊?"班上一个调皮的男生看着嘉玲坏笑着问道。

"陶程峰,写你的作业去,就你事儿多。"李老师白了他一眼,"好吧,既然大家都想听听嘉玲给爸爸妈妈写了什么话,那么我就来给大家念念吧。"

亲爱的爸爸妈妈:

你们好吗?

我是嘉玲,我很爱你们。看着你们日渐苍老的面容和逐渐变白的头发,我的心里很难受。我知道,你们都是为了供我念书,为了让我能够好好上学,所以才会那么辛苦。为了不辜负你们的期望,我一定会好好努力,认真学习……

李老师在念出这些话的时候,他自己竟然都有些感动了。当李老师念完这封信的时候,教室里响起了热烈的掌声。大家一起向嘉玲投去赞许的目光,就连那个调皮的陶程峰也在使劲地为嘉玲鼓掌。李老师念完这封信,然后看了一眼嘉玲,此刻她的脸上依旧有些红,只是眼里饱含着泪水。大家都以为嘉玲是因为自己写的信而感动得流泪,但嘉玲自己心里清楚,她这眼泪到底是为谁而流。嘉玲心里明白,李老师这是说了一个善意的谎言,自己明明写的是情书,可是到了李老师的嘴里却成了家书。由此,她也觉得自己确实对不起爸爸妈妈,因为爸爸妈妈那么辛苦供她念书,而她却没有好好学习,因此,她为自己的行为流下了愧疚的泪水。

下课之后,嘉玲被李老师叫到了办公室。走在路上,嘉玲心里还是有些忐忑，她害怕李老师会批评她，但是她自己已经决定了要和李老师交代一切。到了办公室之后，李老师叫嘉玲进来，然后把那封信还给她。之后，李老师就说了句"嘉玲，回去认真把作业完成。"然后就让她离开。

从那以后，李老师再也没有提起过这件事，见了嘉玲也像这件事从来没有发生过一样。而嘉玲则不再写情书，而是专心地学习，不过后来确实给爸爸妈妈写了几次信。

20年之后，有一天嘉玲回去看望李老师，这时的李老师已经是白发苍苍，但是仍是精神抖擞。而此时的嘉玲，通过了自己那么多年的努力，现在的她也终于有了自己的事业，并且有了一个幸福的家庭。李老师看着眼前的嘉玲，对她只有赞赏，而嘉玲面对着眼前的李老师，只有说不出的感激。她的感激不只是李老师那么多年来对他们学生的付出，更重要的是，李老师当年为她说了一个美丽的谎言。

就是因为李老师及时编出了那个美丽的谎言，这才没有让嘉玲在青春期受到伤害，并且及时让她走出了早恋的束缚，从而为她的幸福人生打下了基础。对于这一切，嘉玲一直记在心里，她很感激李老师当年维护了她的自尊心。

十七　好室友

直到现在，他每当想起地震那天的情景仍是心有余悸，虽然侥幸逃过一劫，但只能说是幸运，也许下一次就没有这么好运了。如果再发生一次他可不敢保证自己会不会这样做。

那天，他像往常一样在宿舍里和几个室友一起为即将到来的电影比赛做准备，为了这部电影他们可是铆足了劲啊。

他是从另一个城市考到这个城市的这所大学的。他在初中时学习成绩就非常优秀，中考时以高分考入了当地一所有名的重点中学。在高中期间他就开始疯狂地迷恋上了写电影剧本和小说，他的梦想就是成为一名导演，拍自己喜欢的电影，用自己的电影表达人们内心最真、最纯、最美的那一面。因此，他努力学习，最终以优异的成绩考到了这所大学的广播电视编导专业，这离他的梦想也更近了一步。进入大学之后，他更是加倍用功，珍惜每一堂课学习的机会，除了课堂上积累必备的知识，课余时间，只要一有机会他就会写剧本，拍摄自己的电影。也因为电影，有幸结识了一群和他一样怀揣电影梦的朋友。

那一天，地震的前一秒他还坐在宿舍的书桌旁构思新的剧本。突然，他明显感觉到宿舍的墙壁在晃动，整个宿舍楼也开始骚动起来。"不好，一定是地震了。"他赶紧冲出了宿舍楼，跑到了楼下一块安全的空地。"总算是安全了！"他看着还在晃动的宿舍楼，心里长舒了一口气。突然，他猛地想起，他和室友的电脑还在宿舍，那里面还存着他们为电影搜集的各类素材，要知道他们可是从一年前就开始准备拍摄这部电影了，为了这部电影耗费了很多的精力，电脑可以说是他们现在最珍贵的财产了。他犹豫了几秒钟，还是决定重回宿舍把自己和舍友的财产都"抢救"出来。

他几乎是以最快的速度冲回了宿舍，把所有舍友的电脑都抱在怀里，又匆忙背起舍友的相机。此时，宿舍楼还在晃动，也许下一秒大楼就会坍塌。他又以最快的速度准备冲出大楼，就在他准备离开的时候，不小心瞥到了舍友养的一只小乌龟。"再怎么说小龟也是一条生命，干脆也把它一起带走吧！"于是，他就这样抱着 6 台电脑，背着 3 部相机，又提着一只小乌龟再次冲出了大楼。好在有惊无险，他也成功将室友的全部财产抢救了出来。

这个英勇抢救室友珍贵物品的男孩就是黄昱舟。他在雅安地震发生的时候仅靠他一个人的力量，把室友的 6 台电脑和 3 部单反相机都抢救了出来。事后，一想到地震时的情形，他还是十分后怕，毕竟生命才是最重要的，这些钱财只不过是身外之物。但他还是很庆幸能把这些东西都抢救出来，因为那里面存有他们前期拍摄准备的素材。黄昱舟的妈妈知道了这件事之后严厉地批评了他。他的同校同学将他的事迹贴到了网上，更是引起了广泛的关注，网友们都亲切地称他为"中国好室友"。 而在雅安地震中被抢救出来的电影素材，也被黄昱舟和他的室友制作成了微电影《我的一分》。在 2013 年 11 月的"金熊猫"奖国际大学生影视作品评选中，这部电影也获得剧情片类入围奖。不过黄昱舟也明白，他们的电影在拍摄技巧和方法上和国外的很多优秀作品相比还是有很大差距的，必须还得多努力才行。这部电影的制作成本虽然很低，但他和室友仍为它耗费了很大的精力，所以能够获奖还是很让他们开心的。这部获奖微电影是以同寝室舍友和自己的迷茫和梦想为主题的。而那只被他抢出来的小乌龟，也在影片中出镜。黄昱舟认为小乌龟是渺小、懒散又脆弱的，和他们这些刚上大学的年轻人很像，因此他想用小乌龟和人物作对比，也具有一定的象征意义。

在当时大家还沉浸在雅安地震悲伤的氛围中时，他的英勇事迹给人们带来了一丝温暖的气息。因为最近几年在高校中频繁发生死伤事件，不少大学生也对室友产生了疑虑，就在大家都对室友失去信心之时，黄昱舟在地震中挽救全宿舍近 10 万元财产的事迹则又让大家重拾起对室友的信心。虽然他的做法不值得提倡，但他的这种心系室友的精神却十分感人。他用自己的行动向人们证明室友和室友之间是可以互帮互助的。

第二章　盛开于掌心的琉璃花

一　最熟悉的陌生人

按道理来说，童凡凡这几天应该是非常高兴的，因为她在这次摸底考试中拿到了全班第二名，对于经常徘徊在第五六名的她来说，这可算得上是很大的进步呢！可她的死对头夏婷婷偏偏比她好那么一丁点儿，硬是凭借两分的优势挤在了她前面。在同学们的眼中，童凡凡和夏婷婷完全就是水火不容的两个人，不论是在体育比赛、演讲比赛、歌咏比赛还是在歌唱比赛上，她们俩都会针尖对麦芒，不分出个胜负决不罢休。有时候，连打扫教室清洁都要比一比谁做得比较好。平时，童凡凡在这些方面差不多都能与夏婷婷打个平手，但是在学习成绩方面，童凡凡往往能领先半个身位。可这一次，谁也没有想到，一直徘徊在第六七名的夏婷婷能跃居第一，她的英语成绩甚至在全年级首屈一指。

如此一来，本来都围绕在童凡凡跟前请教难题的同学，便都转而涌向了夏婷婷，纷纷请教快速提升成绩的妙招。这不，星期一的一大早，就有同学围在夏婷婷的桌子旁边。这时，童凡凡满脸不爽地走进教室，摔下书包就朝夏婷婷那边瞪眼睛。她的座位离夏婷婷很近，仅隔着一排桌子。

夏婷婷本来打算让大家走开，好好休息几分钟的，见童凡凡满怀恶意地往她这边瞅，立马就起了兴致，抓着同学们的习题本，一本正经地讲解起来。同学们也很给面子，乐呵呵地奉承夏婷婷。童凡凡气鼓鼓地在心里咒骂道："哼，有什么了不起的！"

这时，一位捧着英语课本的同学从夏婷婷那边绕了过来，她围着夏婷婷转了好几圈，但始终找不到机会说话，只好退而求其次，打算找童凡凡请教问题。奈何童凡凡正在气头上，那位同学刚把课本伸过来，童凡凡便"呼"地一扬手将课本打飞了。这课本不偏不倚，正巧砸在夏婷婷的脑袋上。夏婷婷当场尖叫着站起来，二话不说便将手上的课本扔向童凡凡。童凡凡轻轻一闪便躲了过去，说道："干吗呀？你怎么随便打人呀？"

夏婷婷气不打一处来，说道："明明是你先用书本砸我的，你怎么恶人先告状！"

"哼，我又不是故意的。"童凡凡丝毫不让步，"再说了，你不是很聪明吗，怎么后脑勺没长眼睛？"

两人你一言我一句地吵了好久，还是几位同学从旁打圆场，才没有让争吵变得更严重。童凡凡在吵架中占到一点儿便宜，心情好了很多，便哼着小曲儿温习功课。夏婷婷可就有些憋屈了，她粗暴地拒绝了还围着她请教问题的同学，翘着嘴在那里胡乱翻着自己的课本。就这样，两人重新进入冷战状态。下午的班会课上，在班主任主持下，同学们选出了代表本班参加拓展大赛的队员，毫无疑问，体育和学习成绩俱佳的童凡凡和夏婷婷都入选了。这下好戏就更加精彩了，为了能在拓展大赛中获得好成绩，童凡凡和夏婷婷那叫一个钩心斗角，一有空就去操场上训练。为了避免两人在比赛的时候发生争吵，班主任还分别跟她们俩谈了话，要她们团结合作。童凡凡其实也没把这次拓展大赛看得有多重要，一来二去的就忘了班主任的交代。

时间一晃而过，很快就到了拓展大赛开始的时候。那一天，全市各地的高中生都汇聚在森林公园的广场上。按照要求，所有参赛队伍必须在规定时间内通过预先设定好的障碍，攀登广场后的大山，哪支队伍最先抵达山顶，夺取竖立在山顶的红旗，那支队伍就是拓展大赛的冠军。童凡凡和夏婷婷所在的队伍一马当先，冲在了所有队伍的最前头，结果童凡凡和夏婷婷发生了争吵，导致不少队伍超过了他们。争吵的原因就是夏婷婷在攀登一处障碍物的时候，不小心碰了童凡凡一下，让她摔了个"狗啃地"。队长和其他两名成员好说歹说两人才重归于好，继续前进。没想到半道上，童凡凡崴了脚，很快就落在了队伍的最后面。一向要强的童凡凡哪里忍得住被夏婷婷超越？她咬紧牙关，一瘸一瘸地跟在后面，可是崴了的脚实在疼得厉害，她每前进十几米就要休息一下。

工作人员发现这个状况之后，劝童凡凡退出比赛。可是退出比赛之后，全队成绩就会作废，到时候岂不是要被夏婷婷嘲笑死？童凡凡如此想道，便拒绝了工作人员的要求，执意完成比赛。可是，她的速度实在太慢了，很快就被其他人超越。童凡凡心里那个急呀，眼眶里都噙满了泪水，她恨自己为什么这么不小心，自己无法完成比赛就罢了，现在还要拖累整个队伍，到时候回到学校肯定要被所有同学笑话。就在童凡凡万分绝望之时，崎岖的山路上出现一个熟悉的身影，是夏婷婷！

"你怎么来了？"童凡凡慌忙擦掉眼泪，"我不要你的可怜！"

"我才没工夫可怜你呢，你现在是我的队友，我不能让你落在最后面！"夏婷婷仍然一副冷若冰霜地样子，她向童凡凡伸出手，"走吧！"

"可是……"童凡凡突然觉得很惭愧，想说点儿什么感激的话，看到冷若冰霜的夏婷婷，却说不出口。这时，队伍里的其他成员不知什么时候也从小路上跑了下来。队长一边和夏婷婷一起搀扶童凡凡，一边说道："没有那么多的可是，还是夏婷婷说得对，咱们是一个团队，要互帮互助！"

原来，是夏婷婷马不停蹄地追上队长，要求大家回头帮助童凡凡的。最开始队长并不同意回头，所以夏婷婷就只好自己下山寻找童凡凡了。最后，童凡凡顺利抵达山顶，但本该属于他们的红旗却被后来居上的实验高中夺走。童凡凡满脸愧疚，但队伍里的其他人并没有埋怨她，夏婷婷还第一时间喊来医护人员帮童凡凡处理崴伤的脚。被担架抬下山的时候，童凡凡第一次对夏婷婷说了声谢谢。夏婷婷没有说话，不过她冷若冰霜的脸上慢慢绽放起好看的笑容。这一刻两个花季少女的心第一次走在了一起，从此以后他们便不再是"最熟悉的陌生人"了！

二 最美味的烤地瓜

杜若晴在初一的时候就认识了任志强。记得那还是初中开学的第一天，前来报名的学生和家长非常多，爸爸只好领着杜若晴在交学费的地方排队。任志强就排在杜若晴的后面，因为在场的所有孩子都有家长陪伴，唯独任志强是孤零零的一个人，所以杜若晴对他印象非常深刻。记得当时，任志强穿着洗得发白的牛仔短裤，脚上穿着一双蓝色的人字拖鞋，不管看见谁都露出憨厚的笑脸和一口洁白的牙齿。缴费之后，杜若晴的爸爸接到一个比较重要的电话，便急匆匆地领着杜若晴开车往回赶。可没想到离开学校没多远，杜若晴的爸爸才发现钱包里的几张重要卡片不见了。就在他焦急地在车里翻来翻去的时候，一个小男孩怯生生地敲了敲车窗。杜若晴的爸爸疑惑地打开车窗，那个小男生气喘吁吁地将几张卡片递进来。杜若晴定睛一看，发现他正巧就是缴费时排在他们身后的小男生。杜若晴正要说谢谢呢，小男生撒丫子跑了。

第二天，杜若晴和其他同学一样，早早地来到学校，整理自己的课桌。让杜若晴感到很奇怪的是，直到上课铃响了，她的同桌也没有出现，不过她从班级座位表上得到了同桌的名字——任志强。第一堂课就迟到，这个任志强肯定是个坏孩子！杜若晴这样想，心里不免有些生气，埋怨老师没给她配一个好同桌。第一节课上到一大半，任志强出现了，不是别人，正是那个她想要说声谢谢的小男生！这让杜若晴又惊又喜，两人很快就成了好朋友。

任志强的父母都是卖菜的贩子，家里的条件并不宽裕，所以每天清晨，他都会帮家里做点儿力所能及的事。今天早上有几家大酒店需要送菜，所以任志强就忙得晚了点，耽搁了上学的时间。好在老师并不凶，教训了任志强三两句，这件事就算过去了。中午，杜若晴家的保姆专程过来送饭，她邀请任志强跟她一起吃饭。任志强笑着从旧书包里摸出一个铁饭盒，里面装着两个烤地瓜。从这一天开始，杜若晴知道还有一种叫做烤地瓜的人间美味，所以以后都要求任志强给她带烤地瓜。当然，也就是从这一天开始，杜若晴知道任志强家的条件比较差。所以，只要有机会，杜若晴都会在物质方面帮助任志强。但任志强根本不买账，每一次都拒绝了杜若晴的好意。

渐渐地，同学们便发现了杜若晴和任志强之间的秘密，学校里开始流传任志强用烤地瓜骗杜若晴钱物的谣言。尽管任志强一再澄清事实，但谣言还是越传越疯狂。到了初二，班主任专门找他们两个谈话，还把他们俩分开。不过，任志强仍然每天都给杜若晴带一个热热乎乎的烤地瓜。但是有一天，一件事彻底改变了杜若晴对任志强的看法。那是杜若晴生日当天的早上，不少好姐妹在杜若晴的课桌里塞满了小礼物。还没来得及清理呢，大家就被老师们喊去做早操了。当然，任志强还是跟往常一样迟到，所以就没有参加早操。等杜若晴做完早操回到教室，却发现任志强鬼鬼祟祟地离开她的课桌，口袋里似乎还藏着什么东西。中午，杜若晴检查课桌，发现姐妹们送的礼物当中有一张限量版的卡牌不见了。她怀疑是任志强偷走的，便前去质问，没想到任志强矢口否认。两人因此发生了第一次激烈争吵，自此冷战了很久。最后还是任志强主动跟杜若晴说话的，他还亲手奉上一个热腾腾的烤地瓜。

但这些天以来，姐妹们总在杜若晴耳边讲述任志强的种种不是，很快就把任志强描述成一个喜欢小偷小摸、思想品德败坏的坏小子。所以，杜若晴并没有接受那个烤地瓜，而且还尖酸刻薄地说她以后再也不碰穷小偷的任何东西了。这句话严重伤害到任志强的自尊心，从此以后，任志强迟到早退的情况便越来越严重，本来还算可以的成绩一度下滑到年级倒数。总之，那个乐观开朗的任志强变得沉默了。

初三，任志强的父母打算到外地去谋生，任志强便跟着到外地去读书去了。初三下学期，杜若晴在15岁生日当天收到一个小包裹。是任志强寄来的，里面有一个用水草编织的小口袋，漂亮又别致。小口袋下面压着一封信，打开那封信，杜若晴便看到了那张限量版的卡牌。

哼，就是你偷走的，还要抵赖，就让我瞧瞧你在信里怎么说的吧！杜若晴愤愤不平地摊开信纸，但信里面的内容却让她大为吃惊。任志强说，他的的确确没有偷走那张卡牌，那天他赶在早操做完之前来到学校，就是为了把自己亲手编的小口袋当生日礼物送给杜若晴，但一看到大家送的都是非常精美和高档的东西，他便产生了自卑，就把小口袋收了回来。不过，在搬到外地之前，他在送卡牌的同学那里得到卡牌的信息，然后又花了不少工夫才终于买到一张，然后一起寄了过来，因为他不想失去最要好的朋友。

这一年，杜若晴同样收到许多生日礼物，全都堆在书房里。妈妈在帮她清理书房的时候，从一堆旧课本里找到一张还没开封的卡牌，便数落杜若晴丢三落四。没想到杜若晴"哇"的一声哭了起来，把妈妈吓得够呛。后来，杜若晴想办法找到任志强的联系方式，特意打电话深深地道了个歉。听到电话那头任志强爽朗的笑声，杜若晴才稍稍没有那么愧疚。初三毕业之后的暑假，任志强回家乡探亲，抽空参加了杜若晴她们举办的毕业派对。这一回，他还是带上了一个烤地瓜。虽然在夏天吃烤地瓜很容易烫到嘴，但杜若晴却说这是世界上最美味的烤地瓜！

三　一百双舞蹈鞋

"唉，怎么办呢？离舞蹈大赛开幕已经没多少天了，咱们的孩子还穿着破破烂烂的舞蹈鞋，这要是影响了他们的发挥，可怎么办呀？"一个愁容满面的小伙子在简陋的办公室里转来转去，办公桌上摆着汉斯老太送来的几双破舞鞋。今天上午检查更衣室的时候，汉斯老太发现有不少孩子的舞蹈鞋实在破得不能再穿了，为了避免孩子们因此扭伤脚，她便自作主张地将破舞鞋拿到了校长的办公室里。校长是谁？校长就是这位急得像热锅上蚂蚁的小伙子，他叫瑞克，因为头发总是卷曲凌乱，所以被孩子们亲切地称作"凌乱王子"。

瑞克管理的是一所收容学校，留在这里的孩子都是无家可归的孤儿。但是自从两年前开始，政府就大大缩减了对这间收容学校的援助。在此之前，要不是因为瑞克极力争取，这间收容学校可能被撤掉了，如果那样的话，孩子们就会被送到市中心的收容所。谈起那家收容所，瑞克就觉得有人正拿冰冷的锥子扎他的后背，因为那家收容所脏乱差出了名，管理人员经常虐待孩子，简直就是一座人间地狱。

还有一点非常重要，瑞克本身就是从这所收容学校成长起来的，所以他才会在大学毕业之后主动回到这里，为这些可爱的孩子们维持一个温暖的家。撇开各种不利因素，其实这个收容学校挺不错的，特别是在舞蹈方面，总是能够在舞蹈大赛上获得大奖，这可能是政府同意不撤掉它的唯一原因吧。但政府的援助大打折扣之后，孩子们的舞蹈装备便只能半年更换一次，舞蹈鞋甚至一年才能换一回。今年，为了让孩子们吃得好一点，瑞克自作主张从舞蹈经费里拿出了一些补贴伙食费。结果便导致舞蹈大赛快要开幕了，孩子们还没办法换上新的舞鞋。

"笃笃笃！"汉斯老太又敲响了办公室的门。

瑞克拉开门，一看站在门外的还是汉斯老太，便无奈道："让我再想想，再想想，会有办法让孩子们穿上新舞鞋的！"

"哦，瑞克，你别太担心了，我不是来催你买新舞鞋的。"汉斯老太说道："有人送来两大箱东西，你得下去签收一下！"

"哦，谁会给我寄东西？"瑞克满腹疑惑地走下楼，发现果真有两大箱东西放在大门口，送货的是邮递员，他递给瑞克一张签收单。瑞克看了一下两只大箱子，发现并没有缺损，便签了单子，又跟邮递员说了声谢谢。邮递员上车之后，瑞克便仔细看了一下收货单。寄件人一栏工工整整地写着"苔丽丝"。

"苔丽丝是谁，这个名字为什么这么熟悉？"瑞克自言自语地拿来剪刀，小心地剪开两只大箱子，发现里面装的全是崭新的舞鞋，仔细一数，不多不少正好 100 双，这可够孩子们穿一两年的了！看着这些漂亮的小舞鞋，瑞克突然想起这个雪中送炭的苔丽丝是谁了。一段遥远的往事很快涌现在他的脑

海里……

那一年，瑞克和苔丽丝都只有 8 岁。他们和其他孩子一样在卡门校长的带领下，幸福又快乐地生活着。但是有一年，卡门校长得了重病，住进了医院。没有卡门校长之后，收容学校的管理陷入瘫痪，管理物资库的工作人员更偷偷拿走政府援助的东西和好心人捐助的钱财。结果，好多孩子没有舞鞋穿，苔丽丝就是其中之一。在寒风呼呼的冬天，苔丽丝只能光着脚练习舞蹈，小脚很快就会冻僵，然后跪在那里流眼泪。瑞克的舞鞋还不错，虽然大了一些，里面再垫两块破布的话正好适合苔丽丝的小脚。

就这样，瑞克和苔丽丝共穿一双舞鞋，经历了整个寒冬。后来，苔丽丝被选去参加舞蹈大赛，瑞克却落选了，所以瑞克一连好几天都非常伤心。见瑞克茶饭不思的，苔丽丝感到非常过意不去，她对瑞克说："对不起瑞克，因为我占用了你的舞鞋，所以你才落选的，要不然我去请求卡门校长，让他想办法把我的参赛资格让给你？"

"那怎么行，卡门校长还在养病，我们不能惊动他！"瑞克拒绝道。

苔丽丝也很着急："那可怎么办呀？"

"我没有埋怨你的意思，苔丽丝，你跳得比我好，本来就应该去参加比赛！"瑞克想了想，说道："只不过，你要是穿着我的舞鞋拿到大奖，一定记得还一双新的给我！"

苔丽丝笑着点头道："嗯，还 100 双都可以，我说话算话！"

但是舞蹈大赛之后，瑞克就再也没有见到过苔丽丝，听说她在大赛上获得金奖，还被一所比较专业的舞蹈学校接走。得到这个消息之后，瑞克伤心了好一段时间，此后就忘了那个爱跳舞的苔丽丝。瑞克并不知道，苔丽丝一直都记得当初的诺言，在离开收容学校之后，她到遥远的西部开启了另一段人生，练习舞蹈，考上艺术大学，进入舞蹈殿堂。

10 天前，苔丽丝在国际舞蹈大赛上获得大奖，成为著名的舞蹈家。她想起了当初许下的诺言，在捧得金杯的时候亲自准备了 100 双崭新的舞鞋寄到收容学校。对于瑞克来说，这 100 双舞鞋不仅仅是苔丽丝兑现的承诺，更是100 个温暖的笑脸！

四 不，你才是我的好班长

陈明和王辉是同桌，在同学们的眼中，陈明是一个学习好、有责任心的人，而王辉则是一个有担当、有组织能力和管理能力的人。新学期到了，又到了重新选班干的时候，在投票选择班长的时候，王辉和陈明获得的票数一样多，班主任老师这时决定观察他们两天再作决定。

班干竞选结束后的第二天，班主任老师就收到了一封匿名信，信中说道"陈明没有资格竞选班长的职位"。正当班主任在猜测这封匿名信是谁写的，想弄清楚为什么说陈明没有资格竞选的时候，王辉来找他了。王辉着急地赶来跟班主任说，自己这个月的生活费被人偷了。班主任看着他焦急的样子，让他冷静下来慢慢说。

"我这个月的生活费是放在文具盒的底层的，我放的时候只有陈明看到了。"王辉说着，急得眼泪都快掉下来了。班主任听了，没说什么，只是让王辉先回去了。王辉回到教室之后，一直没给过陈明一个好脸色看。上课的时候，班主任过来说："我们班的班长人选已经确定下来了，经过大家的投票结果和老师平时的观察，我们一致决定让王辉同学担任我们的班长。"班主任说完，看了一下陈明，此刻他正跟大家一起为王辉鼓起掌来，而脸上竟也微笑着。下课之后，班主任准备找陈明过来问一下王辉丢钱的事和他有没有关系，正巧陈明自己过来了。当班主任一看到陈明，他的脸上就是一副生气的样子，陈明连忙说："对不起，老师！我知道我做错了。"班主任听到他自己承认错误了，便只说："知道错误就好，我们做人要正大光明。"

半个月之后，王辉突然跑过来，有些不好意思地跟班主任说："老师，对不起，是我错怪了陈明，我今天发现我的生活费在书里夹着，原来是我自己忘了。"班主任听完，无奈地摇摇头说："你之前用匿名信举报说陈明没有资格竞选班长的事，那也误会他了吧？"王辉听了，觉得很惊讶也很惊恐，连忙回答说："我没有写什么匿名信啊，我更没有说陈明没有资格竞选班长啊！"听完王辉的话，班主任有些生气，不过这次生气不是因为王辉误会陈明偷钱的事，而是他觉得自己当时也误会了陈明。不过，想到这里，班主任觉得事情奇怪，他想起了陈明那时还对他认错了。他越想越觉得不对劲，于是，他让王辉把陈明叫到办公室来，说有话问他。

陈明被王辉叫到办公室之后，班主任首先跟他说了一句"对不起"，然后跟他说清楚了王辉丢钱的事是个误会。王辉站在一边，看着班主任为了自己的事向陈明道歉，他顿时也觉得自己很对不起同桌，如果不是因为他当时跟班主任说自己的钱是陈明偷的话，那么班长可能就是陈明来担任了。他也赶紧跟陈明说："对不起啊，之前我一直误会你，以为是你偷了我的钱。"陈明听了班主任和王辉的解释后，笑着说："没事，没事，原来阿辉是在怀疑我偷了你的钱啊，我可不是梁上君子啊！"班主任和王辉听完都会心地笑了笑。

误会解除后，王辉和陈明的关系变得更好了，他一直为自己的失误而向陈明道歉。而班主任这边，他还在为陈明承认错误的事情想不清楚，最后他还是决定要把心头的这个疙瘩给解开。

一天课后的时候，班主任刚好在走廊里碰到了陈明，陈明见迎面是班主任便问候了一下，准备离开。

"陈明，你等一下。"班主任及时叫住了陈明，"你之前跟王辉的事是个误会，但是我记得你向我承认过错误，那你说说你到底做错了什么事。"陈明见班主任问起了这个事，他突然沉默了一下，然后才慢吞吞地说："是我写了那封匿名信。"

"是你写了那封信？为什么呢？"

"我知道王辉的家里出事了，他一直都希望能够当上班长。我希望他能当上班长，这样他就会开心些。"

听了陈明的解释，班主任的心里总算想明白了所有的事。回到课堂上，他向全班同学都说明了这件事，他说："虽然陈明没有当上我们班的班长，但是他的优良品德已经为我们树立了一个很好的榜样，他是我们心中的好班长。"

王辉在听到班主任所说的一切之后，他感动地对陈明说："这个班长应该是你的。"

"不，你才是我们的好班长。"

两人在你一言我一语地谦让中，拥抱在了一起。

五　背上的青葱年华

再过两天，家住新邵县寸石镇青山村的何颖慧就要上初一了，但新学期该怎么去上学，到现在为止，一家人心里还没有底。因为她家离学校有8里路，谁去送何颖慧上学，这让她行动不便的奶奶十分担心。

12岁的何颖慧看起来要比同龄人瘦小，手脚只有常人一半大小。2002年出生的她患有小儿麻痹症，1岁那年母亲离家出走，从此杳无音讯。父亲又常年在外打工，照顾何颖慧的任务，自然就落在了年近七旬的爷爷奶奶身上。2007年她在亲友的资助下，何颖慧上学了。可她不能走路，只能让人背着上学。前两年何颖慧都是由奶奶背送的，但身患严重风湿病的奶奶，逐渐感到吃不消。当时，年仅9岁的邻居何芹姣毫不犹豫站了出来："我来背！"

何芹姣和何颖慧虽然是邻居，可两人是在上学后才认识的，由于何颖慧身有残疾，一直都在家待着，很少出门。何芹姣要背何颖慧的这个决定，遭到了双方家长的反对。她父亲怕一个9岁的孩子，背不起何颖慧而把对方摔伤。可何芹姣倔强地不理会父亲的斥责，第二天一大早又背起何颖慧上学了。这一背就是4年。从2010年秋天开始，何芹姣每天背着何颖慧上学，直到她们小学毕业。不论天晴下雨还是刮风下雪，何芹姣都会按时出现在何颖慧的家中。由于年幼力气小，到小学不足两里的路，何芹姣常常累得满头大汗。碰到下雨，何颖慧就伏在何芹姣的背上撑着伞，两人在雨中艰难前行。

如今升入初中，小颖慧的上学又成了问题，虽然有好心人捐助了一辆轮椅，但去学校路有8里，小颖慧依然无法独自去学校。开学前的这几天，小颖慧和她的奶奶都在期待何芹姣的出现，可她们的心里又很没底，毕竟除了家人，谁都没有接送小颖慧上下学的义务。就在开学前一天的早上，何芹姣一如既往的来到小颖慧家，这学期两人都顺利地升入了同一所初中——仁爱安义学校，又可结伴上学。

何芹姣帮助小颖慧整理好轮椅，并把小颖慧抱上轮椅后，推着她向学校的方向走去。崎岖的山路高低不平，好几次轮椅的轮子被路上的石子挂住，何芹姣便用力转换轮椅的方位，在特别陡的下坡路上，何芹姣怕何颖慧滑落，又把轮椅倒过来推。遇到实在推不上的坡道时，还要把何颖慧先背到坡上，再搬轮椅。8里路，平时何芹姣一个人走都觉很累，更别说推着轮椅帮助同学何颖慧一同走，这一个来回就是16里。才走到一半的路程，何芹姣的后背

就被汗水浸湿了。

3小时后，两人才到就读的学校，何芹姣又把何颖慧背到上课的教室里，开始了她们一天的学习。下课了，同学们纷纷走出教室玩耍，何芹姣都很少参加，她要背着何颖慧下楼上厕所、参加课外活动。等到放学后，何芹姣又会背起何颖慧，一步一步把她送回家。何芹姣不仅背着小颖慧上下学，还背着她去和同学们办家家、躲猫猫。最让小颖慧开心的事，是何芹姣背着她去参加小颖慧从来不能去的春游。有了何芹姣的陪伴，让内向、自卑的小颖慧变得开朗、乐观许多。她开始对未来的生活充满期待："在梦里我总梦见自己武功高强，可以帮助别人。如果我的病好了，我要当一名女警察。"

虽然何芹姣给小颖慧呈现了一个丰富多彩的世界，她自己却因此失去了不少自由玩耍的时间。很多时候，芹姣都不能去和伙伴们尽情地撒野奔跑，而选择一直默默陪伴着小颖慧。何芹姣本可以在学校寄宿，此前有位好心人要接她到市里的学校去上学，但都被她拒绝了。不怎么爱说话的何颖慧，虽然没有对何芹姣说过什么感谢，但内向的她将所有感动都写在作文里："世界上对我最好的人，和我最爱的人是何芹姣，她用稚嫩的臂膀撑起了我的天空，她是我人生中最好的姐妹。"

在家中何芹姣也是一个懂事的女孩。在她简陋的土砖房家里，几乎没有一件像样的家具。爬上窄窄的楼梯，是何芹姣和姐姐灰暗的卧室。破旧的小床上铺着陈旧的席子、被子，床对面一块木板就是她写作业的地方。只要一下雨，楼上就会四处漏水。由于家里贫困，小小年纪的何芹姣就学会了赚钱养家。周末，她捡垃圾；暑假，她帮人穿渔网，1分半一张。一个暑假她把赚来的200元钱除去给自己买一个新的文具盒外，其余的全部交到她父亲的手里。

青葱岁月中，我们也应该好好思考一下，什么是快乐的人生，如同给予他人帮助的同时，你也在收获快乐。何芹姣不仅帮助何颖慧，她还带动了一大批同学争相帮忙。在他们身上，让我们看到新一代少年的道德闪光点。她俩的故事被传播之后，人们无不为这位小女孩四年如一日默默助人的善举动容，不少人纷纷称赞她是"最美女孩"。社会上的好评如潮以及对她俩的无私帮助，也让这两个孩子幸福满满、心存感恩。

六 把快乐捐出去

阿力是一名初中二年级的学生，在他读六年级的时候，阿力的爸爸因为一场意外而丧失了生命。从此以后，阿力便和妈妈相依为命，过着拮据的生活。

有一天早上升国旗，校长站在主席台上，跟大家说了一个消息。校长说学校里有一个同学突然查出了白血病，现在他正在医院里接受治疗，但是家里的钱不够，因此希望学校里的同学都能为这位同学捐点儿钱。

升旗结束后，班主任也在班级里面提了一下这个事情，并希望大家能够尽自己所能，帮助一下那位同学。班里的同学听了这些之后，纷纷表示一定要给同学提供帮助。

放学回家之后，阿力心中一直想着捐款的事，但是他知道妈妈供他念书不容易，家里更是没有多余的钱可以拿出来捐款，所以他一直没跟妈妈提起这件事。

第二天上学的时候，就在快要上课的前 10 分钟，班长上了讲台。他说："同学们，昨天我们说的要给患病的同学捐款，今天我们就把自己带来的钱捐给他吧，希望能给他带来一些帮助。"班长说完，率先将 100 元放进了捐款箱内。接着，其他的同学也都纷纷地上台，去把自己带来的钱捐到捐款箱内。阿力看着同学们的热情和爱心，自己心里感到很难受，因为只有他不能帮助到那位不幸的同学。

那天上课的时候，阿力整个人都不在状态，他心里一直想着该怎么去帮助那位同学。放学后，阿力问了一下老师那位同学的情况。当阿力知道了那位同学的名字和他家里的地址之后，他决定要给那位同学写信，鼓励他要勇敢地坚持下去。

回家之后，阿力放下书包，拿出一本暂新的笔记本，从上面撕下来两页。阿力拿起笔，想了想，然后写道：

亲爱的同学，你好！

我叫阿力，你还好吗？我听说你是一位很好的人，我想跟你做朋友，可以吗？

阿力写到这里觉得很多话不知道该从何写起，后面就停住了笔，然后将写好的信折了起来。隔天上学的时候，阿力托那位同学的朋友把信交给了那位同学。没想到几天之后，阿力竟然收到了回信，上面写道：

你好，我是明明。我也想和你做朋友，但是我现在无法跟你见面，真的很抱歉。

阿力看了看信，高兴极了，但是想着明明因为生病了不能见到朋友，一定很伤心。所以，阿力决定要亲自去医院看看他。阿力在信封上看了看医院的地址，然后默默地记在了心中。

这个星期天的时候，阿力告诉妈妈他要去医院看望生病的同学，妈妈这才知道了情况。虽然妈妈还是无法拿出钱来让阿力去帮助同学，但是妈妈很支持阿力去医院看望同学。于是，阿力就骑着家里的破自行车，晃晃悠悠地去找明明了。阿力第一次来这个医院，他不知道路，于是就一路问过来。当阿力来到医院见到明明的时候，他一个人正躺在病房里，被隔离着，看起来孤单极了。阿力站在玻璃前，朝着明明招了招手，并拿出一张纸，在上面写着：你好，我是阿力，我来看你了。明明看着阿力，眼里含着泪水，脸上露出了高兴的笑容。

从这之后，阿力每个周末都会抽出一天时间来陪明明。有时候阿力会跟他讲讲学校里的笑话，有时候帮他复习一下功课，并鼓励他坚持学习。明明自从有了阿力的陪伴，他每天都过得很快乐，精神状态也一天比一天好。终于有一天，明明等到了合适的骨髓，他的手术成功地完成了。

当明明再次回到学校的时候，校长请明明在国旗下给大家做一次演讲。明明站在主席台上，看着台下的同学们，他说："我是明明，我之前得了白血病，因为有了大家的帮助，所以我才能坚持下来，谢谢大家。"说完，他的眼泪止不住地流下来，沉默了一会儿之后，他又接着说："在这里，我要特别感谢我的一个朋友，他叫阿力。因为有他，才让我可以快乐地度过这段难熬的日子。"说着，大家都把目光投向阿力，阿力看着主席台上的明明，心里觉得温暖极了。

在这以后，阿力和明明成了很好的朋友。

七 最"讨厌"的好朋友

王磊和李东是如何成为朋友的呢？连王磊自己都觉得有些莫名其妙，好像他们从小学开始就是朋友了，不过大部分时候，王磊一点儿也不喜欢这个朋友。王磊是个骄傲的孩子，又有些调皮，偏偏李东从来都不买他的账，经常与王磊唱反调。

他们两个从小学就认识了，不过那个时候王磊觉得这就是一场"孽缘"。

小学二年级的时候，李东从另一所学校转来王磊他们班。他说话的时候有点儿结巴："我，我叫李东。"他的话把全班同学都逗笑了。有个平时就喜欢恶作剧的孩子还怪模怪样地学他说话："你，你在说什么呀？"全班同学再次哄堂大笑，王磊也在其中。

谁知道李东竟然哭了起来。王磊看着他那个可怜兮兮的样子，把桌子一拍："哭什么哭？男子汉大丈夫，以后就跟着我，没人敢欺负你。"没想到，一句玩笑的话，李东竟当了真，从那个时候开始李东就认定他这个"朋友"了，走到哪里就跟到哪里，真的甩都甩不掉。

不知道算不算缘分，王磊和李东进入了同一所中学，两个人还被分到了同一个班。

那个时候刚步入青春期的王磊有些叛逆，不顾学校不准留长发的规定把头发留得长长的。班主任自然十分生气，三番两次要求王磊把头发剪短，但王磊依旧如故，完全不把老师的话放在心上。一次班会的时候，班主任又在所有人面前数落王磊的头发了。王磊当然不乐意，他瞪大眼睛看着老师，以示抗议。李东赶紧在旁边说："老师，王磊今天回去就剪短。"

王磊当然没那么容易就屈服，第二天，他虽然把头发剪短了，但把头发染成了红色，跟樱木花道似的。班主任又被惹怒了，还没等老师开口，李东赶紧打圆场："老师，他马上就会把头发染回去的。"后来，老师索性不过问王磊的头发了，但王磊的心里却十分不满，他不明白李东怎么那么害怕老师，老师有什么了不起的。

所以放学的时候，王磊头也不回地就赶紧冲出教室，但李东还是笑眯眯地和他一起，好像什么事都没有发生。

后来，王磊开始迷上打游戏，成绩开始直线下降，对学习也越来越没有兴趣。只要一有空就往网吧跑。有的时候零花钱花光了，他不得已找李东借，谁知平时对老师唯唯诺诺的李东竟然拒绝了他，还语重心长地劝告王磊："游戏是会上瘾的，你这样会影响学习的，还是不要去比较好。"

王磊正在兴头上，哪里听得进李东的劝告："你到底借不借，婆婆妈妈的，还是男子汉吗？"只见李东涨红着脸，但还是坚定地摇了摇头。

"你真是太不够意思了，不借拉倒。"王磊气得咬牙切齿。

这件事发生之后，王磊有好长一段时间不愿意和李东说话。他开始和班里的那群贪玩的学生走得很近，一放学就和他们一起去网吧打游戏。一转眼就到了期中考试，王磊的数学竟然破天荒地考了 95 分，本以为这下可以在老师和同学面前扬眉吐气了，谁知道老师竟然怀疑他作弊。

那天刚上课的时候，老师就指着王磊说："你怎么可能考 95 分，你是不是作弊了？"

王磊只觉得身体里的血正往上涌，他腾地一下站了起来，大声地说："男子汉敢作敢当，要是我真作弊了我会承认的，可是我没有。"

老师冷笑着说："你上课从不认真听讲，一放学就去网吧打游戏，在这种情况下成绩怎么可能好得起来呢？"

"我没有作弊，坐在我周围的同学都可以作证。"王磊环顾着四周，斩钉截铁地说。可是大家都埋着头，没有一个人敢站出来为王磊说话。就在王磊快要绝望的时候，坐在王磊旁边的李东站了起来。他说："老师，王磊没有作弊，我可以作证。"

王磊的眼眶湿了，那些平日里和他一起去网吧打游戏的人都没有站出来为他说话，反倒是李东在关键时刻帮了他。

后来，王磊下决心再也不打游戏了。他决定上课好好听讲，有什么不懂的问题及时问老师。当然，李东也表示很乐意帮他解答学习上不懂的问题，在李东的帮助下，王磊的学习成绩进步越来越快。终于在期末考试中取得了让老师和同学刮目相看的好成绩。李东也由衷地为这个朋友感到高兴。

就像高尔基说的一样：真正的朋友，在你获得成功时，为你高兴，而不捧场；在你遇到不幸或悲伤时，会给你及时的支持和鼓励；在你有缺点可能犯错的时候，会给你正确的批评与帮助。李东就是这样的朋友！

八 花雨伞下的万里晴空

阿明觉得放假的日子过得太快，好像还没怎么玩上几天，这短短的寒假就宣告结束。新学期到校报名的时候，需要交寒假作业本和老师布置的假期作文。阿明的作文在胡编瞎写中写完了，可寒假作业还有一半没完成，可他一点儿都不为自己担心。在开学的第一天早早地来到教室，他有个计划，就是抄袭别人的作业，这比自己做所花费的时间少多了。学校规定学生是 8 点上学，阿明 7 点才过一点儿，就赶到了学校。

他知道，一般积极地提前到校的同学，都是学习成绩较好的。今天，全校他是第一个到校的学生，阿明准备在班级里守株待兔，下一位到班级的同学，就是他抄袭作业的目标。教室虽然被一层浮尘所笼罩，他顾不得擦一下课桌，便来到自己座位上，还没等打开书包坐下，走廊里便传来一阵响亮的脚步声。

有同学来了！阿明立即奔到教室门口，第二位到教室的同学是小洋。小洋是班级里的副班长、语文课代表，在班级里学习成绩一直是名列前茅。阿明一看是小洋，心里喜滋滋的。

他在门口伸出一只胳膊，拦住了小洋："留下寒假作业，就放你过去。"阿明说。

"什么？你把我吓一跳！原来是阿明呀，放假前老师明明布置是我收作业，怎么现在改你收啦？"小洋还没回过神来。

"不是收作业，我是想抄你的寒假作业。"阿明傻呵呵地冲着小洋坏笑。

"自己不动脑筋做作业，还要抄作业？"小洋再次确认阿明的意图。

"抄作业比做作业省事多了。小洋，你就借我抄一下吧。"阿明似乎带着哀求的语调，对小洋说着。

小洋不理会阿明，他推开了拦住他的阿明，说："不借！"

"好班长，你就借我抄一下吧。"阿明跟着小洋来到他的座位上，依旧缠着。

小洋则不慌不忙地反问他："我要收作业了，你交不交作业？"

看小洋不肯借作业，阿明无奈地等下一位同学。可是小洋就像是知道阿明心思一样，接下来每进一位同学，都会抢在阿明之前，把作业收了上去。小洋这样故意和阿明作对，令阿明非常生气，但也无可奈何。

　　上课时间很快就要到了，没有办法的阿明，只好胡乱在寒假作业上涂着鸦。上课钟声整时响起时，阿明最后一个走到讲台上，交掉作业。他特意将自己的作业插在其他同学作业本的下面，并希望老师在检查作业时，能漏看他的作业本。

　　这一天，阿明就在忐忑中度过。临到放学时，原本阴郁的天空，忽然下起大雨来。

　　由于早上想着抄作业的事，所以出门的时候阿明忘了带雨具。可同学们都陆续离校，只留阿明还在走廊里，来回踱步，他回不了家。

　　"阿明！"刚做完值日从老师办公室里出来的小洋，手里提着一把雨伞走过来。

　　"怎么了？"出于早上阿明对小洋的记恨，小洋叫他时，阿明的情绪十分抵触。

　　"我有伞，我们一起回家吧。"小洋发出了邀请。

　　阿明显然还在生他的气："不要你管！走开！"

　　"阿明，我知道你一定是为今天不给你抄作业的事，而生我的气。可我这也是为你好呀，抄过的作业，一下就忘了，下次再遇上相同的题目，你一定又不会做。我们六年级是毕业班，最后这个学期，大家都要为考个好中学而努力，在学习上更加不能马虎。我不让你抄作业，是想你改掉抄作业的这个坏毛病。"小洋很耐心地向阿明解释今天早上的事。

阿明不屑地看了一下小洋："你会做题目，做的速度快，我可要想半天才能做出来。你这是在嘲笑我比你笨呀！"

"我不是这个意思。"小洋见阿明还没有消气，便从自己的书包里拿出了一个本子。

阿明一看，天那！这不就是自己已经交掉的寒假作业本。"你怎么拿着我的作业本？"阿明不知道发生了什么事，一下子惊慌起来。

"是这样的，我拿了你的作业本，因为你很多地方都没有做，老师看了一定会给你评低分，而且还会由此判定你是个不认真学习的学生。我想你应该不是这样的同学，所以向老师报告你忘记带作业本。给你留出更多的时间，帮助你改正。"小洋诚恳地对阿明说道。

原来是这么回事，阿明瞬间感动起来，他没有想到小洋对他这么好，可他还责怪小洋不近人情。

"阿明！走吧，我上你家一起做作业去。"雨伞在雨中打开，阿明和小洋两人合撑着一把雨伞。

落下的雨点就像是在伞上开出的浪花，而伞下是两个小伙伴快乐的身影。

九　欠一个微笑

周五大扫除的时候，罗莉莉吩咐大家扫地的扫地，擦窗户的擦窗户。这时，正在擦窗户的詹若曦突然停住手中的事情，跑了出去。

"詹若曦，你去哪儿？你的窗户还没擦完。"罗莉莉朝着詹若曦的背影大喊了一句。而詹若曦听到罗莉莉叫她，她只是转身对罗莉莉微笑了一下，然后就径直跑出了教室。罗莉莉很生气，她心里想，"她凭什么那么神气，不就是家里有钱吗？"过了一会儿，詹若曦回来了。她一跑进教室就去找罗莉莉，然后微笑着跟罗莉莉说："班长大人，对不起啊！我爸爸刚刚来看我了，所以我出去了一下，下次不敢这样了，请班长大人息怒吧。"罗莉莉看着詹若曦一脸的微笑，心里越是生她的气，故意冷冰冰地对她说了一句："去把你的窗户擦完。"詹若曦听了，又是一个微笑加一句"遵命！"

罗莉莉和詹若曦是同桌，她的成绩比詹若曦好很多，所以詹若曦心里很崇拜罗莉莉。而且，罗莉莉还是班长，她在班里的威望可高了。班里的很多事情都又罗莉莉来安排，像周五大扫除的人员配置，元旦晚会的节目排练等。詹若曦对于罗莉莉的优秀，她很崇拜，因此也总是向罗莉莉请教问题，并且一直对她都很友好。不过，罗莉莉对待詹若曦的态度，却是截然相反。

罗莉莉其实心里很嫉妒詹若曦。她总是在想，虽然詹若曦长得很漂亮，但是她长得也很漂亮啊。她们一样都是学校舞蹈队的领舞，但是同学们总是围着詹若曦转，而一直喊罗莉莉"母夜叉"。对此，罗莉莉心里从来就只有一个解释，那就是詹若曦是富家公主，她的家里很有钱，每次来学校都有人接送，而且总是会打扮得光鲜亮丽。可是，再想想自己呢？自己的爸爸妈妈不过是一个卖卤菜的，而她就是卤菜摊主的女儿，简直就是一个灰姑娘。如果，有人给她好看的衣服穿，那她也会跟詹若曦一样，受到大家的喜欢。每次想到这些，罗莉莉心中不免有些失落，因为这终究是幻想，灰姑娘变成公主的故事只有在童话里才有。由于这种现状无法改变，所以她把这种情绪转化为对詹若曦的敌意。尽管她们两个人是同桌，尽管詹若曦一直向罗莉莉示好，但是她依旧是给詹若曦一个冷冰冰的表情。

为了能让自己与詹若曦的差距更小一些，罗莉莉尽力隐瞒自己是一个卤菜摊主的女儿。她害怕同学们会嘲笑她，那样她就真的是无法在这个班级里面立足了。所以，罗莉莉每天去上学的时候，总是会把头发梳理得干干净净的，把衣服穿得整整齐齐的，让人丝毫不会想到她只是一个卤菜摊主的女儿。而在学习上，她特别刻苦，因为她知道这将是改变她命运的唯一出路，所以她的学习成绩特别好，总是在班上考第一名。对于罗莉莉的学习能力，大家都是佩服至极。当然，詹若曦作为她的同桌，因此更是她的铁杆粉丝。每当有不懂的问题时，詹若曦总是会问罗莉莉，罗莉莉有时候会耐心地给她讲解，因为也只有在这个时候，罗莉莉才能感觉到自己比詹若曦要强得多。不过，大多时候，罗莉莉都不愿意跟詹若曦讲话，一是她确实有点嫉妒詹若曦；二是她对于詹若曦有时候问的一些极简单的问题感到不屑一顾。尽管罗莉莉对詹若曦的态度是如此的冷淡，但是詹若曦却从来都是用友好的眼光看待罗莉莉的行为。

一个周末，罗莉莉的妈妈不小心受伤了，所以她决定跟着爸爸一起去街上卖菜。但是，转而一想，她有很多同学都是住在街上的，万一要是被同学看到了她在卖菜，那她的身份就曝光了。一想到这，罗莉莉就觉得很纠结，一方面她又感激爸爸妈妈为她的付出，一方面又有自尊心在作祟。思想挣扎了一番之后，她决定要把自己乔装打扮一下，然后再出门。

来到街上的时候，罗莉莉穿着妈妈的工作服，头上戴着一顶大帽子，俨然是换了一个人似的。但是尽管这样，罗莉莉还是害怕会遇到同学，所以她在心里祈祷，最好是不要遇到什么熟人。但是怕什么来什么，她在不远处看到詹若曦和保姆一起向这边走来。罗莉莉看到了詹若曦，她故作镇定地站在一旁，但还是不放心，于是就借口跟爸爸说她要去上厕所，然后就跑开了。实际上，这时的罗莉莉只是藏在了她们摊位后面。一会儿，詹若曦果然来到了她们的摊位前。

"罗叔叔您好，我们又来买菜了。莉莉真棒，她这次考试又拿了第一名，而且还拿到了我们学校去省城里参加舞蹈比赛的唯一一名额。"詹若曦一脸微笑地望着罗莉莉的爸爸。此刻，躲在后面的罗莉莉听到了这些，她的心里有些感动，她没想到詹若曦竟然早就知道她的家境，并且还一直小心翼翼地维护着她的自尊心。更重要的是，她明明记得这个参加舞蹈比赛的名额是詹若曦的啊，难道她是为了让爸爸开心，才故意骗他的吗？

第二天上学的时候，罗莉莉确认了一下，那个名额确实是归她了。后来，她知道这是詹若曦故意让给她的，而且是她让她妈妈以生病为借口推掉了。

舞蹈比赛之后，罗莉莉不负众望，最终拿到了第一名的成绩。当老师宣布了这个消息之后，大家都在为她鼓掌，而她看着詹若曦，对她微笑着，她心里想："詹若曦，这个微笑是我欠你的。"

十　善意的举动

大学开学的第一天，628寝室住进了4个来自不同地方的4个男生。晚上，大家经过简单的自我介绍之后，就有一个人建议说谈谈自己的故事。其他两个人听了都叫好，只有一个人默不作声。

"喂，张东。说说你的故事吧！"一个人首先说道。

关了灯的宿舍里一片漆黑，只有宿舍走廊里的一缕光线照射进来，刚好照在张东的身上。他躺在床上一动不动。

"不会是这么快就睡着了吧？"睡在他对面的人看了一眼张东。

"睡觉吧，明天要早起军训。"张东在大家的你一言我一语中突然说道，其他几个人顿时安静了。很快，整个宿舍楼陷入了一片安静的环境之中。可是，此时4个人其实都没有睡着，由于陌生的距离，所以他们这晚的交流就仅止于此。

第二天早上，张东早早地起了床。大家起来后才发现寝室里少了一个人，直到中午，大家才在宿舍又见到张东。这样的情况持续了几天，刚开始都没有人去问，张东自己也不跟寝室其他的人做过多的交流与沟通。于是，张东留给他们的印象便是"安静的美男子"。

刚开学的时候，学校没不给新生提供饮水机，所以他们宿舍的饮水都是从楼下便利店买回来的大瓶纯净水。有一天中午，大家训练完回来都热得大汗淋漓。大家一回到宿舍就赶紧把自己备好的水往嘴里灌，可是张东却只是拿着一小瓶的矿泉水在喝，很快他就喝完了瓶中的水，但是还不解渴，他的脸热得通红，汗水还在直流。这时，同寝室的张伟看到了，他二话没讲，直接把自己买的另一大瓶矿泉水递给张东。可是，张东看了看，没接过去，然后直接去水龙头接凉水洗脸。张伟看这情景，有点生气。他使劲地拧开那瓶矿泉水，径直从头上往下淋，然后故意把空的瓶子使劲地摔在地上。大家看了，知道这是做给张东看的，而张东自己心里也清楚这是做给他看的。

晚上军训结束后，大家都回到了宿舍，只有张东还有没回来。等到大家都洗完澡躺床上的时候，张东还是没回来。这时，有人开玩笑说："张东这不是跟你闹脾气吧，张伟？"

"哪儿见过这么奇怪的人啊？你帮助他，他还不接受。不就是小气嘛，就怕喝了我的一口水，会让他还一瓶。"张伟还在为白天的事感到生气。

"我看张东的家里条件确实不好，刚开学的那一天，我好像看到他的爸爸了，看他们的穿着，应该家庭条件挺困难的。"

"也许他是真的不想欠别人人情，我家里曾经有段时间特别困难，几乎快要破产了，那时我特自卑，对别人说的话也很敏感。"

张伟在他们两人的你一言我一语中，慢慢地释怀了。他觉得自己应该能够理解张东的表现，突然他有一个想法，他想要尽自己的力量去帮助张东。

晚上，张东一直到宿舍快要熄灯的时候才回来，他听到有人打呼噜，便一个人悄悄地洗完了澡，然后蹑手蹑脚地上了床，然后又是静悄悄的一片。其实，这时候张伟并没有睡着，他一边听着张东的动静，一边在脑海里想晚上大家的谈话。

第二天中午的时候，他们几个人都准时回到了宿舍。刚开始的氛围还是一样，他们3个人有说有笑，而张东依旧是不爱讲话。突然，张伟开始像领导一样地发表讲话，说："'628'的同志们，为了保障我们的宿舍生活能够有序、高效率地进行，从今天开始我建议我们来一个大整改。首先，我们要按劳分配工作，谁要是负责从一楼扛水上来，我们其他3个人每个人就要请他吃一顿饭；再者，大家的生活物品有必要的时候可以互相使用；最后，谁叫我们是兄弟嘛。"张伟说完，自己首先哈哈大笑了起来，"怎么样，张东，这个建议你接受不？"

"可以。"张东面对张伟的提议，这次他竟然点了头。

在进行分配之后，628宿舍的按劳分配制生活正式开始了。平时，宿舍的几个人总是推辞说自己的力气太小，扛不了一桶水上六楼，所以这个工作就只好落到张东的头上了。因此张东干了这苦差事，所以他们几个也履行了诺言，照例是要每人请张东吃一顿饭的。起初，张东不肯让他们请吃饭，但是后来有几次是其他几个人搬的水，照例也是让他请吃饭。所以这样一来二去，张东渐渐接受了他们的请客。而且，张东也慢慢地愿意把自己的东西借给大家使用，但是更多的时候其实是他在接受着大家的帮助。

日子这样一天天地过去，张东的性格改变了很多，他不再沉默，而是跟大家称兄道弟。后来他生日的时候，他们宿舍几个人一起出去吃饭。张东趁高兴多喝了几杯酒，然后开始说起一些煽情的话："真的很感谢你们，我的兄弟！要不是你们，我可能跟谁都做不了兄弟。我知道从开学到现在，你们一直在帮助我，刚开始我很排斥但是也想对你们表示善意，所以后来我就试着去接受你们的帮助。兄弟们，谢谢你们！"张东说完，眼泪都快出来了。大家看到了，都笑着说："谁叫我们是兄弟呢？来，为我们'628'的情谊大干一杯！"说完，4个人举起酒杯，他们的笑声和酒杯的碰撞声混合在一起，昭示着他们628宿舍的激情。

十一　化开冰冻的梦

　　每当李老师一回想起那堂语文课，都忍不住会心一笑。孩子们的天真总能打动她内心最柔软的角落，如果可以，她希望能好好保护他们这份难得的天真。

　　那是一节语文课，那堂课她讲到一首诗，诗的名字叫《冰冻的梦》。那是一首很美的诗：我要把昨天我的梦，拿到冰箱里冷冻。到遥远的一天，我变成了白发苍苍的老翁，我就把这个可爱的美梦拿出来解冻，然后把它煮沸，坐下来，浸暖我冰冷的双足。

　　李老师带着孩子们读了好几遍，被这首诗作者的情感感染了。她突然想考考孩子们，于是她问道："有谁能告诉我，为什么这个作者要把自己的梦冻起来，而没有放在其他的地方？"

　　这下教室里都炸开了锅，孩子们都纷纷讨论了起来。不一会儿，大家都争先恐后地回答。有位孩子说："如果不冻起来，温度升高的话，梦就会被融化的。"有位孩子说："不冻起来的话梦就会被吃掉。"还有位孩子说："不冻起来的话，梦就会被水冲走，这样梦就找不到了。"

　　没想到一个小小的问题，孩子们竟能想出这么多千奇百怪的答案，李老师觉得很欣慰。有什么能比孩子们的纯真更美好呢？李老师决定接着考考孩子们。她接着问："那我们的梦，除了把它冻起来，还有什么其他的方法吗？"

　　孩子们又开始七嘴八舌讨论起来，大家都似乎都对这个问题很感兴趣。过了一会儿，孩子们又开始争先恐后地回答。

　　有位孩子说："我们可以把梦埋起来，等以后再挖出来。"

　　有位孩子说："我们可以把梦装在瓶子里，然后扔到大海进行漂流。"

　　有位孩子说："我们可以把梦放在纸飞机上，纸飞机可以带它去更远的地方。"

　　有位孩子说："我会把梦放在白云上，云那么高，肯定没有人会找得到的。"

　　有位孩子说："我会把它藏在沙发底下，这样就没有人发现了。"

　　有位孩子说："我会把它塞到布娃娃里，一个没有人要的布娃娃。"

　　李老师一边听着孩子们的答案一边微笑着点点头。想不到孩子们的鬼点子还蛮多的嘛！李老师想看看孩子们可以思考到什么程度，于是又接着问：

"既然作者这么小心地保护自己的梦，那这个梦对于作者来说肯定是非常重要的，大家猜猜看，作者的梦是什么呢？"

有位孩子说："作者希望自己老了的时候女儿还是非常孝顺，一家人幸福快乐地生活在一起。"

有位孩子说："作者希望自己能够成为一名优秀的飞行员。"

有位孩子说："作者希望一辈子都能开开心心的，就跟小时候一样。"

有位孩子说："他希望在自己的房子里能有一个漂亮的花园，他可以在花园里种上各种各样的蔬菜和水果，全都是他爱吃的。"

还有位孩子说："他希望在自己生日那天可以收到很多很多美丽的鲜花。"

原来在孩子们眼中，作者有这么多的梦想，李老师不禁为孩子们感动了。

时间过得很快，不一会儿下课铃就响了，李老师停顿了一下，对着孩子们说："是啊，也许当作者老了，成了一个满头白发的老爷爷，但他的身边却没有子女能照顾他；也许他努力一辈子都不能成为一名优秀的飞行员；也许当他老了会遭遇很多很多的烦恼，不能像小时候那么开心和快乐；也许他有一个很大的花园，但却因为没有人浇灌荒废了；也许他的生日那天没有人送花给他，可是他还是可以……"

李老师停顿了一下，温柔地看着孩子们。想要引导孩子们找到那个答案。

有的孩子已经明白了李老师想要说什么了，他们都纷纷说：那个时候，作者可以把那个可爱的梦拿出来，然后把它煮沸，化开，坐下来，用梦温暖自己冰冷的双足，这样他就永远不会孤单了。李老师忍不住为孩子们鼓掌。

在后来的教学过程中，李老师也都一直都坚持用这种循循善诱的方式引导孩子们，她站在孩子们的角度看问题，用他们的眼光去观察，用他们的心去感受，去体验，尽量不要扼杀孩子们的想象力，让孩子们能够始终保有人性中最纯最美的一面。她相信，只有这样才能给孩子们插上想象的翅膀，带领他们去更美好的地方。

十二　不长刺儿的仙人球

小明是一个性格内向的小男孩，由于性格柔弱，同学们总是嘲笑他。时间一长，他也觉得同学们都比自己优秀。班老师看到小明的情况，一直想让小明真正认识到自己的优点，并勇敢地做自己。

一天，班老师从花卉市场上买回了一盆仙人掌。他将仙人掌和其他的花草都摆在教室的窗户旁边。然后对学生们说："我买了这些花草，希望你们能够用心去爱护它们，让它们茁壮成长。"学生们都说好。

班老师给学生们分了工，特地让小明负责照顾仙人掌。刚开始，仙人掌是一个绿色的小芽。后来它慢慢长成了一个有着刺儿的仙人球。看着自己呵护的植物一天天长大，他开心极了，心想这个仙人球真漂亮。可是，同学们却都在议论说"仙人球扎人好疼啊"、"仙人球没有别的花好看"、"仙人球长满了刺，真难看"。看着自己辛辛苦苦养大的仙人球被同学们嘲笑，小明很苦恼。

后来班老师听说了这些，他马上在班里跟学生们说："每种花都有自己的姿态，仙人球之所以有刺也是为了自身的需要，你们不能因为这样就嫌弃它。"

虽然班老师这么说，但是仙人球还是不招大家喜欢。小明看到自己养的仙人球被大家这样对待，他心想这仙人球也许真的就像同学们说的那样难看。但是，转而一想，"大家都说仙人掌有刺太难看，那如果它没有刺，大家是不是就不会说了？"小明左思右想，最终决定要除掉仙人掌的刺。

第二天，大家看到仙人球的刺儿都没有了。大家纷纷上去摸它，小明看到了，心里很高兴。班老师走过来，看到小明的手问："小明，你的手上怎么有那么多伤痕？"

小明把手往身后缩了缩，说："我，不小心弄的。"

班老师看到了仙人球，对小明说："是你把仙人球的刺儿给弄掉的吗？"

小明说："是的。我就是看到大家因为仙人球长刺儿才不喜欢它，我不希望大家不喜欢它，所以我就把刺儿都拔下来了。"

班老师知道此刻自己说什么都无法劝诫小明了，他叹了口气，什么也没有说。

过了几天，天上突然下起了大雨，而且还起了风。一阵风吹过来，把仙人球掀落在地上。仙人球和茎摔断了。小明看见了，不知道该怎么办。他拿着仙人球，去问生物老师，生物老师告诉他，仙人掌因为有刺所以才不会轻易受伤，这个没有刺的仙人球是不能存活了。

小明听到生物老师这样说，心里很难过。他想，如果不是因为我想让仙人球受欢迎，把它的刺儿拔掉了，今天它就不会死了。几天过去了，小明还是闷闷不乐。班老师看见了，特地找他来谈话："小明，你还在为仙人球伤心吗？"

"嗯。我觉得仙人球是我害死的，我心里很难过。"小明沮丧着回答他。

班老师又接着问他："那你当初为什么会这么做呢？"

小明回答："我想让仙人球受欢迎，才把它的刺儿给拔掉的。"

"其实有很多人还是很喜欢仙人球的，正是由于它长了刺，所以它才是独一无二的仙人球。"班老师微笑着看着小明，"其实每一种生物都有自己的特点。虽然这个特点不受别人的喜爱，可是也不应该因为他人的看法而改变自己的特点，这样只会得不偿失。我们做人也是一样的。我们有自己的特点，不要因为别人的看法而束缚，改变自己，我们只要做好自己应该做的，那就够了。每个人的感觉是不一样的，如果你在意那么多人的看法，想要被大家所欣赏而改变自己，那是很难做到的。我们只要坚持自己，不要被外界所影响，那么别人久而久之也会认同你的。"

小明点点头，他终于明白了。原来平时在班级里，他总是在意其他同学对他的看法，尽管有时候他觉得自己是对的，可是只要别人提出反对的意见，他就会否定自己，然后按照别人的想法去做。如果又有人提出反对的意见，他又会改变自己。长期下来，他就总是活在同学们的眼光里。其实，他自己就像是一盆不长刺儿的仙人球，还是一盆被大家塑造的仙人球。其实，只有做回真正的自己，那样才能被大家所认识甚至认可。

放学后，小明从花卉市场重新买了一盆仙人球，放在家里。他高兴地望着这盆仙人球，告诉自己："我一定要做回自己。"

十三　五百五十块钱的伟大友谊

如果要问陈思扬最喜欢北京的几月份，她一定会毫不犹豫地选四月。四月的时候，刚刚跨过寒冬的北京到处都充满着生机，连往日经常被雾霾遮蔽的天空此时也特别的澄净。空气里都是阳光的味道。只可惜，进入高中的陈思扬没有太多的时间享受这春日的闲暇，他们只能趁周末的时候去郊外爬山放松一下心情。

陈思扬就是在一次爬山的时候开始注意到李书舟的。那时候，她和同班同学爬到半山腰，有的同学觉得太累坐缆车去了。陈思扬想先坐着休息一下，她看到李书舟坐在一旁的石凳上。于是她走过去和他聊天。

"你不坐缆车吗？"陈思扬笑着问。

李书舟默默地摇摇头："缆车好贵，坐一次要30块。"

陈思扬有点尴尬，"我想自己爬上去，先休息一会儿。"

陈思扬从背包里掏出几颗大白兔，"你吃不吃糖？"她一边说一边把大白兔递给李书舟。李书舟冲她微微一笑，接过了大白兔，默默地塞到嘴里。四月的阳光暖暖地撒到陈思扬的身上，她眯着眼，享受这难得的宁静。

爬山回来之后，陈思扬只要有机会就会找李书舟说话。"李书舟，明天英语听写的内容是什么啊？我下午去练声了，所以不知道。""李书舟，我待会儿要去练声，可不可以帮我把地扫了。"说到后来，她都不知道该说什么了。

她对李书舟说："李书舟，我从小就和爸爸妈妈一起爬过好多山哦！"

李书舟一脸惊讶地问："真的吗？"

"嗯，我去过泰山、黄山，还有华山。黄山的云海可漂亮啦。我还和爸爸妈妈一起爬到泰山山顶看过日出呢！泰山的石阶爬起来可累了。"

李书舟眼神黯淡了下来，"真羡慕你，可以去那么多地方。"

陈思扬这才想起他的父母都是普通的建筑工人，现在年纪大了，所以才自己开店出来卖早点，每天都要早早地起床，晚上忙到很晚。一想到这些，陈思扬就觉得有些不好意思了。李书舟大概从小到现在都没有机会去外地旅游，他一定觉得有些难受吧。尽管她不是有意要炫耀的。

后来，陈思扬经常请他吃冰淇淋。李书舟也经常帮她打扫卫生，这样她就有更多的时间练声，为即将到来的市里的演出做准备。

有一次，陈思扬和李书舟一起在学校旁边的早点店里吃早点，李书舟吃着吃着就停住了。

陈思扬问："怎么啦？不好吃吗？"李书舟摇摇头说："不是，只是突然想起了爸爸妈妈。有的时候，家里的早点吃不完，爸爸妈妈会把它们留下当晚饭吃。"

陈思扬沉默了，这是她第一次听李书舟谈到自己的家人。她一直以来都过的是衣来伸手饭来张口的生活，而这个男孩很早就要承担家庭的责任。

于是陈思扬每次在学校吃午饭的时候都谎称饭菜太多了吃不完，把自己的荷包蛋分给李书舟，想通过这样的方式默默地关心李书舟。可是久而久之，李书舟就不愿意接受她分的荷包蛋了。他很不高兴地说："你这样让我觉得我是在接受你的施舍，知道吗？"陈思扬觉得莫名其妙，气鼓鼓地走开了。可是没过多久李书舟还是会主动和陈思扬和好。

一转眼陈思扬的演出就到了。她邀请李书舟去看他的演出。李书舟有些犹豫，因为演出的门票费对他来说不是一笔小数目。他摇摇头："不去了。"

陈思扬真的很希望他能去看她的演出，想着李书舟一定是拿不出演出门票的费用才拒绝的，于是她决定借给李书舟200块钱买门票。

高二下学期文理科分班，李书舟选了理科，陈思扬想学音乐所以选了文科。有一天晚自习的时候，李书舟到陈思扬的班上找她，想找她借350块钱。陈思扬有些疑惑，因为她之前借给李书舟的200块他还没有还。不过陈思扬忍住疑问笑着说："有什么事吗？"

李书舟告诉陈思扬，他的妈妈外出的时候不小心被一辆电动车撞伤了手臂需要治疗，爸爸又不在家。陈思扬想了一下还是把钱借给了他。不过这个时候陈思扬有点儿怀疑李书舟了，她觉得自己一直以来都被李书舟利用了。她越想越生气，再加上高三学习越来越紧张，她也渐渐和李书舟疏远了。

后来李书舟突然转学回老家了，陈思扬再也没有见过他。高考之前陈思扬收到了一封李书舟寄给他的信。信里有张贺卡，还夹了550块钱。李书舟在信里说，这550块是他之前暑假在工地上干活挣来的，还鼓励陈思扬高考加油。

看着这封信，陈思扬眼眶湿润了，久久说不出话来。原来一直以来都是自己误会了他，她还以为李书舟是故意不还钱。陈思扬第一次觉得和这个善良的男孩相比，自己实在是太自私了。差点儿失去了一个最值得信赖的好朋友。

在以后的日子里，陈思扬只要一想起这个男孩都会回忆起那段快乐的高中岁月，是他让陈思扬明白了善良的可贵。

十四　范式之约

东汉时期有个名叫范式的人，范式年轻的时候曾经在太学求学，在那里结识了张劭，二人一见如故并很快成了无话不谈的好友。

张劭是汝南人，和范式家里隔得很远。他们二人在结束了学业之后一同回家。就在要分手的时候范式对张劭说："我们来立一个约定吧！两年之后，我会去拜访你的父母，也看看你的家人和孩子。说到做到！"张劭深知范式是个言而有信的人，也欣然应允。于是范式和张劭在分离之前约定好了相见的日期。

光阴似箭，岁月如梭。一转眼两年过去了，约定的日期也快到了，张劭对母亲说："我的好朋友范式会过来拜访我们，快准备好美酒佳肴迎接他吧！"张劭的母亲疑惑地问道："你们已经分别两年了，而且我们家和他相距千里，你怎么能肯定他就一定会来呢？"张劭坚定地说："范式是个信守承诺的人，他说过的话从来不会失信，我相信他一定会来的。"张母仍不相信，笑着说："如果他真的来了，我就为你们酿最美味的酒。"约定的日子很快就到了，范式果然按照约定的那样来拜访了张劭家。他拜见了张劭的父亲母亲，二人把酒言欢，聊得很投机。

范式和张劭分别后官运亨通，一路高升，最后官至山阳郡功曹，由于公务繁忙，一直没有机会和张劭再相见。然而张劭不幸身染顽疾，他的病情越来越重，几乎要到了死亡的边缘。在张劭弥留之际，他的同乡郅君章和殷子征每天早晚都会来探望他。在临终之时，张劭无限感慨，叹息着说："只可惜不能见到我的生死之交。"子征回答："我和君章每天都陪伴在你的左右，无微不至地照顾你，难道这样都不算生死之交吗？"张劭摇摇头，说："你们两个都是我活着的朋友。只有范式才能称作我生死相交的好友。"没过多久张劭就去世了，他至死都没能再见范式最后一面。

一天，范式和往常一样忙完公务，正当他进入梦乡的时候，突然梦见张劭戴着黑色的帽子，帽子边缘并没有系带子。只见他光着脚，轻轻地对范式呼唤道："巨卿，我已经去世了，马上就要下葬，从此我们就阴阳两隔了。就算你还记得我，也再没机会见到我了。"范式惊吓得从梦中醒来，他感到非常悲伤，一想到自己失去了至交，他情不自禁地流下了泪水。

第二天早上范式就禀告了太守，请求太守允许他为好友奔丧。虽然不太相信，毕竟那只是一场梦，但看着范式那悲伤地样子不忍心违背范式的意愿，就答应了他。范式赶紧脱去官服，穿上过去与朋友相见时穿的衣服，赶赴张劭下葬的地点。他一路快马加鞭，生怕错过了张劭的葬礼。在范式还没赶到的时候葬礼就已经开始了。当张劭的家人到达墓地，准备下葬的时候，却发现棺木不知怎么回事就是放不进墓穴。张劭的母亲一边抚摸着棺木一边哭着说："你是不是还有什么未完成的心愿？"于是张劭的母亲命人把棺木暂时停在外面一段时间。

不一会儿众人就看见有一大队白车白马一路号哭而来。张母远远地看着，说："这一定是范巨卿到了，他是张劭生前最好的朋友。"范式赶到后，叩拜行丧礼，痛哭着说："元伯你安心上路吧，我们两个已生死殊途，就此永别吧！"那天参加葬礼的人有上千人，他们闻言都悲伤地流下了眼泪。范式带领着众人走在前面，他拉着绳子，棺木才开始慢慢地移动。等到其他人都离开后，范式独自一人默默地为张劭把坟墓修好，又在墓地周围种上各种各样的树，待所有的事情都完成妥当之后才离开。

后来范式诚信赴约、为亡友下葬的故事渐渐在民间流传开来，成为千古佳话。范式和张劭这种生死相约的诚信精神打动了范式家乡的父老乡亲，为了纪念范式和张劭，范式的家乡同胞捐款修建了一座庙宇，并把范式在山阳的家乡范庄更名为鸡黍村，一直到今天这个名字还在依然存在。山阳郡太守听闻这段佳话，还向当时的汉明帝请奏。汉明帝也被范式的诚信精神所感动，遂下令拨款修建范张祠，并把这座祠堂命名为"二贤祠"。后世也常用"范式之约"赞美人的诚信精神，也叫"鸡黍之约"。

十五　陈祎听曾子避席的故事

曾子是春秋时期鲁国南武城人，是当时著名的思想家和教育家。他从小就很勤奋好学，在他16岁那一年，拜当时著名的教育家孔子为师，深得孔子真传，尤其是孔子的儒家思想。曾子很信奉孔子的儒家思想，并积极推崇。曾子以孝为本的孝道观对后世影响深远。而且，他的"修身齐家治国平天下"的政治观以及"慎独"的自我修养观念，在如今的现实生活中仍然具有极其宝贵的社会意义和实用价值，有益于当今建设和谐社会，提高人民思想道德修养。

在曾子还是孔子学生的时候，曾经发生过这样一段故事。

有一天，孔子正在学堂里和他的几个学生谈话，忽然，他的佣人跑过来告诉他："先生，您有客人来拜访您了。"

孔子一听到有客人来了，觉得会客的时候有学生在场十分不妥，于是决定让学生回避。

门打开之后，一位高高瘦瘦的年轻人走了进来，只见他走到孔子席边，双腿并拢，两手合十，十分恭敬地对孔子行礼，弯腰说道："先生大安！"

孔子一边微笑着点头示意，一边起身道谢。

那个年轻人行完礼之后，就毫不客气地坐到了孔子身边，迫不及待地对孔子说："先生，我有个问题想请教于您！"他一边说一边用手碰孔子的衣服。

孔子心下纳闷，暗想：这个年轻人怎么这么不懂礼数，但凡是做客的人，只有主人宣布可以坐了才坐，只有主人问话才能开口说话，这个年轻人怎么还没等我开口，就滔滔不绝地先说起话来了？但是出于礼貌，孔子还是耐着性子听这个年轻人把话说完了，最后把他送出了学堂。

这个客人刚一走，曾子就进来了，他也像那个年轻人一样坐到孔子旁边，认为这样可以和孔子更亲近一些。

孔子不想让他的学生像那个年轻人一样不知礼数，行为莽撞，就坐下来耐心地对曾子说："在过去，那些贤德的君主都有至高无上的品德，君王和臣子之间得有一定的礼仪才行，不然他们就不知道怎么相处。"

曾子恍然大悟，原来老师表面上是在告诉他君臣之间的礼仪，实际上是想让他明白师生之间的尊卑关系。老师和学生不应该同坐在一起。于是，曾子赶紧从席子上站起来，走到席子外面，恭恭敬敬地对孔子说："是学生愚钝，不明白这些道理，希望老师能多多包容，把这些道理都教给学生。"孔子满意地点点头。

"避席"是一种非常礼貌的行为，是指学生不允许和老师坐在一起。当曾子知道老师要向他传授道理，他站起身来，走到席子外边向老师行礼，曾子用这种方式表示对孔子的尊重。而"曾子避席"的故事也被收录在《孝经》中，用来教导人们要尊敬师长。

后来到了隋唐年间，有个叫陈袆的年轻人。有一次，吃过晚饭，他和几个哥哥听父亲讲授《孝经》，刚好讲到"曾子避席"的故事。

父亲说："在以前还没有椅子的时候，大家都是席地而坐。那个时候，大教育家孔子，向他的弟子们传授知识的时候，大家都是一起围坐在席子上。有一天，孔子讲着讲着，忽然提了个问题，并指名让他的学生曾子来回答。曾子见老师要他回答问题，赶紧站起来，退到席子外面，往边上一站，双手下垂，毕恭毕敬地回答了孔子的提问。这就是曾子避席的故事。你们知道这个故事告诉了我们什么样的道理吗？"

"知道！"几个哥哥异口同声地回答。但只有陈祎一个人站了起来，他把自己的衣服整理好，退到一边，毕恭毕敬地对父亲说："知道了！"在其他几个哥哥只把它当故事一样听完就作罢的时候，陈祎却明白了其中的道理，并立刻付诸行动。只有他明白了父亲是想通过曾子避席的故事教育他们要尊敬师长。

这个陈祎后来出家做了和尚，法名玄奘，也是《西游记》里唐三藏的原型。他是汉传佛教历史上最伟大的译师，也是佛教法相宗的创始人。他和鸠摩罗什、真谛并称为中国佛教三大翻译家，唯识宗的创始者之一。

正因为曾子和陈祎能够明白尊敬师长的重要性并付诸行动，他们才能最终留名千古。他们两个都是我们学习的榜样。

十六　永远的九十九分

月考的成绩又出来了。

"林一，99 分。"当班主任念到林一的名字的时候，他猛地抬起头，一脸不解地看着老师。"不可能啊，我明明都做对了啊，为什么不是 100 分？"林一一边小声嘀咕一边不情不愿地离开座位，磨磨蹭蹭地走到讲台跟前，把自己的试卷领了回去。林一拿着试卷左看看右看看，想知道到底是哪里被扣掉了 1 分。"什么嘛，连这种小地方都要扣分。"林一把头往后一仰，很懒散地靠在椅子上。原来是有道解答题的步骤写得不够完善，被扣掉了 1 分。算了，这种小地方根本不用放在心上，说不定下次就不会这么严格了。林一在心底暗暗想着，把试卷随意一折就塞进了抽屉里。

林一是谁？和他的名字一样，他永远都是最聪明的，他是父母眼中的乖宝宝，老师眼中的好学生。只是这个"好学生"并不像其他孩子那样勤奋，每次上课都没有认真听完完整的一堂课，他总觉得只要听懂了就没必要再浪费时间了。考试的时候更是如此，他总会比同班的孩子提前完成试卷，当其他的小伙伴还在奋笔疾书的时候，他已经趴在桌上睡着了。然而即便如此，他的成绩依旧稳居第一，有的时候甚至可以拿 100 分。所以，纵使他上课不够认真，老师们也从来不批评他。这让原本就有点儿任性的林一更骄傲自满了。

林一原本以为他的 100 分可以这样一直维持下去，可是，自从这学期新来了一个班主任之后，他的 100 记录好像就开始保持不住了。这个新来的班主任姓王，从这学期开始教林一他们班的数学，他总是不苟言笑，一脸严肃的样子。他从来都不像其他老师那样对林一区别对待，上课的时候如果林一开小差了，王老师一定会直接提醒他。考试的时候更是如此，每当林一准备睡觉的时候，他一定会默默地走到林一旁边，提醒林一再多检查一下。

"检查什么呀，我才不需要检查呢！"尽管每次王老师都会很耐心地提醒林一，但林一从来都不把他的话放在心上。骄傲的林一大概听不进任何人的批评吧，他甚至在心底暗暗怀疑，这个老师是不是故意和他过不去才不给他 100 分。

"哼！没错，他就是故意的。"一想到这个，林一就气不打一出来。所以他在后来的考试中依旧我行我素，当然，他的分数也一直都是 99 分。

第一次 99 分，第二次 99 分，第三、四、五次都是 99 分。这一次林一真的忍无可忍了。"明明做得都是对的啊，为什么不给我打 100 分？"带着这样的疑问，林一气鼓鼓地来到办公室。

"老师，我觉得我这一题没有做错。"林一把试卷摊开在老师面前，斩钉截铁地说道。

"我知道。"王老师微笑着看着林一，一脸平静地说。"那您为什么还……"林一有点儿丈二和尚摸不着头脑了。

"老师给你讲个故事吧！"还没等林一说完，王老师就轻轻地打断了他，"从前有个木匠，他的手艺很好，也很有天分，他雕出来的木雕都栩栩如生，在当地远近闻名。后来他离开家乡到一个很有名的木雕厂工作，他在心底暗暗发誓一定要成为最优秀的木雕师傅。过了 5 年，他觉得自己的手艺已经很完美了，就带着自己最得意的作品去参加木雕比赛。原本以为他的作品一定会拿 100 分，谁知道评委却只给他判了 99 分。木匠很不服气，觉得这些评委一定是故意的。其中一位评委却告诉他，给你打 99 分，你才有前进的空间。要是给你打 100 分，你还有进步的动力吗？从此这个木匠不再骄傲自满，他的木雕技艺也越来越高超了。"

听完老师的话，林一有点难为情了，原来老师是想用这种方法激励自己不断进步，而他却固执地以为老师就是故意找他麻烦。王老师接着说："老师知道你很聪明。难道这样你就满足了吗？学习原本就是个不进则退的过程，老师希望你不要因为一时的成绩而自满。哪怕是很小的错误，都该认真对待啊！"

从此以后，那个骄傲的林一不见了，他开始认真听讲，遇到一个很小的问题他也会缠着老师打破砂锅问到底。很多年后，林一依然时常会想起那个给自己打 99 分的老师。

我们每个人都喜欢 100 分。是啊，100 分多么光荣。可是又有多少人想过，如果真的得了 100 分，我们有可能会失去前进的动力。相反，经常给自己打 99 分，我们才会不断激励自己朝着 100 分努力。就像装果实的篮子，只有在没有满的情况下我们才会不断采摘各种美味的果实。

十七　离别只为更好的相逢

夏雪第一次见到钟越和江天的那一天是在某个晴朗的午后。那还是刚开学的时候，刚刚逃离了那个变态初中的夏雪很是开心。"终于不用再穿那个难看的校服了。"夏雪独自一人优哉游哉地在这所高中里散步，一想到马上就要在这个比原来的初中大两倍的校园里开始崭新的生活，夏雪就觉得浑身充满了力量。

正当她沉浸在对未来的美好憧憬中时，只听"咚"的一声，一个篮球不偏不倚地砸到了夏雪的头上。"疼死我了！"夏雪赶紧站起来，想找出罪魁祸首。只见两个高高瘦瘦的男孩朝她的方向跑了过来。"真对不起啊！砸到你了。"听起来像是道歉，可是他们的脸上还挂着幸灾乐祸的笑。夏雪恶狠狠地瞪了他们两人一眼，头也不回地走掉了。

都说当你讨厌一个人的时候，这个人会经常出现在你的面前。夏雪进到新的班级才发现，那天用篮球砸到她的两个人竟然和她分到了同一个班，让她更郁闷的是，调座位的时候，他们两个竟然还坐在她旁边。一想到要和这两个人成为同桌，夏雪顿时觉得自己的高中生活要从彩色变为黑白了。

原来那两个男生一个叫钟越，一个叫江天。座位分好的时候，夏雪在教室一旁磨磨蹭蹭地不想过去。倒是钟越先开口了："好巧啊！你叫夏雪对吗？以后我们就是同桌了。"夏雪心里还记恨着那天的"篮球事件"，她对着教室的天花板翻了个白眼，没有理他。

在这之后的一个星期里，钟越和江天想方设法地找夏雪说话，可是夏雪就是不理。

有一天中午课间的时候，钟越拿着篮球走进教室，把篮球递到夏雪的手上。夏雪一脸不解地看着他。钟越接着说："夏雪，不要生气了。我和江天那天真的不是故意的，要不然你也用篮球砸一下我和江天好了。我们绝不还手。"一旁的江天忙不迭点头。夏雪被他们两个委屈的模样逗笑了，"好吧！那我就勉为其难地原谅你们吧。"

从此夏雪就和他们两个成为了朋友。熟悉了之后，夏雪才发现他们两个一直都是吵吵闹闹的样子，特别开朗。他们下课的时候真是一刻都停不下来，不是讲各种笑话就是做脑筋急转弯。他们的声音很大，笑起来也特别夸张。讲到兴奋的时候，还会把夏雪也拉入其中，让夏雪给评评理。两个人叽叽喳喳的，夏雪觉得自己的世界里全是他们的噪音。

在她生日的那一天，早上刚进教室，夏雪看到自己的桌上摆满了零食，旁边还有一张贺卡，只写了"生日快乐"4个字，没有留名。夏雪用眼睛的余光都能感受到钟越和江天在观察她的反应。没想到钟越和江天还故作惊讶地抢过夏雪的零食，说："夏雪，你真是太不够意思了，一个人偷吃。"哎！这两个家伙。夏雪十分无奈，但还是很感动的。

时间一天天过去，钟越和江天还是一副吵吵闹闹的样子。有时在上课的时候还忍不住拉着夏雪一起讲话。所以，在接连几次的考试中，3个人的成绩都不理想。夏雪觉得再这样下去他们3个人的学习都不会有起色的，于是主动和老师要求换座位。

起初，钟越和江天还以为夏雪嫌他们两个太吵了，不愿意和他们说话了。所以每次在走廊遇到的时候都故意回避夏雪。夏雪觉得很莫名其妙，终于有一次忍不住在路上把他们两个拦了下来，"你们两个怎么回事？连招呼都不愿意打了吗？"钟越和江天反倒一脸委屈的样子，"你不是不愿意和我们说话了吗？"夏雪有点儿哭笑不得，"我只是觉得我们3个人一直坐在一起会互相影响的。所以分开比较好，现在学习才是最重要的，不是吗？我们要一起进步才行。"钟越和江天欣慰地点点头。他们还相约要互相为对方加油打气。

进入了高三，夏雪去了文科班，而钟越和江天去了理科班。虽然3个人现在在不同的班级，但是夏雪和他们两个说好，每个星期夏雪都会去篮球场看他们两个打球，夏雪在数学上有不懂的问题也会向他们两个请教。钟越和江天在英语上有不明白的问题也会向夏雪请教。

后来他们都考上了各自理想的大学，都去了同一个城市。又可以向从前那样吵吵闹闹的一起斗嘴了。

十八　被嘲笑的实验

今天又是月考出成绩的日子，大家都非常紧张。因为这次成绩决定了下个星期物理课实验的分组安排。物理老师文老师说了，这次的成绩前20名可以进实验室进行物理实验，还有34名同学只能遗憾地被淘汰，留在教室里自习。对于同学们来说，能进实验室变成了一种荣耀，自己属于成绩优秀受老师青睐的同学。所以大家都在考试之前非常努力的复习，只为了那节物理课能进实验室。

当老师公布名单的时候，同学们都惊讶了。平时成绩经常在40名以后的裴君竟然考了第十八名，居然可以跟老师一起去实验室。同学们都用疑惑的眼神看着裴君，甚至有同学用不屑的眼神看着他，还有些同学窃窃私语："裴君从来都没有考过这么好的成绩，这次肯定为了进实验室偷偷抄答案了。"

原本能进实验室的喜悦被这些眼神、话语冲淡，更多的是冷漠、怀疑。甚至连裴君都不敢相信自己了，不知道自己进了实验室能不能继续好好表现。

一个星期转眼就过去了，今天就是跟文老师进实验室的日子了。裴君半喜半忧地进了实验室。老师给大家安排了座位，并且在讲台上说："这次实验是考验大家能力的时候，如果做得好，还能上报到学校，到市里参赛为学校争光。并且，这次实验必须独立完成，这样才能显示出自己的能力。"同学们个个摩拳擦掌，想要证明自己的能力，唯有裴君觉着自己是碰上"狗屎运"，才能有幸进实验室。

这次是胡椒粉与盐巴的分离实验。文老师只给了大家胡椒粉、盐巴、塑料汤勺、小盘子这四样东西，在完全不提示的情况下让同学们自己进行分离，看看同学们能不能自己运用已经学过的物理方法，让书本上的知识变活。

当同学们拿着这四样东西时，大家都是一脸茫然，你看着我我看着你，大家一点儿头绪也没有。就连每次都考班上第一名的熊雷也是抓耳挠腮，想不出任何办法，他也是仔细回想自己以前在书上看的知识，可是似乎那些都无法使用上，有种书到用时方恨少的感觉。还有同学直接举手告诉老师，他们觉得这个太难了，希望老师给点儿提示。可是老师却不愿给任何提示与帮助。

只有裴君一个人默默地实验着，他认真地看着桌上的实验品，有同学看到他如此认真的表情，嗤笑说："别想了裴君，就算再看你也想不出来的，连熊雷都想不出来，你就别做梦了。"裴君抬眼看了下那位说话的同学，然后沉默地低下头，拿起汤勺开始继续实验。

"老师，我知道怎么弄了。"裴君激动地喊出声。同学们一脸的不相信，他怎么可能想出来？肯定是在骗人，想在老师面前表现自己。熊雷推了一下边上的一位同学，说："他会不会是为了吸引老师注意？也不怕露馅。他能想出什么办法啊？"

在众多同学的注视下，文老师走向裴君的座位，裴君看着老师，似乎老师给自己的是一种肯定的眼神，这给了裴君莫大的鼓励。

裴君拿起勺子，在自己的衣服上摩擦了好几遍，感觉差不多了，然后把塑料汤勺放在混合着胡椒粉与盐巴的盘子上，胡椒粉迅速贴上了塑料汤勺，这样便可以把胡椒粉与盐巴慢慢分离开来。

裴君在一边做的时候，一边讲解着。同学们都被裴君的实验吸引着，感觉不可思议。

大家看着裴君把实验做完，走上讲台，问道："裴君同学做得很好，那可不可以说说你是怎么知道这个原理的？"

裴君在得到老师的表扬后，鼓起勇气说道："有次在家，我妈妈把面粉撒地上了，扫帚扫不起来，她便拿着摩擦后的塑料板吸起了地上的面粉，所以我就想到了用这个办法。""啪啪啪"同学们都不自觉地拍起手来，为裴君鼓掌，发自内心的。

最后课程小结，文老师给大家总结道："同学们都不要小看任何人，也不要嘲笑任何人，因为每个人潜力都是无限的，只要有心，任何事情都能解决。还有就是，裴君同学可以更加自信，因为你是有能力的人，你可以做到更好，就像你这次能考到第十八名。并且，这个实验也只有你想出来最好的方法。"

在这个"被嘲笑的实验"中，同学们都各自收获了自己的知识。

第三章 黑板下的灵魂交响乐

一 神奇的老头

学校快接近期末考试，可是小野却一点儿都不在乎。这几天新出一款网络游戏的内容，实在太吸引他了，考不考试对于小野来说都无所谓，成绩好坏也不能代表什么，反正小野父母离异也没在意他的感受。

这天，小野照例逃学来到隐匿在学校巷子后面的小网吧里，继续昨天没有玩通关的那个网络游戏。他觉得游戏就是比现实好，只要不断地给游戏角色练级，就能去杀那些比他等级低的玩家，而现实中却不能这样去做。当小野兴致勃勃地为游戏中爆出一件好武器而满怀开心时，一双手从背后拍向了小野。这突然上前的打招呼方式，几乎让小野吓得说不出话。因为拍小野后背的不是别人，正是他就读学校的校长。

本来以为被校长发现，定会被严厉地批评一番，然后打电话叫来他的家长，逼着小野去学校。但出乎意料，校长并没有表现出生气的样子，而是弯下腰看了看小野玩的网络游戏，然后不紧不慢地说了一句："以为你这小孩没出息，啥都不会，原来游戏玩得还不赖呀。"

小野胆战心惊地站在旁边，心里倒抽一口凉气，瞬时从脸红到了耳根。

"校长，我错了。"此刻，小野恨不得有个地洞钻进去。

校长却微笑着拍了拍小野的肩膀说："每次你都知道错，但每次你又改不了老毛病。这样吧，你看着，我给你玩一把。"

什么？校长不但不发脾气，还要和他一起玩网络游戏？这让小野彻底懵了，他摸不透校长葫芦里卖的是什么药。

"玩游戏为了什么？"和蔼的校长与小野聊起天来。

"想赢。"小野不假思索地说。

"想赢？可不是那么简单，首先要先了解自己，你能在哪个方面胜出，这样才能找打赢对方的可能。你看好，就像这样。"校长用手指着显示屏上一个敌对角色对小野说："用最短的时间把对方打倒，只有一个办法，就是找到对方的软肋。可你常常找不到窍门。"

"是呀，要顺利通关得练习好几次。"小野的精神有点儿放松下来。

校长可没有放松，他调出游戏中的设置，把小野角色里的人物重新换上装备。"你看，对方攻击力强，防守弱。你就得换上防高的装备，再把耐力提上去，这样就必赢。"

果然，游戏中的敌对角色，在一次华丽的出招之后，应声倒在校长的手上。

小野这回真的被校长的举动震惊了。

这时，校长转过身语重心长地对他说："其实，玩游戏和学习是一个道理，我知道你因为家庭的原因而常常逃学。自暴自弃不是解决的办法，更不是发泄的手段。今天看见你又逃学，我便悄悄跟着你来到网吧。我不是来教你打游戏，而是要让你明白，不管做什么，就算是玩个游戏也要动脑筋、想方法。"

小野听后，若有所思起来，然后对校长敞开心怀："校长，我不是对游戏沉迷。我只是不想回家看到父母为离婚的事争吵。我也不是想逃学，因为上课分心后，我跟不上大家的学习进度。我到网吧是因为网络上没有人认识我，可以为所欲为，在游戏里称大王。"

校长听了小野的话后，顿了顿说："你既然能在游戏中称王，为什么不能在学习中，也成为一名王者？"

小野眼睛湿润了，他说："父母不管我，但我不想被大家抛弃。"

校长用自己宽厚的大手，轻轻牵起小野那单薄的手。

"走，回学校吧，我把你缺的课都给你补上。"校长说。

至此，小野再没有去过一次网吧，他把所有的精力都花在获得知识上，每天上课都听得十分仔细，如果有听不懂的，就记在自己的练习本上。因为课后校长会给他补课，那时候就可以把不会的问题提出来。经过校长的细心教导，小野认识到他是个有用的人，作为学生他唯一的目标就是好好学习。

从此以后，小野不但学习成绩提高了，而且对于父母离异的事，似乎也不再去深究。因为从校长那里他学到了理解，每个人面对自己生活总是有迷茫和无助的时候，但如何走出低谷，还需要自己积极地去面对现在的生活。

现在小野的世界里，第一重要是学习，他以"赢"为动力，实现着自己的愿望。不久，小野顺利地考上了省重点中学，完成了他"赢"的目标的第一步。

二　最漂亮的晚礼服

　　新年的元旦联欢会是学校每年都举行的隆重活动，在校的每一位学生都希望自己能加入到这次活动中，因为这不仅是一次展示自己的机会，还能为自己增加自信。学校希望每个班级都能排练一个节目，但班级众多，最后哪个班的节目能正式演出，还得经过彩排和筛选。

　　小美很幸运地被班级选为参加表演的人，他们班排练的节目是诗歌朗诵。这不仅需要演出者能背诵诗歌，还要互相间进行协调与配合，为了能把这个节目演好，小美很努力地练习朗诵的技巧和诗歌所需的情感，并希望自己班级的节目能被入选，她能自信地站在联欢会的舞台上。

　　明天就是联欢会演出的日子，今天下午学校安排大家进行节目筛选彩排。有演出的学生都非常兴奋，他们不时地大声喧哗，还穿着演出服在人群中来回穿梭。

　　"老师！我……我……"正在等待演出的小美突然发现，自己演出的晚礼服上有一摊污渍，而且还是在胸前最显眼的位置。这可怎么办？小美在回忆中想起，是中午吃饭的时候，因为自己太心急而不小心沾到的菜汤，小美着急得快要哭出来。

　　听到小美叫老师，她的班主任赶紧穿过人群，走到小美身边问怎么了？

　　"老师，我不想参加演出了。"小美双手捂在胸前，泪光闪烁，显然有什么事想隐藏起来。

　　"为什么呢？你们几个不都为了这次选拔而很努力的练习，你若不参加，其他同学会一起失去这个展示自己风采的机会。"班主任看出小美神色慌张，似乎在用力地掩饰。

　　"老师！我……我……"小美依然支支吾吾，她没有勇气说出自己礼服被弄脏了。

　　虽然彩排是下午进行，可小美出于虚荣，想在同学面前提前炫耀自己参加演出的漂亮晚礼服，所以上午一下课，便向班主师提出要试穿晚礼服。由于中午用餐时间很短，穿着晚礼服的小美在吃饭的时候，并没有将身上的晚

礼服脱下。事情就这样不知不觉地发生了，由于小美喝汤太急，而不小心把汤渍弄到了晚礼服上。

她没有勇气向班主任说出这个事实，小美害怕受到指责。但现在她穿着弄脏的晚礼服，更是心惊胆战，一是怕班主任会不让她演出。二是就这样上台演出，不仅会被场上的同学笑话，还会害班级的节目选不上。

班主任早就发现小美的手一直捂在胸前，又看见小美欲言又止的样子，就猜到她胸口一定有什么东西不能露出来。

"小美，不要紧张。这不过是一次彩排，我知道大家都很努力，都想为班级争光。"班主任想了想，继续说："作为班主任的我，也应该为同学们出一份力，给你们加加油，打打气。我现在决定，给每位参加演出的同学，奖励一朵大红花。"班主任一边说，一边从自己随身包里，拿出几朵鲜艳大红花的贴纸。

班级里的红花是用来奖励具有上进心的学生的，一朵大红花，需要获得

10朵小红花，才能从班主任那里换到。班级的黑板旁边就有一个自制的"红花榜"，上面贴着全班学生的姓名，只有得到大红花后才可以直接贴在自己名字后面，谁的大红花越多，就代表这位学生有多么优秀。对于大家来说，这红花就是代表着老师对学生所作出成绩的肯定，十分珍贵。

班主任用温柔的眼神看着小美，像在安慰她，又像是在鼓励她。

然后将一朵大红花，首先递给了小美，并柔声地对她说："贴在胸前，这是老师给你的额外奖励。"

接着班主任故意起身离开，走到离小美最远的同学那里，再把大红花逐一分给那边的同学。

小美手里拿着班主任给她的大红花，心里滋生出一番感激，她知道班主任为了不伤害她的自尊心，才发给大家红花的。小美悄悄地转身，把大红花贴在胸前有污渍的地方，正好遮盖了弄脏的部分。轮到演出时，小美觉得她身上的这件礼服是全场最漂亮的晚礼服，它好像在舞台上闪闪发光。最后他们班的节目以较高的评分，顺利入选元旦联欢会。

小美心里明白，是班主任这朵大红花救了她的自尊心，并教会了她要设身处地为别人着想，在遇到别人尴尬时应该具有同情心。从学校毕业以后，小美一直以班主任为榜样，努力做一个对别人的难处感同身受的人。

三　给学生道歉的班主任

王老师从城里的小学转到乡下小学进行教学交流，为期两年。从熟悉的校园一下换到陌生的学校，对于他来说，要适应这里的环境还是需要一些时间。第一年来乡下的小学任教，王老师就被推选为二年级（1）班的班主任。他班级里有位叫小君的同学，喜欢调皮捣蛋。他专门与同学、老师作对。在王老师刚接手这个班级的时候，就发现他经常违反学校的纪律，同时王老师还不断接到别的老师、同学对小君的投诉。

"王老师，你班级的小君同学，上节音乐课又迟到。"教音乐的老师在课间走到王老师的办公桌前告状。每次接到这样的投诉王老师都只好默默低下头，带有羞愧地回答："我马上回班级教育他。"

还有一次，班级里学生都很认真地上自习课。而小君怎么也坐不住，不仅从班级的后排，一直走到第一排，还站在讲台上，装着老师上课的样子，引得全班同学大笑，别的同学的自习课氛围，自然就被小君给搅和了。要不是被值班的老师发现，立即制止，搞不好还会被学生家长投诉。

似乎对小君来说，学校是个玩乐的地方，而不是学习的地方。

每周一，学校都会举行升国旗仪式。这是最令王老师担心的事，因为每次他的班级都会被扣纪律分，原因就是有同学不行注目礼。不用猜就知道，这位不行注目礼的同学就是小君。

有一天上午，王老师照例到教室准备上课，看见这位调皮的小君，正从别人的座位旁边匆匆忙忙地走回自己的座位。按照小君平时的表现，王老师便以一贯思维认定小君一定没干好事。

"你没听见上课铃声吗？"王老师火冒三丈地走到小君旁边，对他大声地喝道："铃声响过这么久，你还在教室里走来走去？"

小君结结巴巴地张口说："我，我刚刚……"

"你居然还敢顶嘴，下课后马上到我办公室，接受教育！"王老师更加生气地说。

这时，全班同学都吃惊地望着王老师，小君的眼眶里也流出了委屈的泪水，而老师却若无其事地继续上课。

下课了，王老师叫上小君一起回办公室。在刚准备走出教室的时候，一位同学走过来小声地对王老师说："班主任，您错怪小君了，他没有在课堂上违反纪律。是另一个同学的铅笔盒散架了，他利用下课时间帮助同学修好了。"

听了这话，王老师才知道错怪了小君，他不能如此武断。

下午最后一节课是主题班会课，王老师便当着全班同学的面，向小君道歉："今天上午，王老师一时冲动错怪了小君。对不起！请你原谅老师，好吗？"

小君显得很激动，他坐在自己的课桌前，一个劲地点头。

放学后，王老师决定去小君家做家访，从接任这个班级后，他还没有见到过小君的父母。他想从小君的家庭里得到更多小君的信息，从而想办法帮助小君克服好动、上课不专心的毛病。

乡道上没有路灯，且路面颠簸。

费了很长时间，王老师才骑着自行车摸黑到小君家。

看到了小君的家庭环境，让他这位城里来的老师，着实吓了一跳。

两间低矮的平房就是小君和他奶奶的住处，由于小君的父母长年在外地打工，家里仅有奶奶照顾他。别说帮助他学习了，就是日常的生活，也都由小君打理。

原来他好动不是毛病，而是他总想着要为别人做些什么。而他上课分心的原因也是因为他好奇心太重，总是会被别的感兴趣的事物吸引。

坐在小君家低矮的长板凳上，小君像犯了错似的低着头对王老师说："谢谢您王老师，真没想到，今天您会给我这样一个经常给您惹事的学生道歉，我知道自己在班级里是差等生。因为我的父母都在外地，他们也不管我，奶奶身体不好，我还要照顾她，有一阵子，我也自暴自弃不想学习。从今往后，我一定要努力，听您的话，改变自己。"

而小君也履行着自己的承诺，努力学习。两年后与王老师一同到了城里，因为小君考上了城里的省重点高中。

四　这里根本没有小偷

张老师劳累了一天，正趴在办公桌上休息。最近他真的是忙坏了，学生们就要期末考试了，不能放松对他们的要求。偏偏这个时候家里的妻子得了重病，需要动手术。张老师在学校里要关注学生们的学习状况，下班回家还要照顾重病的妻子，真的是分身无术啊。所以张老师只能趁这个课间的休息时间打个盹，他觉得自己下一秒就可以进入梦乡了。

"抱歉打扰了！"一个中年妇女的声音在他的耳边响起。张老师费力地睁开眼，戴上眼镜。他默默地打量着这个女人，用疑惑的眼光看着她，因为他们以前并没有见过。

这个中年女人似乎也有些局促不安，她迟疑了一下，说道："老师，您最近，最近有没有丢什么东西？"

张老师很不解，难道他丢了什么东西自己都不知道吗？他还是往自己的口袋和抽屉里仔细看了一下。这才发现他的钱包不见了，那里面可放了他准备为妻子治病的救命钱啊！张老师忍不住惊慌失措起来。

"这个是您的钱包吗？"这位妇女掏出钱包，递到张老师眼前。

"啊！是你拿了我的钱包吗？"话一说完张老师就觉得这样说似乎太唐突了，"不好意思。请问，是你捡到我的钱包的吗？我妻子生病了，这里面放着为她动手术准备的救命钱。"

中年妇女仍然有点紧张的样子，她的脸红一阵白一阵，过了一会儿才开口说道："我是这附近的清洁工。前几天在一个公厕打扫卫生的时候捡到了这个，我承认当时是想把您的钱包据为己有。但是看到钱包里有您妻子的病历，还有您写给家人的几封信。钱包里还夹了一张试卷，好像是您班上的学生。我猜想是不是您把钱包交给这个学生的，又或者说这个学生拿走了您的钱包。"中年妇女一边说一边把试卷递给张老师，张老师刚想打开看看究竟是哪位同学拿走了他的钱包，就在他准备翻到有试卷的那一面时他迟疑了一下，接着就把这张试卷撕掉了。

等妇女走了之后，张老师颓然地靠在椅子上，会是谁拿走了钱包呢？学生们那一张张稚气的面孔浮现在他的眼前，他怎么也想象不出班里的学生偷他的钱包时的样子。突然，他又转念一想，试卷昨天就发给学生们了，今天上课的时候要讲解，等下只要确认谁没有试卷就可以知道谁是小偷了。可是他又觉得似乎没有必要揭发这个小偷。

上课的时候，张老师抱着一摞崭新的试卷来到教室。他环视教室一周后，说："同学们，真的很抱歉。由于我的疏忽，之前考试的试卷有点问题，所以之前的成绩全部作废。我们今天重考一次，说完就吩咐学习委员把试卷发了下去。大家虽然对这个决定有些不解，但还是有学生很开心，终于又有一次机会修正之前考试的错误啦，要是有进步回家对父母也好交代呀！

等考完试之后，张老师没有离开教室，而是静静地站在讲台，他的脸色有点苍白，似乎在刻意忍耐着什么。沉默了几分钟之后，张老师才缓缓开口。

"同学们，今天有位在附近打扫的清洁工人捡到了我的钱包，她本来是想把它据为己有的，但是当她知道这里面放的是我为妻子动手术准备的救命钱时，她为自己想要私吞我钱包的念头而感到愧疚，所以她还是决定把钱包还给我，钱包里面还有一张试卷。我把那张试卷撕碎了。我知道是你们当中的某个孩子拿了钱包，但我不想知道是谁。我原谅他，是想再给他一次机会，不要犯类似的错误。因为老师坚信，在我们班上是没有小偷的。所以我今天才决定重新考试。"

说着说着，张老师忍不住流泪了。班里的同学们听完老师的一席话，也忍不住流下了泪水。

"好了，你们都下课吧。老师想一个人静一静。"张老师把同学们打发走后，独自一人坐在教室的一角。正当他准备离开的时候，他听到背后传来一阵脚步声。只听那个声音哭泣着说道："老师，是我拿了您的钱包。对不起，我再也不会犯错了，您看看我吧。"张老师仍旧没有回头，他背对着身后的那个孩子，又忍不住泪流满面："好了，老师都知道了。你们永远都是老师的好孩子。"

五　我的学生都不笨

很多年后杨老师依然会想起他以前教过的那一群"笨学生"，每当一想起他们他总会忍不住微笑。

那个时候是他当老师的第一年，适应了一段时间后，他已经可以很熟练地上课了，不像第一次站上讲台那样紧张了。第二学期，他被调到八班。一提到八班，其他老师都会忍不住头疼，因为八班可是年级里调皮孩子最多的一个班了。很多老师都尝试想"改造"他们，最终都失败了，不过那个时候的杨老师年轻气盛，觉得没有自己搞不定的学生，所以他坚信再调皮的学生他都能教好。

开学第一天，还没进教室的杨老师在走廊里就听到了学生们在教室里打闹的声音。待他刚走到教室门口的时候，一本书不偏不倚地砸到他的肩头。班里顿时鸦雀无声，大家都以为这个老师会大发脾气，谁知他什么话都没说，把那本书还给学生后就开始上课了。

很快，这群学生就了解到这个新来的老师才刚毕业，很年轻。所以他们更加不把杨老师放在眼里了。哪怕是上课铃已经响了，只要杨老师还没进教室，他们依旧追逐打闹，声音大得都快把屋顶掀翻了。

有一天，杨老师进教室的时候正好撞见班里的两个男生扭打在一起，他赶紧冲过去把两个男生拉开了。这两个男生见是杨老师，虽然并不怕他，但也不想当面顶撞老师，两个人都没说什么就回到了各自的座位。

杨老师还是像平常那样很认真地上完了课，但明显能感觉好多学生的注意力都不集中。下课的时候，他把打架的其中一个男生叫到办公室谈话。本来他是想好好劝告吴小波上课认真听讲，不要再和同学打架的。谁知道这个吴小波先开口了："老师你就别在我们身上浪费时间了，反正我们就是不爱学习成天调皮捣蛋的笨学生。"

杨老师一下子不知道该说什么好，就在他沉默不语的时候，吴小波一溜烟跑回了教室。等吴小波走后，办公室的另一位老师凑过来安慰他："年轻人，你也不要太认真了。他们那群学生就是这样的，你就当他们不存在好了。"杨老师从这位老师口中得知八班有好多学生都是留守的孩子，基本上都是爷爷奶奶照顾大的，父母都不在身边，没有人督促他们，所以自然有点儿无法无天。

杨老师的思绪还沉浸在刚刚吴小波说的那句话，他觉得他们还这么小就自暴自弃了，这样下去可不行。于是他觉得有必要采取行动了。

第二天上课的时候，杨老师没有带课本，当大家看到两手空空的杨老师就这样走上讲台的时候，都觉得有些奇怪。只听杨老师接着说："其实我上初中以前说话都结结巴巴的，经常说错话。大家都觉得我是智障儿。"话一说完同学们都感到十分震惊，其中有个学生问道："那你是怎么当老师的啊？"杨老师接着说："我虽然说话结巴，但个性很不服输。别人那样说我，我当然不服气啦！所以我在心里发誓，我一定要克服这个毛病。后来我每天都坚持早起，一起来就大声地朗读课文，坚持了一年，就真的不再结巴了。"

这时班里的同学都沉默了。杨老师又接着说："我讲这个是想让你们明白，千万不要因为别人的评价就否定自己。我相信我的学生都不笨！我不会把你们当无可救药的笨学生看待，当然你们也不能放弃自己，我相信你们都能考上理想的大学。"说完这段话，杨老师看到好多学生的眼神突然亮了，身板也挺得直直的。

杨老师欣喜地发现，在那堂课之后，同学们都发生了很大的变化，下课的时候也听不到他们追逐打闹的声音了。尤其是吴小波，在某一次的周记上，他竟然谈到了他最近正在读的一本名著。

在教师节的那一天，八班的每一个学生都自己手工制作了一张贺卡，上面还写了对杨老师的感谢的话。看着那一张张贺卡，杨老师眼眶都湿润了。

当然，这并不是让他最欣慰的礼物。两年后，这群孩子初中毕业后都考入了重点高中，其中有5个还进了重点班级。

十几年后，杨老师早已不在那所中学任教了。但有一次他偶然回到这所中学的时候才知道吴小波后来考进了一所重点大学，毕业后自己创业，现在已经成为一个著名的民营企业家了。并不是所有的学生都一直那么笨，只要你足够耐心，及时鼓励，他们都是有进步的可能的。在后来的教学生涯中，杨老师始终坚信这一点。

六 我们的老师是个"马大哈"

陈一自从父母离婚之后就变得有点吊儿郎当了，反正他就是个没人爱的孩子。所以不管上什么课他都照睡不误，起初老师们提醒他认真听讲，但不管提醒他多少次他依旧屡教不改，久而久之老师们也不爱搭理他了，任其自生自灭。

这一天，陈一和往常一样趴在课桌上呼呼大睡，正当他和周公聊得正欢的时候，一双有力的大手把他推醒了。"是谁啊，打扰我的美梦。"在同学们的笑声中，陈一费力地睁开眼，发现一个胖乎乎的老头正笑眯眯地看着他。可是陈一以前都没有见过这个老头，在陈一意识还没有完全清醒过来的时候，上课铃响起了。

只见这个胖乎乎的老头不紧不慢地走到讲台，说："要上课了，同学们，打起精神来，我可不喜欢你们上我的课时无精打采的样子。原来这个老师是他们新来的班主任。

虽然早就听说马上要新来一位班主任，那个时候陈一还有点儿不相信，毕竟在这之前没有中途换班主任的先例呢。但陈一并没有把这件事放在心上，不管谁做班主任对他而言都没有差别，反正他就是个没人爱的孩子。父母都不要他，也没有同学愿意和他做朋友。

陈一抬头看了一眼黑板上的时钟。什么？这才刚上课就被这个胖爷爷叫醒了。真是无聊。陈一恶狠狠地盯着这个新来的老师，不想这个老师也朝着他的方向看了过来，"陈一，我的课本忘在办公桌上了，去帮我拿过来吧！"

陈一很是惊讶，没想到这个刚来的老师知道他的名字，陈一本能地直起身子，心里的睡意也烟消云散。于是，陈一就这样在同学们的注目下离开办公室，他来到老师的办公室，看见课本就摆在桌上很显眼的地方。"什么啊！这么明显的地方都忘了拿，这个老师真是没救了。"虽然很不情愿，陈一还是拿着课本回教室，递给了老师。胖老师赞许地点点头，微笑着拍了拍陈一的肩膀，说："真是谢谢你了！"陈一的脸刷地一下就红了，他一声不吭地回到座位，心里有种久违的喜悦。

这天上课的时候，陈一破天荒地没有睡觉，很认真地听胖老师上完了课。原来胖老师姓王。陈一觉得他的课讲得还不错，这也是他初中以来第一次认真听完老师的课。看来偶尔认真听一下课也没我想得那么无聊啊！陈一在心底暗暗想着。

在下课之前，王老师做了一个让陈一百思不得其解的决定，他竟然任命陈一为生活委员。临走之前还在所有人面前对陈一说："老师年纪大了，记性也不如以前了。陈一你以后可要多多帮帮我啊！"这个老师究竟葫芦里卖的什么药啊，居然让他这个平时一上课就睡觉的学生做生活委员。

没办法，因为当了生活委员，陈一再也不好意思像以前那样一上课就睡觉了。他开始试着认真听讲，竟然发现老师讲的他全能听懂，而且还挺有意思的。看来是他以前把学习想得太枯燥了。

这一天，刚好是王老师的语文课，陈一正在发呆，王老师忽然说："黑板擦怎么不见了？你们有谁看到我的黑板擦了吗？"大家都面面相觑。陈一抬头一看，忍不住想翻个白眼，这个老师真是没救了。黑板擦就在讲桌旁边啊，还到处找。

陈一正想提醒老师，没想到老师在他准备开口之前先说话了："陈一，我的黑板擦找不着了。可以帮我找找吗？"

陈一十分无奈，但还是挤出一个微笑，来到讲台，把黑板擦递给了王老师，王老师也像之前那样赞许地拍拍他的肩膀。

下课之后，王老师把陈一叫住，让他放学后跟他回家。

陈一跟着王老师进了家门，没想到王老师家里已经摆好了满满一桌的饭菜，就等着王老师和陈一来吃呢！不一会儿，王老师竟然像变魔术一样拿出一块大大的蛋糕。

陈一彻底震惊了，自从爸爸妈妈感情破裂后他都没过过生日了。连他的父母都不记得他的生日了，没想到这位新来的老师却记得那么清楚。陈一感动得不知道说什么才好。

王老师又接着说："我知道你很久没过过生日了，你的事老师也都知道。如果你不介意的话，你可以把老师当作你的家人。"

原来王老师的马虎都是装出来的，他其实是想帮陈一振作起来。陈一忍不住热泪盈眶。

七　一颗螺丝钉

一天，颜朗像往常一样收拾好书包准备放学回家。在就要离开教室的时候，他不小心瞥见了教室走廊的地上躺着一个钱包。

"会是谁的呢？"颜朗一边想一边弯腰捡起这个钱包，他打开看了看，里面竟然有500块钱，500块钱可以做他两个月的零花钱了。他抬头看了看四周，教室里空无一人。留下这些钱吧，反正也没人看见。颜朗默默地把钱包收了起来，飞快地跑回了家。

那天晚上他带着这个钱包回到家里，睡觉的时候他躺在床上翻来覆去地就是睡不着。脑海里有两个声音在说话。有一个说：没关系的，留下吧，反正也没人看见是你拿的。另一个声音说：你怎么能随便把这个钱包占为己有，说不定这个钱包的主人现在很着急呢？颜朗就这样听着自己内心的两个声音吵来吵去，一直到天亮了他都不知道怎么办才好。

第二天颜朗一大早就来到教室，看见同班的女生韩梅梅正趴在桌上抽泣，旁边还有几个同学围在跟前安慰她。从同学们安慰她的情形颜朗知道了原来那个钱包是韩梅梅的。韩梅梅的父母都在外地打工，只有过年的时候才能回来看她，那500块钱就是她的父母寄给她的生活费。

那一瞬间颜朗忽然觉得自己好像做了一件很严重的事情，可是如果现在就把钱包还给韩梅梅的话岂不是就承认自己是小偷了吗？颜朗的内心煎熬极了，一方面他不想让韩梅梅因为这个钱包而伤心难过，另一方面他又觉得如果现在把钱还给她，大家一定会认为他是小偷的，那多丢人啊！

带着这样的心事，颜朗那一天上课都精神恍惚，老师讲了些什么他一个字都没有听进去。

后来，班主任刘老师知道了这件事情。直觉告诉他这件事和班里的同学有关，但是他还是愿意相信他的学生。

第二天，颜朗还是忍受不了良心的谴责，突然他灵机一动，他可以把钱包放在学校的失物招领处啊，他特意比平常提前一个小时到了学校，把钱包放在了学校的失物招领处。这样一来就没人知道他曾经想把这个钱包据为己有了。很快大家都知道钱包是颜朗交给学校的，他一下子成为了同学们眼中拾金不昧的好学生。

这个转变太快了，让颜朗有些措手不及。

他去找班主任，班主任却觉得这件事意义重大，还把同学们都召集起来开班会。

大家都赞许颜朗捡到钱包及时上交的行为。班主任看着大家，一副若有所思的样子，过了一会儿，他缓缓开口："我小学的时候家里条件不是很好，经常吃不饱饭。有一年冬天，我正走在路上，刚好有一个中年人骑着自行车从我身旁经过，自行车从我旁边驶过的时候，中年人的口袋里掉出一个布包。我打开一看，布包里竟然装了50块钱。那个时候50块钱都快赶上一个月全家的生活费了。如果我当时反应快一点儿的话就可以赶上那个中年人了，但不知道怎么回事，当时就是迈不开步子。所以我当时犹豫了。我看着那个自行车远去的背影，呆了好长时间。"

"当然，我没有把这件事情告诉任何人，包括我的父母，那段时间我每一分每一秒都在煎熬，那笔钱我也不敢用，总觉得自己是个小偷。过了一段时间，我父母告诉我隔壁家的阿姨前段时间在街上弄丢了50块。当时她的女儿生了急病，她本来是准备用这50块给女儿治病的。虽然我捡的钱不是隔壁家的阿姨的，但当时我的内心无比愧疚。我经常会想，说不定那个钱包的主人就和隔壁家的阿姨一样正等着这笔钱急用，而我明明捡到了却没有及时还给他。这件事我到今天还很过意不去。"

"我今天给大家讲这个故事，是想让你们明白，千万不要觉得你捡到了别人的东西，这只不过是件无足轻重的小事。你的一时贪念，也许会对别人造成无法评估的损失。就好像一架飞机，也许仅仅是因为在造飞机的过程中，有一个小小的螺丝没有拧紧，这架飞机在飞行的过程中就会有失事的危险。要知道，你们都是一颗小小的螺丝钉。"

班主任说完这番话，全班同学都安静了，大家都陷入了沉思，颜朗也是。他很庆幸自己还是把钱包上交了。那一刻，他的内心有一种前所未有的轻松。

八 每个孩子都有成为王子或公主的机会

　　每个女孩都曾经向往能像童话里的公主那样穿着漂亮的长裙，穿着晶莹透亮的水晶鞋，坐上南瓜马车，和自己的王子在舞池里快乐地跳舞。田甜也不例外，然而现实中的田甜永远没有机会做公主，她不能像其他同龄的女孩那样每天都穿着各种漂亮的裙子。田甜的家庭并不富裕，妈妈是一个医院里的清洁工，闲着的时候就在医院门口卖花。所以田甜经常穿着学校发的校服。

　　因为自卑，田甜渐渐成了班里最沉默的女孩，她不想被其他同学嘲笑，所以很少主动和周围的同学说话，总是一言不发地坐在教室的角落里。

　　有一天，语文老师张老师上课的时候临时布置了一个课堂作业，让同学们都说一说自己一个星期里最喜欢哪一天。大家都对这个问题很感兴趣，热火朝天地讨论着。讨论结束后大家也都争先恐后地发言，只有田甜一个人一声不吭地坐在座位上。轮到田甜发言的时候，她涨红着脸，有些不好意思地说："我喜欢星期一。"大家都一脸不解地看着她，因为没有人喜欢星期一，星期一学校里还要上早操，麻烦死了。于是张老师很好奇地问道："为什么呢？"

　　田甜没有回答，不一会儿下课铃就响了。

　　下午放学后，田甜趁其他同学都走了偷偷给张老师留了一张纸条。只见上面写着：我最喜欢星期一。因为只有星期一的时候大家才不会注意到我穿着校服。李老师看着那张纸条，五味杂陈，良久说不出话来。

　　李老师突然想起好像田甜除了学校发的校服就没有换过其他的衣服。李老师又从其他老师那里了解到田甜家里的情况。像她们这样年纪的女孩，大概都希望每天都能穿得漂漂亮亮的吧。而田甜只能在星期一的时候才觉得自己和其他女孩是一样的，她只能在星期一的时候才能维护好她那脆弱的自尊。一想到自己差点儿就伤害了这个敏感的女孩的自尊心她就觉得特别后悔。李老师把那张纸条夹在语文课本中，内心很不是滋味。

　　李老师每个星期一的早上都会很早去教室监督同学们早读。每当她赶到教室的时候就会发现田甜已经在教室里了。她不是忙着打扫卫生，就是给窗台上的花浇水。大概只有在星期一的时候田甜才是最快乐的吧。

　　一转眼就到了元旦了，按照惯例，每个班都要出一个集体节目。通过投票，大家都一致决定这次元旦晚会表演合唱。紧接着大家就开始叽叽喳喳地讨论合唱该穿什么好。只有田甜一个人坐在座位上，她似乎从来都不参与这种讨论。

　　李老师有些担心，她不确定田甜会不会参加这次合唱，以田甜家里的条件，她的妈妈一定拿不出钱来给她买新衣服的。就在李老师正在想对策的时候，班里的文艺委员交给她一份合唱的计划单，只见在服装的那一栏写着"校服"两个大字。李老师觉得很惊讶，她问学习委员："为什么要选校服？"文艺委员微笑着回答："因为我们大家都觉得校服很好看。"看着文艺委员微笑的样子，李老师也觉得心里一下子豁然开朗了。

　　元旦晚会的那一天，李老师欣慰地看着全班同学站在舞台的正中央，动情地唱着歌。田甜站在第一排的最中间，她的眼睛里没有了往日的怯懦，只有满满的自豪。那一刻，李老师觉得她不再是平日里那个总是躲在角落里的女孩，此刻的她就好像个美丽的公主。

　　第二学期开学的第一天，李老师一进教室就被教室里的景象惊呆了。只见教室的讲台上，窗台上，还有每个人的桌子上都摆满了鲜花。

　　班长一看到李老师就笑盈盈地说："李老师，这些花是不是很漂亮？这些都是从田甜的妈妈那里买来的。以后我们还会经常去她的妈妈那里买花的，田甜天天看着这些花，也一定会开心的吧。"

　　刚好这个时候田甜走进了教室，她看着这些花，眼泪夺眶而出。在新学期开学的第一堂课，田甜告诉李老师她想给大家唱一首歌。田甜站在讲台上，忘情地歌唱。李老师第一次发现，原来田甜的歌声是那么的美。田甜刚一唱完，教室里静悄悄的，接着就想起了雷鸣般的掌声。李老师也忍不住用力地为她鼓掌。谁说只有穿上漂亮裙子的女孩才有资格做公主，其实每个女孩都有成为公主的机会。

九　老师的承诺

　　李老师最近真的很苦恼，她苦恼的原因不是因为别人，而是她们班的调皮大王陆路。这个陆路真的十分让人头疼。上课从不认真听讲，作业从来不按时完成。这也就罢了，下课的时候陆路更是无法无天，和同学嬉笑打闹，有的时候下手重了点还会把同学弄哭，李老师批评多次之后他依旧如故。万般无奈之下，李老师决定去陆路的家里家访，希望陆路的爸爸妈妈能够多督促一下陆路，不要让他这么调皮。

李老师到了陆路家才明白他的调皮是有原因的，原来陆路的爸爸妈妈都不在家，在外地打工很久了，一年到头只有过年的时候才能回来。陆路自上小学后就是由奶奶照顾长大的。陆路的奶奶年纪已经很大了，好像耳朵也听不大清楚的样子，李老师费了一番周折才从邻居那里打听到陆路爸爸的电话。

一天放学后，李老师把陆路叫到办公室，给陆路的爸爸打了个电话，李老师跟他聊了一会儿，希望陆路的爸爸能多教育一下陆路。说完又把电话递给了陆路。很奇怪的是，陆路和爸爸说话的时候一脸兴奋的样子，表现得特别乖巧，完全没有平日里的那种调皮的姿态。李老师原本以为这下陆路应该会老实一点儿了，谁知没过多久陆路又故态复萌。这还不到半个月，陆路就又把同学打哭了。李老师无奈之下只好拨通了陆路爸爸的电话。每次一打完电话陆路就表现得特别乖巧，可是没过多久陆路就又恢复了本性，反反复复，李老师都快被他弄糊涂了，难道这就是江山易改本性难移吗？李老师真的不知道该拿他怎么办了。

李老师下班经过小卖部的时候，不小心看到陆路和另外两个同校的男生正围着一个低年级的矮个子男生。只见那两个男生抓起矮个男生的衣领就往墙上摔，还听见陆路很不客气地对矮个子男生说："少废话，把你身上的零花钱都掏出来。"说罢就把手往矮个子男生的口袋里伸。站在陆路身旁的一个男生不怀好意地说："你不怕他跟老师告状啊？"另一个男生还在一旁起哄："告状才好呢，这样他们老师一定会告诉陆路的爸爸的，这样陆路就能和他的爸爸说话了。"

李老师恍然大悟，原来陆路调皮捣蛋只不过是想让爸爸妈妈多关心一下他。只有他犯错老师才会打电话向他的爸爸告状，他才有机会和爸爸妈妈说话，他只不过是想用这种方式引起爸爸妈妈的注意罢了。

于是李老师想出了一个好点子。她在第二天开班会的时候对全班同学说："以后哪个同学的表现好，她就打电话给这位同学的家长表扬这位同学。还可以让这位同学用老师的手机和爸爸妈妈说话。"因为李老师班上有不少孩子的家长都在外地打工，所以他们一听到李老师这个决定都很兴奋。但陆路的表现出乎李老师的意料。他满不在乎地说："这有什么了不起的？只不过是打电话而已。"李老师饶有兴致地问道："哦？那你还有什么别的要求吗？"陆路停顿了一下，说："如果我的爸爸妈妈能回来陪在我身边，我肯定好好学习，也不会再欺负同学了。"李老师决定趁热打铁："要不我们做个约定吧。如果下次考试你的平均成绩能达到 90 分以上，老师就说服你的爸爸妈妈回来看你。"老实说这个决定有点儿难为陆路了，因为他平时的成绩一直徘徊在及格边缘，不过李老师还是想看一看陆路究竟有多大的决心。没想到陆路很爽快地答应了。

从此以后，陆路真的变得和以前很不一样了，他上课认真听讲，课间的时候仍然埋头在书里。看到陆路变化这么大，李老师感到很欣慰。在考试之前，李老师就给陆路的爸爸打电话告诉自己和陆路的这个约定。陆路的爸爸也同意如果这次考试陆路真能考到 90 分以上，他就回来看陆路。

原以为这下陆路终于能在过年之前见到爸爸了。谁知就在考试的前一天陆路的爸爸打电话告诉李老师他临时有工作，没时间回去了。这下李老师有点忐忑了，她一边希望陆路成绩有所提高，一边又不希望他真的能考到 90 分，那样的话她的承诺就无法兑现了。陆路一定会很伤心的，他好不容易才有点儿进步的，如果爸爸不能回来说不定他又会变成以前的样子。

陆路果真所有的科目都过了 90 分，他拿着试卷一脸期待地问李老师："爸爸什么时候回来？"李老师实在不忍破坏陆路的美梦，她说："快了，他们已经买好回来的车票了。"

过了 3 天，陆路的爸爸妈妈真的回来了，不过是被李老师骗回来的。她打电话告诉陆路的爸爸妈妈说陆路生了很严重的急病，需要动手术。知道真相的他们冲到李老师的办公室，很生气地指责李老师不该撒谎。李老师没说什么，她拿出陆路的周记本，递给陆路的爸爸妈妈。只见上面有篇是这样写的：我觉得自己像个孤儿，爸爸妈妈从来都不管我，也不回来看我。也许我生病死掉了他们都不知道吧。看到这里，陆路的爸爸妈妈终于忍不住泪流满面。

十　熊老师的班会课

一天，熊老师抱着课本表情严肃地走进了教室，她把课本轻轻地放在讲台上，把黑板擦往讲台一拍，说道："李涛和王新，你们两个站起来。"李涛和王新一惊，脸刷地一下就红了，他们两个慢慢地站直身子，低着头，准备接受老师的批评。熊老师淡淡地扫了他们两个一眼，说："刚刚英语老师向我反映……"熊老师故意把最后两个字的音调提高，停顿了3秒钟，又接着说："英语老师向我反映，说你们最近进步很大！"李涛和王新都愣了一下，不好意思地摸了一下后脑勺，咧开嘴笑了。全班同学也都为他们两个感到开心。

正在熊老师准备打开课本上课的时候，班里长得最高最壮的男生吴超站了起来，声音听起来有点儿胆怯，他说："老师，您觉得我最近有进步吗？"

熊老师愣了一下，一时不知道该说什么好。因为吴超的成绩一直在倒数几名徘徊。但是看着吴超期待的眼神，她又不忍心让吴超失望。她想了一下，说："其实我一直都知道你是个很努力的孩子。你虽然成绩不是很好，但你上课一直都坚持认真听讲，有什么不懂的问题也都会问老师。我能够感受到其实你还是很爱学习的。"吴超涨红着脸，点了点头。

熊老师接着说："你很热爱班集体，每次班里饮水机的水空了，都是你一个人扛回来的。每次运动会的接力比赛，你都是跑得最快的那一个。如果没有你，我们班的运动会也不可能每次都拿前三名。老师真的很感谢你。"这个时候吴超的眼眶已经发红了。熊老师又接着说："你虽然每次考试成绩都不太理想，但上课的注意力依然很集中，这种品质也很值得其他同学学习。"说着说着，熊老师也被自己的话感动了。

只见吴超犹豫了一下，欲言又止，他沉默了一会儿，很艰难地说："老师，这次考试可以不登记我的分数吗？""哦？为什么？"熊老师好奇地问道。"我每次成绩都是垫底，我不想因为我一个人影响了我们班平均分的排名。"熊老师皱了皱眉："这样可不行哦！那你之前的努力岂不是白费了。你要相信你的失败只是暂时的，越是到这种时候越要坚持，不能放弃。老师跟你做个约定吧！如果下次你能考进前十名，老师就奖你一份神秘大礼。说到做到！"

吴超用力地点了点头，欣喜地看着老师。其他同学也都纷纷鼓掌，都相信吴超一定可以做到。

吴超刚一坐下，班里的另一个学生李航就站了起来。"老师，我……我也有话想说。"

李航吞吞吐吐地说道。熊老师微笑着看着他问道："你有什么话想说吗？"吴超很紧张地问道："老师，老师您觉得我最近有进步吗？"

这个李航是个性格很内向的男孩，平时在班里也经常是一副沉默寡言的样子，很少和人说话。熊老师觉得很奇怪，一向沉默寡言的李航怎么会突然有勇气在全班同学面前问这种问题。其实熊老师已经暗中观察过这个李航很久了。李航虽然性格内向，但他的作文写得很不错，平时周记里也会经常冒出让熊老师惊讶的想法。后来，熊老师从其他老师那里得知，这个李航的父母在前几年出车祸过世了，他一直都跟爷爷奶奶一起生活。不过熊老师平时大多表现得比较严肃，她也一直没有找到合适的机会鼓励这个男孩。熊老师觉得这是个好机会，她对李航说："虽然你平时话不多，但我知道你是个很有主见很有想法的男孩。老师很喜欢看你写的周记，有好几次都想把你的周记当作范文来念呢！以后还要多多加油啊！"李航有点儿震惊，没想到老师一直都很关注他。"如果有什么不开心的事也可以告诉我，或者跟周围的同学说。因为我们大家都是一家人。"熊老师用一种理解和支持的眼光看着李航，李航也被感动得热泪盈眶。

听完熊老师的这番话，班里顿时热闹了起来。熊老师听到有同学说："老师，其实我们也有话想对你们说。"熊老师决定暂时不上课，因为她很好奇同学们想对她说什么。只听那个同学说道："老师，其实我们大家都很喜欢您。可是，您能不能不要老板着脸，这样我们都不敢和你说话了。就像现在这样就很好了。"其他同学也纷纷赞同。

熊老师觉得很意外，她没想到她临时的表扬竟然能让同学们打开心扉，说出了一直想说但又说不出口的话。这大概是她自当班主任以来意义最大的一节班会课了。

十一　"诚实"两个字就值满分

她到现在还会经常想起王老师，还有王老师曾经给他们上过的课。

那还是在大一上学期的时候，当她知道这学期有一门统计学时忍不住为自己担忧起来。因为自从进了初中，她的数学就一直起伏不定，有时还会在及格边缘徘徊，能考进这所大学算是发挥超常了。所以自从她知道有这门课后就不停地向高年级的学姐打听有关这门课老师的消息。学姐们都无一例外地告诉她教统计学的老师人很好，很少判人不及格，她心里的石头总算是落了地。

当她第一堂课看见那个老师的时候，她还是忍不住笑出了声。这个老师姓王，长得有点儿"特别"，他的头发短短的，眼睛本来就很小了，偏偏又经常眯着眼。他戴着一副眼镜，经常背着一个背包，看起来有点儿滑稽。看样子这个老师应该很好说话，她在心里暗暗想着。

谁知道这个王老师接下来说的话又让她开始为这门课担心了。王老师告诉他们，这学期想换个考试方式，他决定按平时作业的完成情况来积分，一次 10 分，期末的时候最终汇总。这意味着如果他们的平时作业完成不好，很有可能会影响最终成绩的。

于是她开始特别认真地对待这门课，课余时间都埋头在题海里。奈何她的数学基础实在是太差了，不管她怎么努力，她每次的作业分数都在 6 分左右徘徊。每当她看着自己作业本上鲜红的 6 分或是 5 分，再看看周围的同学们耀眼的 9 分。她就觉得特别伤心，她明明就很用功啊，为什么还是有那么多的错误呢？随着期末的临近，她也越来越紧张。虽说学姐们都告诉她这个老师人很好，很少判人不及格，难道她会很不幸地沦为学姐们眼中的"很少数"？她有点绝望了。

一转眼就到了期末了，她已经放弃这门课了。这天上课的时候，窗外阴沉沉的，她也觉得自己的内心乌云密布。王老师走上讲台："这学期就要结束了，根据你们平时作业的完成情况，最终的分数我也已经统计出来了。下面我给大家念一下分数。"

王老师的话就像针扎一样字字戳在了她的心上。她只觉得特别难为情，很想找个地洞钻进去，最好永远都不要出来。老师说了什么她也听不清楚了，只觉得脑袋里面一片空白，委屈得很想哭。她想，这下完了，她肯定要不及格了。

当她的意识慢慢恢复平静的时候，只听王老师说："大家的平时作业都完成得很好，计算的结果也很对。但是只有一个同学做得不太理想。"

那一刻，她的心里七上八下，她都可以听见自己的心跳。这下真的完蛋了，全班同学都要知道她不及格了。大家一定会取笑她的。她沮丧地垂着头。她都可以感觉周围的同学正在用一种嘲笑的眼神看着她。

奇怪的是，王老师并没有念她的名字。王老师接着说："这位同学虽然每次作业都完成得不太理想。但是我每次批改作业的时候都能感受到她是很认真地在完成作业的。其他同学的结果虽然都是正确的，和教材中的结果很类似。但是我想告诉同学们，书中的结果有的时候也会有差错。如果你们都和书中的答案很类似的话，那只能说明你们的答案是拼凑来的，并没有经过计算验证。虽然这个同学的计算结果不符合书里的答案，但是我想给她打满分。"

听完王老师的一番话，她起初还以为自己听错了，她惊讶地抬起头看着王老师。王老师也用一种赞许和支持的眼光看着她。她的眼眶顿时就红了，一种难以言状的情感在她的心头荡漾。她感激地看着王老师，长久以来的抑郁也烟消云散，她突然觉得王老师没有最初她觉得的那样滑稽了，那一刻的王老师在他眼中是亲切的。

王老师又接着说："我能理解大家都想要拿高分的心情。学习对你们而言固然重要，但是我希望你们明白，在你们的一生中，有比分数更重要的东西，有比成才更重要的事。老师希望你们在任何时候都不要忘了，'诚实'这两个字，比一百分更重要。"教室里久久没有回音，大家都低着头，陷入了沉思。

在这之后的学习和工作中，她还是会经常想起王老师说过的这番话，是王老师让她明白，任何时候都不应该丢掉自己最可贵的东西。

十二　坏孩子的转变

每个班都有这样一个让老师头疼不已的坏孩子。他上课从不认真听讲，做各种小动作，喜欢和同学说话，对学习完全不感兴趣，作业做得乱七八糟。一下课就成了一匹脱缰的野马，和同学追逐打闹，还经常把同学弄哭。不管老师教训多少次依旧屡教不改。最后老师连教训他的耐心也没有了，索性就让他自生自灭。

张老师班上，就有这样一个让所有老师谈之色变的调皮鬼。这个调皮鬼叫王星，他在刚上小学一年级的时候就被所有的老师列入"黑名单"，更是让所有的同学对他敬而远之，大家都一致认为王星就是个惹人厌的孩子。王星从来没有认真听过一节课，上课的时候不是在东张西望就是躲在桌子下做各种小动作。更让老师气愤的是他非但自己不听讲，还总是拉着旁边的同学一起讲话。下课了更是不得了，围着教室跑来跑去，和同学追逐嬉戏，有的时候甚至都把同学打哭了。王星从来都不认真做作业，即使勉强完成了，字迹也是非常潦草，完全看不清楚他究竟写的是什么。因为王星总是把同学弄哭，基本上每天都会有同学向张老师告状。

张老师实在是忍无可忍，于是，张老师把王星叫到办公室。看着王星那副刀枪不入的样子张老师有点儿哭笑不得。"知不知道你又把同学弄哭了？"张老师想故意吓吓王星。谁知王星一副爱理不理的样子。"老师真的很希望你做个让老师夸奖，同学喜欢的好孩子。可以做到吗？"张老师接着语重心长地教导王星。"嗯。"王星一边漫不经心地回答着一边玩着手指。

"这孩子，到底听进去没啊？"张老师叹了一口气，"你回去吧！"于是王星一溜烟跑回了教室。看来得找机会和这个孩子的父母好好沟通一下才行，张老师在心底暗暗想着。

后来，在和王星的妈妈沟通的过程中，张老师了解到，原来王星的爸爸妈妈由于工作太忙很少和王星交流，更别提老师了。或许，再严厉一点儿他会进步得快一些吧！于是张老师把王星安排到讲台旁边的位置，以为在老师眼皮底下王星自然就会表现好一点儿。谁知这个孩子真是江山易改本性难移，完全没有一点儿改变的迹象。

张老师一度想放弃这个熊孩子了，直到有一天发生了一件事，让张老师开始改变了对王星的看法。

那是在一个炎热的午后，教室里饮水机的水也很快就喝完了。尽管有好几位同学和张老师报告过这件事情，但张老师因为工作忙一时也没有放在心上。等到张老师再想起来的时候只见饮水机里早已换满了水。张老师很是惊讶地问道："是谁换的水呀？""是王星换的！"大家都争先恐后地回答道。只见王星面红耳赤地低着头，一副局促不安的样子。张老师微笑地看着王星，说道："王星，谢谢你帮我们全班同学解决了这个重要的问题。"王星没有说话，但张老师看到他的耳朵又红了。

下课之后张老师又把王星叫到办公室，温柔地说："谢谢你把水桶搬到办公室，可是水桶那么重，是你一个人搬的吗？"这一次，王星不再害羞，他抬着头笑着说："我是和我的好朋友一起搬的。"张老师很是惊讶，要知道这一桶水别说是两个孩子，就连她一个大人也不一定搬得动啊！"老师，我……"王星很紧张地看着张老师，小声地说："其实我也知道打架不好，但是我真的不是故意的，我就是轻轻一推……""嗯，老师相信你！"看着王星紧张的模样，轻轻地把手放在王星的肩膀上。原来一直以来都是老师和其他同学误会王星了，他并不是真的对同学怀有恶意，只是因为年纪小不懂得如何和小伙伴相处，有的时候下手重了点儿也是难免的。

自从发现了王星这个不为人知的优点，张老师开始找机会让王星"干活"，比如搬桌子啦，打扫卫生啦。当然，每当完成一件小事，张老师也会及时鼓励他，并见缝插针地告诉王星怎么样好好和小伙伴相处。慢慢地，王星也开始有所进步，他不再和同学追逐打闹，其他同学也越来越喜欢他了。

张老师明白王星的自制力还不够强，于是他安排了班里的学习课代表做王星的同桌。在学习课代表的督促和帮助下，张老师欣喜地发现王星也不再像以前那样排斥学习了。没有哪一个学生会一直都是坏孩子的，只要耐心地鼓励与发掘，坏孩子也会有可爱的一面。

十三　告别过去

在寒冷的冬日，阳光显得弥足珍贵，特别是在屋檐上还挂着冰凌的早上。学生们在这难得的阳光下像往常一样奔赴学校，班主任林老师已经早早地来到教室，开始了早自习的准备工作。

不一会儿，教室里就陆陆续续坐满了学生，从楼道里传来了他们朗朗的读书声，映衬着早上的阳光，一切显得祥和而又美好。可是细心的林老师很快就发现了一件事，那就是他没有来，他是谁呢？他就是班里最沉默寡言的孩子——夏雨。夏雨的家境很不好，也正因为这样，他和班里的孩子总是格格不入，他觉得自己被排斥，就越发消极，不是打架就是闹事，这让林老师一直很发愁。今天他没来，林老师也是焦急万分。

正在这个时候林老师的电话响了，是个陌生号码，林老师本来准备挂掉，转念一想：万一是他呢？于是还是拿起了手机。

"喂。"这是一个低沉无力的声音，林老师知道是他，但是还没有等林老师反应过来，电话被一个中年男人抢去了，中年男人用质问的语气说道："你是这个男生的班主任吧！你是怎么教育学生的？你知道这个孩子干了什么坏事吗？他居然偷东西，被我逮个正着。你最好现在给我赶过来，给我个说法，不然我马上把这偷东西的家伙送到派出所去！"

林老师没有任何迟疑，马上问了商店的地址，要别的老师代上了早自习，就匆匆忙忙地出了校门。

　　林老师来到了电话中的商店，不停地给老板说好言好语，老板一阵骂骂咧咧后终于让林老师带走了夏雨。一路上他没有和林老师说一句话，也没有表达一丝感激或者惭愧，只是一直望着窗外，眼睛里有一种很复杂的情绪。

　　回到学校，走进教室，所有人异样的目光像火一样烧着他的脸，他觉得很难受，回到座位上就趴着，一言不发，更别说听课，这一切林老师都看在眼里。

　　下课了，他还是趴着，周围传来同学们小声的议论。"你们说夏雨早上迟到那么久，干吗去了？""是呀，还是林老师亲自找回来的，该不会干了什么坏事吧？"议论声不绝于耳，当然，这一切他都听见了，听着听着，他再也按捺不住自己的情绪，爆发了。

　　"对！我就是干了坏事，我当了小偷，怎么样？你们能拿我怎么样？"说罢，就怒气冲冲地冲出了教室，一旁的林老师追了过去，可是他根本听不进去林老师的话，吼道："现在你满意了吧，班里的同学更加看不起我了！"

　　"不是你想的那样……"还没等林老师说完，他又说道："算了，别说了，你不就是想教育我，想让我感激你吗？我才不吃你这一套呢！"说罢就拼命地跑走了。

　　整个上午都不见他的人影。直到下午上课，才看到他迈着有气无力的步子走进教室。这节课刚好是林老师的课，林老师说要给大家讲一个故事，同学们都很好奇，把脖子伸得长长的，唯有他没有抬头。

　　"从前，有一个小女孩，她家庭条件很不好，所以经常吃不饱穿不暖。有一天，这个小女孩实在饿得不行了，于是想去商店讨点儿东西吃，可是当她走进商店时，又失去了开口的勇气，但是她又饿得受不了，于是她拖着饥肠辘辘的身体走到了商店的角落，偷偷地把一袋面包塞到了衣服里，她以为没人发现，却被旁边的人看到了，一把抓住她的手，把她带到了老板身边。她以为老板会责骂她，可是老板没有，反而把面包给了她，告诉她以后饿了不要偷东西吃，可以来找老板要。老板的宽容让小女孩很感动，从此她放学后经常光顾这个商店，不过不是偷，而是帮老板做生意，且分文不取，可是老板总是会塞一大袋吃的给小女孩，就这样，小女孩用从老板身上学到的宽容和感恩之心走到了今天，走到了三尺讲台！"

　　这个时候教室里的学生都惊愕了，包括夏雨，他抬起了头，满眼都是泪水。

　　"没错，我就是那个小女孩，如果没有当初店老板的宽容，我没有今天，我不知道自己会在哪儿，也绝不会是你们的老师，绝不会是教你们知识和品德的老师，所以我感谢别人的宽容，所以，老师希望，同学们也能以一颗宽容之心对待别人！"

同学们沉默了，但这种沉默似乎是一种默契的沉默，因为自从这件事后，班上再也没有人瞧不起夏雨了，反而是友善地帮助。夏雨因为老师的这番肺腑之言，开始了转变，他主动找到了林老师，跟林老师进行了一次心与心的交流。

"林老师，谢谢你！是我误会了您，您为了我还讲了您不堪回首的过去。"

"傻孩子。没关系，是不堪回首，但是老师有直面错误、直面过去的勇气，所以老师不怕！而你，就像是曾经的我！"

"林老师，谢谢你！我会直面自己的错误的，但是我更希望自己成为今天的您，做像您一样的老师！"林老师听了，满是安慰，但事实也确实如此，夏雨不再沉默、不再格格不入，更不再偷东西，而且为了梦想不懈努力！

十四　老师也喜欢聊 QQ

孙老师的 QQ 聊天窗口上的喇叭一闪一闪地亮了起来。这么晚了会是谁加她为好友呢？刚刚吃完饭的孙老师一脸困惑地打开聊天窗口，弹出了一个头像是唐老鸭的申请加好友的窗口。孙老师不经意地朝申请备注那一栏看了一眼，只见上面写着"刘星"两个大字。

刘星，这不是他们班的混世魔王吗？这家伙又在想什么鬼主意了？孙老师赶紧点了同意，只见刘星发过来一行很简短的话：孙老师，我今天的作业忘带了，下次补给你。

刘星是谁？他可是他们班最让老师头疼的孩子了，上课不认真听讲就罢了，还经常干扰别人，带着周围的同学一起讲话。经常有学生的家长杀到办公室要求给自己的孩子换座位。这个刘星，一定是怕在学校的时候承认自己没带作业会被她批评才想出这种方法向我求情。这个小滑头，以为老师会那么轻易就相信他吗？一想到刘星平时在学校里的种种恶劣行径，孙老师就气不打一处来。她决定刺激一下这个调皮鬼，于是她也发过去一行话：不要以

为这样就可以蒙混过关了。没有做就是没做，是男子汉就要敢作敢当。

孙老师刚把这段话发过去就迫不及待地想要看看 QQ 另一头的刘星会有什么反应，谁知刘星唐老鸭的头像就此黯淡了下去，再也没有亮起来了。"唉！这个孩子，果然是在给自己找借口。"孙老师一边摇着头一边退出了 QQ。

第二天上午上课之前，孙老师抱着一线希望打开了她的 QQ 窗口，欣喜地发现那个唐老鸭的头像一闪一闪地跳了出来，上面还有刘星留的一句话：哼！老师，你这样瞧不起我一点儿也不对。我已经把没交的作业补了三分之一，交给学习委员了。

老实说孙老师看到刘星的留言有点儿吃惊，没想到平时刀枪不入的刘星竟然还有自尊心这么强的一面。她灵机一动，决定接着刺激一下刘星。于是孙老师也不甘示弱地回了一句话：才补了三分之一有什么了不起，有本事就把剩下的都补全了。

结果第二天孙老师批改作业的时候惊奇地发现刘星真的又补了三分之一的作业，字迹也特别工整。哈哈！这个刘星真沉不住气，这么快就掉进我设的陷阱里了。孙老师忍不住为自己临时想出来的点子叫好。晚上回家的时候，刘星和之前一样又给孙老师发了一个消息：怎么样？我今天又补了三分之一，老师你不要小瞧我。咱们骑驴看唱本——走着瞧！还在后面加了个胜利的手势。孙老师决定趁热打铁，又给刘星发过去一句话：是啊！没有什么事情可以难倒刘星。加油！终点就在眼前。

第三天，刘星真的把剩下的作业都补齐交给了课代表。依旧给孙老师的QQ留了一段话：老师。其实我真的没有做作业，本来也不打算做的，又不想被你当面批评，所以决定在QQ上给你留言。没想到老师却一而再再而三地鼓励我，我觉得不完成作业都难为情了。谢谢老师您这么耐心地教导我。

没想到平时在学校里怎么教育这个混世魔王他都听不进去，在QQ上和他聊天他却这么快就听从老师的建议了。或许她该换个方式跟这个孩子交流了。孙老师开始在心中默默计划怎么样通过QQ实施刘星改造计划。

于是，在后来的日子中，孙老师开始在网上和刘星展开秘密行动，只要刘星有一点点小小的进步孙老师都会在QQ上及时给他留言表扬他，尽管在学校里孙老师依旧表现得很严肃。他进步的时候，孙老师会在网上留言：坚持才会看到胜利；他懈怠的时候，孙老师也不忘在网上留言提醒：畏惧错误就是毁灭进步。每一次留言孙老师都尽可能让刘星感受到她对刘星的支持和理解。

慢慢地大家都惊奇地发现，刘星好像变得和以前不太一样了。过去的他上课一刻都闲不下来，现在的他却能静静地坐在自己的座位上认真听课；过去的他一下课就和同学追逐打闹，现在的他竟然会抢着帮忙为班级打扫卫生了。那个惹人讨厌的调皮鬼消失得无影无踪了。

经过一学期孙老师坚持在QQ上和他留言，刘星改造计划圆满成功。学期末的时候，原来成绩一直徘徊在班级末尾的刘星居然一跃到班级的前10名。

当然，孙老师的"QQ改造计划"还在继续着。

十五　一个都不能少

随着一声哨子的长啸，这场惊心动魄的足球争霸赛，宣告结束。

"赢了！赢了！我们队赢啦！"人群中爆发出一阵欢腾。

在风雨操场的足球看台上，坐满了人山人海的观众。欢呼声此起彼伏，后排的观众表现最为热烈，他们在座位上除了振臂高呼外，还有人挥动着手中胜利者的队旗，高声呼喊着队员的名字。有的甚至在看台上表演起了人浪，从排首的第一位开始，一直"倒浪"至最后一位。

足球场上的队员们也无比兴奋，胜利队的球员们与对方球员握过手后，抑制不住的喜悦便爆发出来，他们举起手向观众们示出胜利的手势，然后开始绕着足球场奔跑。

"我们队真的赢啦！"似乎连自己的队员都想不到，这场以弱敌强的比赛能赢。

"是的！我们赢了！祝贺你们，好小伙子！"王斌是这支赢得胜利足球队的教练，他强压住激动的情绪，紧紧抓住一名队员的肩膀说道："这次的胜利，全靠大伙的齐心协力。希望在下场对决赛中，大家能再接再厉！"

"加油！"全体队员把教练围在中间，齐声高喊："为胜利加油！加油！"

其实，风雨操场上的这场比赛，可谓是坎坷重重。因为在不久前，大伙都没有树立斗志，也许是参赛队的实力都太强，而产生了畏惧，也许是风雨操场是出了名的生死对决之地，能在这里胜出的队伍都是全市拔尖的球队。然而，王斌的球队，不过是一支临时组织起来的业余足球队，他们中间是清一色的学生，不仅没受过专业训练，更没有专业队员的体质。由于风雨学校的操场很出名，这里的足球场承办了多次市级足球比赛而名声在外，所以学校方面为响应全民健身的号召组建了"足球特色教育"的学生队。在组织初期也仅是学校各班学员自由报名，入选条件宽容度较大，只需是足球爱好者均可以参加。

王斌教练给风雨足球队定下了一条规矩：3天不参加训练者，算为自动离队。

也许成功都是以不懈努力为基石，所以风雨学校足球队的队员们，自愿留下来的都是具有不放弃、坚持到底的精神，而且热爱足球，大伙都十分珍惜这份用辛苦汗水才能换来的机会。经过一段时间的自然淘汰，留下来的主力队员也已基本定型。

一年后，王斌教练把他定下的规矩进行了修改：有3天不参加训练者，全队放假。

这是一条谁也不想违反的规矩，因为谁不参加训练，就代表着这个队员将害全队的人都不能训练，队员们出于团队精神，对于这条新规都恪守着。每天的训练在循序渐进中进行着，由初级体能的增强到高级技巧的掌握，在王斌教练的带领下，队员们渐渐习惯了球队的集体生活，互相之间也产生了深厚的友谊。

两年一次的"风雨杯"全市足球争霸赛又在紧锣密鼓的筹备中。学校足球队也紧张有序地开展着训练。王斌教练虽然沉着，也不免为这支初生牛犊的学生队而担忧，所以越是临近比赛的日子，就越发想让队员们放下思想包袱。

"立正！向右看齐，报数！"王斌领着队员们站在风雨操场的中心，开展最后阶段的集训。

1、2、3、4……19。

队员们挨个报数。

"19？"王斌心里一咯噔，全队总共有20名队员，怎么会少了一位？

他问："谁没来？"

"报告教练！是小明没来。"队长跑步到王斌前面报告。在这个节骨眼上王斌心里虽然很担心，但语气却是温柔地说："小明真是体贴大伙呀，知道马上要开赛了，这是要给全队放假呀。"

队员们明知道王斌教练是开玩笑的话，可心里都酸溜溜的。

"小明早上请的假，他腹泻，拉肚子不停，确实来不了。"队长嘟哝了一句，低着头回到队伍里。

王斌很明白，不管什么比赛，技巧以外拼的就是心理素质。

"解散！"他下令。

"啊？什么？今天真的因为队员缺席而不训练了呀？"队员们就像一群做错事的孩子，无助起来。

"没有什么事是可以预料的，不管是生活还是踢球。所以今天不练体能，也不练技巧，我们练练心理战。"王斌教练对着队员们说道，"我们一直认为对手强，潜意识就是觉得自己不行。可你们一定要记住：没有什么地方比对手差，我们拼搏、努力、坚韧，且不向困难低头。是一个团结友爱的团队，队友就是亲兄弟，所以一个都不能少，不放弃，不抛弃。走！下一个训练项目是：全体去看小明。"

风雨足球队的队员们永远终记住王斌教练这堂特殊的训练，让他们懂得了团结的力量，最终才能战胜比他们实力强的对手。

十六　冬日里的一瓶开水

　　冬日，人一呼吸空气里都是"白气"，仿佛这就是深冬的标志，这就是寒冷的标志。冬日的校园也摆脱不了寒冷，但是，这股寒冷阻挡不了学子们学习的热情。教学楼里，初三学子们还在挑灯夜战，班主任田老师也经常因为放心不下这群刻苦的孩子们而加班陪护到深夜。

　　这一天晚上格外的冷，学生却依旧坚持学习，田老师也像往常一样，直到最后一个孩子离开才缓缓回到宿舍，可是她却不能马上睡下，因为她还要去查寝。她打着手电，来到了女生宿舍，一间一间查，一间一间地问候学生们，当她来到601宿舍时，却发现大家都围坐在周莉莉的床边，田老师上前一看，周莉莉蜷缩在被子里，一副病快快的样子，头发凌乱，嘴唇一点血色都没有，还一直发抖，询问后得知，原来周莉莉从昨天开始就得了感冒，一直不见好转。于是田老师问："莉莉吃药了吗？"莉莉已经没有力气回答了，她的室友琳琳回答道："老师，有药，可是没有热水了！"

　　"是呀，咱们学校条件不是很好，你们每天晚上学习到深夜再回宿舍，热水早就没了，这样吧，我去想想办法，你们先照顾好她！"田老师说罢，就疾步向自己的宿舍走去，提来了那瓶她准备洗澡的开水，此时周莉莉说话了，"老师，您把开水给了我，那您用什么，您这两天不是也有点感冒吗？白天上课的时候还看见您不停地咳呢！这水我不能要，您还是自己用吧！"

　　明明很虚弱的周莉莉，说这番话的时候仿佛用尽了全身的力气，因为她说得那么斩钉截铁。可是田老师也是个执拗的人。她说道："莉莉，老师没事，老师是大人，抵抗力比你们强，而且我已经吃过药了，这瓶水你要是不拿去用，我也不用！"

　　周莉莉拗不过田老师，只好说："那我只用一半，不然我也不用！"

　　田老师答应了，说着，就给周莉莉倒了杯开水，让她赶快把感冒药喝了。莉莉喝着药，田老师用满是关怀的眼神看着，仿佛是看着自己的孩子一般。等莉莉喝完药，田老师又把剩余的开水给莉莉泡脚，四散的热气也氤氲着浓浓的师生情，莉莉一边泡脚，田老师一边和寝室里面的学生话着家常，希望给这群孩子的学习生活带来一丝温暖，不一会儿水冷了，田老师又往水盆里倒入一些开水，让莉莉继续泡，莉莉怕田老师没水了，一直在拒绝，可是田老师说："多泡点，泡久点，泡脚感冒好得快！"

就这样，一瓶开水就在田老师一遍又一遍的加水中倒完了，莉莉既感动又惭愧，甚至有些落泪，觉得都是因为自己把田老师宝贵的一瓶开水用完了，田老师见状，撒了个善意的谎言，"哎呀，没事，老师昨天多打了一瓶水，你把这瓶用完了，老师宿舍里还有一瓶呢！"莉莉半信半疑，问道："是真的吗？"田老师故作镇定地说道："当然是真的呀！"莉莉这才破涕为笑。

可是第二天上课，田老师每说一句话都很难受，从她的嗓音就能听出来她得了重感冒，同学们这才知道，原来昨天田老师撒了谎，根本都没有第二瓶开水，她把唯一的一瓶开水让给了自己的学生，而自己却忍受了一夜的寒冷，同学们既感动又心疼，特别是莉莉。

那天放学恰逢周末，同学们陪田老师去医院打了点滴，有的人买了水果，有的人买了牛奶，而有一个人却带了一样特别的东西——一瓶开水，这是最好的礼物，同学们一致认为。莉莉走到田老师面前，说道："田老师，都是我的错，您是因为我才得了重感冒的，都是我把水都用完了……"莉莉边说边哭。

"傻丫头，田老师哪儿那么脆弱，是老师太调皮，半夜踢被子才感冒的，不怪你！"同学们听了都笑了，莉莉也笑了。

"田老师，对我来说，您给我的不仅是一瓶开水，而是一份温暖、一份关爱，您是一名伟大的老师，我们为有您这样的老师而自豪！"同学们都集体响应了莉莉的这番话，输液室里满是学生们的欢声笑语。

有的人给老师削苹果，有的人给老师讲故事，还有一个人，从开水瓶里倒了一杯热腾腾的开水递到老师面前，他们共同欢笑、共同取暖，就像那冬日里的一瓶开水。

十七　最好的礼物

初秋校园里到处都弥漫着桂花的芬芳，前几天刚下过雨，此刻的空气中似乎都充满着泥土的气息，沁人心脾。雨后的阳光穿过树叶斜斜地撒到了地面。林老师这一天依旧和平常一样早早地来到了教室，自从她进入这所学校以来，每天都坚持比学生早到教室督促学生们的学习。她的脸上总是挂着亲切的微笑，对学生们也特别有耐心，因此深受学生们的爱戴。

她还没走进教室就听到了教室里传来孩子们琅琅的读书声。"今天太阳打西边出来了，这帮孩子竟然比我来得还早。"林老师一边疑惑着一边走进了教室。班里的学生们看到林老师走上了讲台，一双双眼睛齐刷刷地盯着她，读书的声音也瞬间停止了。"他们到底想干吗？"林老师心中的疑惑又加深了。

只见班长率先站了起来，深吸一口气，大声地说道："林老师，节日快乐！"其他的同学也跟着班长一起大声地祝林老师节日快乐。原来今天是教师节，林老师平时只顾着关注学生，都不记得今天是教师节了，没想到学生们却记得这么清楚，还给她准备了这么大的惊喜。林老师一时被感动得不知道该说什么好。紧接着，学生们都纷纷走上了讲台，把自己准备的礼物递到林老师的手中，很快林老师的手就被塞得满满当当的了。礼物的种类很多，有鲜花，有千纸鹤，还有糖果。看着学生们那诚挚的眼神，林老师觉得自己一直以来的辛苦都是值得的。

就在大家都围着林老师叽叽喳喳说个不停的时候，有一个男孩独自缩在自己的座位上，他的一只手放在抽屉中，涨红着脸，一副犹豫不决的模样。那男孩其实也为林老师精心准备了礼物，可是当他看到其他同学的礼物都用精美的包装包裹起来的时候，他觉得自己的礼物和同学相比实在是太寒酸了。正当他犹豫该不该把这份礼物送给林老师的时候，扫兴的上课铃声响了起来。"唉。"男孩在心里叹了一口气，懊恼极了。

林老师并没有注意到男孩的煎熬。下午下班之前，林老师小心翼翼地把孩子们送给她的礼物装到一个大袋子里，把办公桌整理了一下就准备回家。走到半路发现钥匙忘带了，她急急忙忙地赶回学校。

就在她走到楼梯口时，她远远地就看见有一个人影从办公室里飞快地窜了出来。林老师心里一惊，"这么晚了会是谁呢？"她满腹疑惑地走进了办公室，好在办公室的东西都在原来的位置，应该不是小偷。林老师找到钥匙后就准备离开，眼角余光不小心瞥到了她的课本里似乎夹着什么东西。她好奇地打开课本，一张小小的贺卡映入眼帘，看样子好像是手工做的，贺卡的内侧还有歪歪斜斜的几个字：林老师节日快乐！没有留名。林老师赶紧把同学们送的礼物都掏出来，其他的孩子送的礼物都有留名，这个匿名的贺卡会是谁送的呢？

很快她就找到了答案，原来是张平安。张平安是他们班最沉默的男孩子，他的家庭并不富裕，他也很怕其他同学会嘲笑他的家庭，因此他尽量和其他同学保持距离。难道他是怕自己的礼物会被其他孩子们嫌弃吗？唉！这个傻孩子。林老师一边摇头一边微微叹气。

第二天林老师上课的时候告诉同学们他们送的礼物她都认真看过了，还说想给大家讲个故事。同学们一听要讲故事，一个个都把身板挺得直直的，满眼期待地看着林老师。只听林老师说：以前有个小女孩，家里很穷，经常吃不饱饭。幸运地是，小女孩在小学四年级那一年遇到了一位很温柔的老师。老师很有耐心，经常鼓励和关心她。女孩很想有机会能想表达她的感恩之情，女孩注意到老师经常穿着一双布鞋，就灵机一动，给老师画了一双鞋。

当她把这双"鞋"送给老师的时候，还特别关切地问老师："老师您是不是除了布鞋以外没有其他的鞋换了。所以我想画一双送给你。

老师很好奇地问道："为什么你会觉得老师没有其他的鞋呢？女孩有点难为情地回答道："因为我家很穷，爸爸妈妈就经常穿着布鞋。"原来在女孩眼中，穿布鞋就是贫穷的象征。

老师说："你一点也不穷，你看，你知道关心老师，还自己做了一双'鞋'，这也是一种富裕。"

林老师又接着说："我给大家讲这个故事是想让大家明白。物质贫穷不代表精神贫穷，只要能够给予，你们都是富有的人。昨天我们班有位同学送了我一张自己做的贺卡，虽然和其他同学的礼物相比，这份礼物显得很廉价，却是我收到的最好的礼物。"

林老师看到张平安在那一刻突然抬起了头，他的眼里早已噙满了泪水。

十八　常迟到的孩子

李星是老师眼中的坏学生，因为他上课总是迟到，也喜欢旷课，学习成绩也不好。平时，每个老师对李星的迟到和旷课从来都是批评一下，然后就放任他。后来，班里新来了一位女老师，她姓林，教语文课。林老师是一个爱较真的人，她看到李星如此调皮，于是就决定要治治他。

有一次上课时，林老师正在黑板上写练习题，大家在下面静悄悄地抄写黑板上的题目，这时，李星偷偷地从后门溜了进来。林老师听到动静后，她转过身，看着李星说："李星，你又迟到了，先在教室后面站着。"李星听了，吐了吐舌头，然后就站到后面去了，林老师接着又去写她的练习题了。

过了一会儿之后，林老师在黑板抄写完了练习题，然后转过身对大家说："大家现在请停一下，我来讲下这次练习题中要注意的问题。"大家听了都抬起了头看着黑板，只有李星低着头，默默地靠在墙上。林老师看了看李星，说："李星，看着黑板，你说说'风急天高猿啸哀'这下一句该接什么？"李星连忙回答："两岸猿声啼不住。"同学们听了都哈哈大笑起来，林老师听了，脸色马上变得很难看。

"大家说说，该接什么？"

"渚清沙白鸟飞回。"大家异口同声地说着。

"好了，李星。你回到自己的座位上去，回去把这两句诗抄写一百遍，明天来了交给我。"林老师说完就开始讲课了。

第二天上课的时候，林老师注意到了李星的座位是空的，她心想："这孩子真是不可救药了。"上课10分钟之后，李星才来到教室。正当李星低着头准备进教室的时候，林老师喊住了他："李星，昨天让你抄写的诗歌交过来。"李星听了，首先是愣了一下，接着就说："对不起，我没来得及写。"林老师听了，一下子火冒三丈，气得半天说不出话来。

此刻，外面的风正刮得厉害，林老师看了看外面，然后对李星说："你给我站到外面的走廊上去，把我给你布置的任务完成，什么时候完成了什么时候进来。"李星看了一眼林老师，沉默不语，然后就去了走廊。

下课后，林老师去了办公室。李星把抄完的诗放到讲台之后，接着又在黑板上写上了十几个大字："林老师，你是个不尊重人的人。"然后才回到自己的座位上去。

上课铃响了，林老师一走进教室就看到了黑板上的字。她当时脑袋一片空白，冷静了几秒后，她问了问大家："这是谁干的？"林老师在说"谁"的时候还故意加重了语气。只见教室里鸦雀无声，没有一个人回答。林老师见了这情景，心中更是来气。

"好啊！你们都不说是吧。这节课不上了，全都给我去操场跑五圈。"林老师怒不可遏地喊着。大家看到老师发怒了，一齐把目光投向了李星。林老师知道了，这又是李星干的好事。于是，林老师又发话了："李星，你给我站起来，这是你干的吧？"李星站起来，低着头，沉默不语。

"你还有没有把我当作你的老师啊？平时上课爱迟到，没事还旷课，现在还说老师不尊重人。你说你又尊重过老师吗？"林老师摇了摇头"你一个人去操场跑五圈，其他的人上课。"

李星听了林老师的责问，什么也没讲，转过头就去了操场。

大家见李星真的去操场跑步了，于是有人勇敢地站了起来说："老师，你应该到李星家里去做一下家访，这样你就知道他为什么爱迟到了。"接着又有人说："他家里有人需要照顾。"大家你一言我一语地说着，林老师顿时觉得是有必要去李星家里看一下。

隔天，林老师找到了李星的家。她一进门就看到李星正在端水给一位躺在床上的女人喝。李星见来人是林老师，连忙问候了句："林老师好！"然后又跟她说："这是我妈妈。"

李星妈妈看到老师来访，于是就叫李星给老师倒茶。林老师坐在李星妈妈的床边，了解到李星的爸爸在他很小的时候就意外去世了，而妈妈也因为得过小儿麻痹症有残疾，所以需要人照顾。林老师一下子明白了，原来李星每天迟到，有时候甚至旷课，这都是在家里照顾生病的妈妈。

知道真相后的林老师，从此以后不再对李星这么"严苛"了，她甚至有时候还让李星提前放学。并且，林老师还会在空闲的时候经常给李星辅导作业。慢慢地，李星的成绩逐渐地好起来了。有一次他写了一篇作文《可爱的人》，在文中他写道：我的妈妈是可爱的人，她会时常像孩子一样地笑。而那些为了人们辛勤付出的人也是可爱的人，像林老师，她们总是会尽职尽责地完成自己的工作……

第四章　裂缝中嫩芽正逆风生长

一　梳理早恋故事的写信人

苏一昊是从什么时候开始喜欢上丁晓雨的呢？连他自己也不清楚。他只知道她有一双漂亮的眼睛，就像刚被洗过的葡萄一样晶莹；她说话的声音很温柔，但是回答老师问题的时候条理清晰，热情昂扬；他喜欢看她微笑的样子，有时候一抬头就可以看见她微微上翘的嘴角。她是班里成绩最好的女孩，从高一到高三，一直都是班里的第一名。

而苏一昊刚好是班里的第二名，最初他还不能接受自己会一直被丁晓雨这个女孩远远甩在身后，毕竟好多女孩进入高中之后学习状态就不如以前稳定了。苏一昊坚信她即便偶尔比他考得好也是一时的运气，可是没想到一年、两年过去了，丁晓雨一直都是第一名，而且是远远高出他这个第二名一二十分。

苏一昊开始注意这个女孩，想知道这个女孩究竟是如何做到始终保持在第一名的，却在不知不觉中被丁晓雨吸引。当他发现自己有意无意地关注丁晓雨的一举一动的时候，已经是高三。

也许，其他人很难相信像他这样沉默寡言的男孩会喜欢像丁晓雨这样机灵开朗的女孩吧，连他自己也不敢相信，可是他就是这样无可救药地喜欢上了她。起初，苏一昊极力想把这份情感压在心底，毕竟他们已经到了要迎接高考的关键时期了。可是，他越压抑就越是控制不住这份情感，有些东西一旦发生它就会在人的心底生根发芽。

苏一昊内心极其矛盾，他不知道该不该让丁晓雨知道他内心的想法。一方面他不想打扰她的学习，现在距离高考只剩一个月了；另一方面他又觉得如果现在不说也许以后就没有机会了，高考一结束大家就要各奔东西，也许以后就不能经常联系了。

在经过了激烈的挣扎之后，苏一昊还是决定要让丁晓雨知道他的心意，但又担心丁晓雨会当面拒绝她。苏一昊犹豫了很久，决定给丁晓雨写一封信。信的内容不长，只有简短的几句话，但苏一昊相信像丁晓雨这样冰雪聪明的女孩一定会明白他的意思。苏一昊还特地为这封信挑选了一个粉红的信封，信封还带着淡淡的香水的气息。

第二天，苏一昊特意比平时提前了一个小时到教室。还好还没有人来，他暗暗松了一口气。虽然没有人，但在把信放进丁晓雨的抽屉的时候，他都能听见自己内心的心跳。

一上午苏一昊都魂不守舍，他迫不及待地想要知道丁晓雨看到那封信会有什么反应。她会接受他吗？或者会毫不留情地拒绝他？又或者是把信交给班主任？要知道班主任可是明令禁止在高三的关键时期早恋的啊。一整天过去了，丁晓雨好像什么事都没发生过似的。苏一昊觉得沮丧极了。

第三天苏一昊来到教室的时候，竟然在抽屉里发现一个绿色的信封。他兴奋地打开信封，是丁晓雨的笔迹。信上也只有几句简单的话：很谢谢你的欣赏，我也知道你是个很优秀的男孩，但是我们现在正是高考冲刺的关键时期。我们一起加油，好吗？丁晓雨还在信中叮嘱苏一昊，如果下次再写信的话就趁大家没来之前放在她的抽屉里，这样就不容易被人发现了。

短短的两天苏一昊仿佛从谷底飞到了云端，原来丁晓雨也是很欣赏他的。同时他也很敬佩这个女孩，不仅冰雪聪明，考虑问题也很周到。

苏一昊在心底暗自下决心高考一定要发挥自己的最佳水平，争取能和丁晓雨进同一所大学。于是，苏一昊赶紧给丁晓雨写了一封回信，在信中，他表示一定会加倍努力，希望两个人能相互鼓励。当然，这封信是按丁晓雨叮嘱的那样趁没人发现的时候放在她的抽屉里的。这是只有他们两个人知道的秘密。

那大概是苏一昊在整个高中岁月中最珍贵的回忆，那段时间，他就靠丁晓雨的信激励自己不断努力。他们在信里从来不提感情，说得最多的就是班里最近发生的趣事。

一转眼就到了高考。苏一昊果然没有辜负丁晓雨的欣赏，他的成绩一跃为班级的第一名，终于可以考入自己向往的名校了。然而和名校相比他更想知道丁晓雨的想法。

苏一昊带着丁晓雨写给自己的信去找丁晓雨，他邀请丁晓雨和他一起去班主任家找班主任聊一聊关于高考填报志愿的事。

苏一昊一路上都很开心，一想到自己能有机会和丁晓雨在一起他就十分兴奋。他按捺不住内心的激动，对丁晓雨说："我进步这么大多亏有你在信中对我的鼓励，真的很感谢。我们可以去同一所大学吗？"丁晓雨一愣，一脸茫然地看着他说："我没有给你写过信啊，你给我写的第一封信我就交给班主任了。"

那这些信会是谁写的呢？两个人都有点儿费解，带着满腹的疑问他们来到了班主任的家里。"老师，您知道我写给丁晓雨的信吗？"苏一昊还没来得及坐下来就急忙问道。没想到老师停顿了几秒就大笑起来："真是不好意思啊。当时丁晓雨很慌张地把这封信交给我的时候我答应她会好好处理这件事，让她不要担心。可是我也不想你因为这件事影响了学习的状态，所以才不得已模仿丁晓雨的笔迹和你通信的。"

苏一昊闻言愕然，班主任又接着说："还好你们两个都坚持到了最后，总算没有枉费我的一番苦心啊。"

没想到这些信凝聚了班主任这么多的心血，一想到班主任不动声色地默默鼓励着自己，苏一昊和丁晓雨都忍不住泪流满面。

二 灰姑娘的窗外也是蓝天白云

大概所有的少男少女都逃不开青春期的躁动。他们开始关注自己的长相，会因为觉得自己的外表不够完美而苦恼不已，叶子也不例外。和同龄的女孩一样，自从步入了 14 岁，她就满心期待自己会慢慢长成一个美丽又可爱的女孩，然而现实总是没想象中的那般完美。她非但没有变苗条，反而越长越胖，那满脸的痘痘和那密密麻麻的雀斑更是雪上加霜。

叶子渐渐变得敏感与自卑，有的时候别人一句无心的玩笑都会让她苦恼不已。为了不引起别人的注意，她尽量表现得很低调，也不爱主动和人说话。大概这样她就可以避免那些或许无心却伤人的玩笑了吧！然而在那个放肆又张扬的年级里，大概很少有人认真想过自己一句无心的玩笑会给别人带来多大的影响，叶子的同学甚至会当着她的面叫她"丑小鸭"。

唉！要是可以不来上学就好了，反正也没人在乎我。叶子时常会萌生出这样的想法，可是一想到待在家里也是孤单一人，她又打消了这样的念头。

叶子原本以为她一辈子只能是同学眼中的丑小鸭，直到有一天，班上转来一个叫林玦的女孩，班主任还把这个女孩安排成她的同桌。

正是因为这个女孩，让她的生活有了不一样的色彩。

和叶子完全相反，林玦漂亮又开朗，笑起来眼眉弯弯像月亮一样。当她第一次坐到叶子旁边的时候就很热情地和叶子打招呼："你好，我叫林玦。从今天起，我就是你的同桌了，我也希望我们能成为很好的朋友。"朋友？似乎很久没有人主动和叶子说过想和她成为朋友了。叶子抬起头，很惊讶地看着她，却看到林玦坦率的笑脸，好像一道光，把叶子长久以来阴冷的内心给照亮了。

不过叶子很少主动和林玦说话，她太自卑，很害怕林玦也和其他同学一样嘲笑她的外表。林玦很热情，总有说不完的话，再加上成绩也好，很快就和班里的同学打成一片了。因为有了林玦，大家的注意力渐渐从叶子身上转移了。每当课间休息的时候林玦的课桌四周总是围满了人，再也没有人叫她"丑小鸭"了，叶子的日子终于安静下来了。

其实叶子有一颗敏感纤细的心，她喜欢看小说，也喜欢写诗。因为没有朋友，她总是在诗里写下她各种各样的心情。烦恼的，苦闷的，开心的。这些酸甜苦辣的心情在叶子的笔下化成了一个个跳动着的字符，可惜的是，没有人会相信像她这样外表的女孩会写出这样出众的文章。

有一天放学后，叶子像往常一样收拾好书包准备回家，林玦风风火火地从外面走进来，兴奋地拉起叶子的手就准备往外走："叶子，我们班的同学正和隔壁班比赛篮球呢！我们一起去给他们加油吧！"叶子向来就不喜欢人多的场合，默默地抽出林玦的手，说道："我不去了。""为什么呀？"林玦依旧不依不饶。"我不想去。"叶子低着头，不敢看林玦的眼睛。"可是……""真的不去了。"还没等林玦说完，叶子就背着书包匆匆忙忙地跑出了教室。

回到家，做完作业，叶子准备和往常一样写一首诗就睡觉，没想到把书包翻了个底朝天都没有发现她平时专门用来写诗的练习本。"啊！一定是放学的时候走得太急，练习本在抽屉里还没来得及收好。"一想到她的练习本还在课桌的抽屉里叶子就很忐忑，她并不想让其他人知道她有这样"奇怪"的爱好。带着这样忐忑的心情，叶子躺着床上辗转反侧了一夜，怎么也睡不着。好不容易天亮了，叶子一吃完早饭就急忙赶往学校。当看到自己的练习本仍然安安静静地躺在课桌里，叶子总算是松了一口气。她小心翼翼地拿起练习本，准备收到书包里。忽然，一张小纸条从练习本的缝隙飘落到地上。叶子疑惑地捡起那张纸条，只见上面写道：你的诗写得很好哟！以后写好的诗能都让我看一看吗？这是我们两个人的秘密。落款是林玦，还画了一张大大的笑脸。

这大概是第一次有人这样夸奖叶子，还是像林玦这样开朗又优秀的女孩。叶子突然觉得其实她也没有真的像其他同学所嘲笑的那般不堪。从此，叶子和林玦成了无话不谈的好朋友。叶子很惊讶地发现她写的每首诗背后的心情，林玦都能看懂。林玦也经常鼓励叶子多参加班级活动，她的热情也渐渐感染了叶子。

一转眼就到元旦了，按照惯例，元旦的时候，每个班都要出一个集体节目。这一天班会上，大家你一言我一语地讨论着出什么节目比较好，讨论了半天都没讨论出结果来。突然，林玦站起来大声说："要不我们班来一段诗歌朗诵吧！叶子诗写得很好，可以让她为我们班写首诗。"此言一出，大家都不敢相信地看着叶子。是啊！谁能想到一个长得胖乎乎、满脸痘痘和雀斑的女孩会有这样的一面呢？叶子感受到了大家诧异的目光，默默地低着头，满脸通红。林玦在旁边小声地说："没关系。你要相信你也可以是天鹅。"叶子看着林玦坚定的眼神，不知道哪来的勇气，她慢慢站起来，直起身，说道："我会尽力的。"

于是在元旦晚会上，因为有叶子原创的诗，再加上同班同学的团结一致，叶子班的诗歌朗诵被评为"最优秀节目"。再也没有人笑叶子是"丑小鸭"了，叶子变得越来越开朗，笑容也多了起来。

每个花季少女都是一首诗，或许她没有像花儿一般美好的外表，但她往往有一颗像花儿绽放时那般美好的心灵。只要找到属于自己的光芒，丑小鸭也可以是天鹅。

三　不要挡住别人的阳光

"何老师，你要特别注意赵冉这个学生啊。"还没开始正式上课，新来

的何老师就被办公室里的同事李老师叮嘱道。李老师刚说完，另外有两个老师就凑过来连声附和说："没错没错，这个学生真的很让人头疼，何老师你如果实在搞不定他就不要管他算了，真的很伤脑筋。"这个赵冉究竟是一个什么样的学生呢？竟然让这么多的老师都谈之变色，何老师觉得很好奇。

带着这样的疑问，何老师走进了教室，这也是何老师的教学生涯中带的第一个班级。她不紧不慢地走上讲台，环视了教室一周，看到教室的最后一排空着一个座位。是哪一个孩子第一天开学就迟到？何老师轻轻地皱了皱眉。显然学生们也对这个年轻的老师很好奇，大家都在底下窃窃私语。何老师故意轻声咳嗽了一下，拿出名单说道："我姓何，从这学期开始担任你们的班主任。我想认识一下大家，等下点到名的同学举手示意一下。"

何老师开始一个一个地念名字，每听到同学们喊一次到她都会微笑着点点头，很快就只剩最后一个名字了。"赵冉。"何老师念道，可是没有人回答。她又念了一遍，依旧没有人回答。就在她准备放下名单的时候，一个男孩急匆匆地跑进教室。"老师，他就是赵冉。"底下有同学不怀好意地起哄道。

"哦？你就是赵冉吗？"何老师看着这个壮壮的男孩。赵冉没有回答，只是眼神戒备地看着她。何老师微笑着说："我是你们以后的班主任何老师，赵冉，你开学第一天就迟到这样可不好哦！""老师，他经常迟到的。"底下又有同学在起哄了，其他的同学也哈哈大笑起来。只见赵冉恶狠狠地瞪了那个起哄的学生一眼，就大步地走向自己的座位。

很快何老师就发现赵冉让其他的老师十分头痛是有原因的。这个男孩上课的时候从来就没有闲下来过，除了睡觉的时候。他很少认真听老师讲课，上课的时候不是做各种小动作就是和旁边的同学窃窃私语，不知道在说什么，作业也很少及时完成。

何老师觉得作为一个刚接手这个班的班主任，有必要让这个孩子学会遵守纪律。于是她把赵冉叫到办公室里开始了第一次的交谈。

"赵冉，你知道上课不听讲还影响别人这样很不对吗？"何老师极力让自己看起来平静。

"嗯。"赵冉头也不抬地回答。

"下次不要这样了。"何老师神情严肃地说。

"嗯。"赵冉仍然低着头。

原以为赵冉会稍微收敛一点，可是他依旧如故。何老师觉得她的话就像穿堂风，赵冉听听就过去了，完全没有放在心上。可是何老师也不是那么容易就轻易放弃的人。既然你冥顽不灵，我就跟你巧妙周旋，何老师决定采取迂回战术。

第二天，何老师上课的时候故意选了个很简单的问题让赵冉回答，赵冉也答对了。何老师赶紧趁热打铁："赵冉还是很聪明的嘛，要再接再厉哟！"赵冉的脸刷地一下就红了。接下来的一段时间，何老师都会故意挑选这种赵冉一定会回答的问题考他，并不失时机地表扬赵冉。慢慢地，赵冉上课的时候不再像以前那么频繁地有小动作了。

嗯！时机成熟，何老师觉得可以进一步和赵冉交谈了。她以辅导作业为由把赵冉叫到了办公室。"赵冉最近表现越来越好了，要多多加油啊！"何老师赞许地拍了拍赵冉的肩膀。和平时那个喜欢疯逗打闹的赵冉完全相反，赵冉这个时候竟然有点难为情。他抬头看了看何老师，又低着头看自己的脚尖，说："老师，其实我也知道上课扰乱课堂纪律不对。"何老师心下一喜，看来这个孩子已经认识到自己的错误了。赵冉又接着说："我不喜欢以前的班主任，她一直批评我，后来甚至说我就是个没救了的坏孩子。其他的老师也这么觉得。后来，他们就真的不理我了。"听完赵冉的这番话，何老师有点震惊。原来赵冉变成老师眼中的让人头疼的学生是因为老师一直都否定他，从来都没有想过要鼓励一下赵冉。

何老师有点庆幸自己没有放弃这个孩子，后来，只要一看到赵冉有一点点小小的进步何老师都会及时鼓励。在何老师和同学们的帮助下，赵冉对学习的兴趣也越来越大。期末考试的时候竟然考进了班级前 10 名，让所有老师都刮目相看。

面对像赵冉这样另类的孩子，不该过早地否定，应该积极捕捉他们天性中美好的一面，如果不会鼓励，至少不要打击。教育就应该给学生们提供充足的阳光，如果做不到，至少不要挡住他的阳光。这也是何老师在以后的教学生涯中一直坚守的。

四　落叶是成长的邮戳

17 岁的花季少男少女都在做什么呢？或许他们会在紧张的高考之余讨论

最近偶像剧里的明星；会偷偷地注意隔壁班那个运动超群的男孩；会在课后的操场上挥洒青春的汗水。可是他的 16 岁却和其他同龄人完全是两个世界，甚至可以说是充满了辛酸和泪水。

他出生在一个贫穷的农村，家庭并不富裕。父亲在他年幼的时候就身患重疾，母亲也在他 10 个月的时候就因为风湿丧失了行动能力。为了谋生，在他 6 岁那年一家人在镇上租了间房，房子特别简陋，仅仅能容纳 3 个人。父亲给人理发，母亲卖水果，日子虽然艰苦，但也过得简单快乐。在其他男孩都在玩闹嬉戏，享受父母宠爱的时候，这个男孩已经品尝到了人世的艰辛，担负起了家庭的重担。然而他又是一个坚强的男孩，他每天放学后都会做饭给母亲吃，一有空就会帮母亲卖水果还经常会讲在学校遇到的趣事逗母亲开心。

或许是上天故意要考验这个年轻的男孩，母亲的病因为一直没有得到好好治疗而持续恶化，渐渐丧失了自理能力，自然也无法谋生了。紧接着灾难接踵而至，没过多久父亲被生活的重担压垮病倒了，住进了医院。没过多久父亲就出院了，他原以为是父亲的病痊愈了，却被告知病情已经无好转的机会，只能慢慢等待死神的降临，也就是说，父亲随时会离开他们。年幼的他只能默默祈祷这一天会来迟一点。

就在他初三期末考试的前一天，父亲还是离开了。虽然早已做好了心理准备，他还是觉得自己的天空都失去了光彩，一个才 14 岁的小男孩就要承受生离死别的痛苦，这该是多么沉重的打击啊！

进入了高中，因为家离学校很远，他一个星期才能回家一次，但他每次回来都会为母亲准备好各种各样的生活必需品，把母亲的生活都安排得妥妥当当的。因为不想让母亲太累，他还叮嘱母亲所有的脏衣服都放着等他回来再洗，即使学校的学习再紧张也从未间断。他还拜托周围的邻居有空的时候多陪陪母亲聊天，晒晒太阳。"他真的特别懂事。"一提到他的孝顺的种种言行，周围的邻居也没有一个不感动流泪的。

他是个不会向生活低头的男孩，即使生活再艰辛他仍然能保持昂扬的姿态奋发向上，他勇敢地直面生活的各种苦难。因为家庭的贫穷，他比其他人都要珍惜学习的机会。高中三年他都坚持第一个到教室，坚持最后一个离开，生病的时候也从不缺课。他深知知识的可贵，所以学习也特别勤奋，进高中的时候就是以全校第一的成绩考入的，高中三年中参加各种各样的知识竞赛，也都取得了不错的成绩。毫无疑问，他的确是个优秀的学生。

因为很小就要承担家庭的重担，他比同龄的孩子多了一份成熟与稳重，他也很乐于帮助其他同学。小学的时候，同学生病掉课了他主动提出利用周末和休假的时间帮同学补课；高中的同学和父母闹矛盾了他也会积极地开导同学，建议他多和自己的父母沟通交流。在他的支持下，同学和父母的关系也有了很大的改善。他用积极向上的心态感染了周围的同学，他也是一名深得老师器重的班干部。

他也是幸运的。他虽然家庭贫困，但一路走来都收获了来自四面八方的关心。父亲去世的时候家里拿不出安葬的费用，他周围的邻里街坊都伸出了援助之手，很快就把安葬的费用都凑齐了。他们还自发地团结起来，帮忙他料理丧事，仪式的规模也是空前的大。不仅如此，他们还为他和母亲凑了2000多元的生活费。在他上学期间，学校和老师也都尽最大可能给他提供帮助。让他在学习上没有后顾之忧。在知道了他家的情况之后当地有好多媒体都争相报道他的事迹，更有热心的人为他的母亲寻找治病的方法。

他就是吴夷，一个身处逆境但却自强不息的男孩。他虽然生活不幸但却得到了社会各界的关心，他立志要带着这样感恩的心继续前行，并把这份爱心传递给更多的人。

五　抓着青春向前跑

谢楠自从进入高三之后就觉得有些吃不消了。父亲的工作出了点问题，家里的经济一下子变得拮据起来。他的成绩也一落千丈，连他也不知道为什么突然就找不到学习的状态了。

在一次月考之后，看着自己的成绩退步了30多名，谢楠觉得自己内心的防线被击垮了，他逃回了家里，切断了与外界的一切联系。过了两天，母亲也觉得有些不对劲了。于是，谢楠被父亲押到了学校。

然而班主任没有批评谢楠，只是把一面镜子拿到了谢楠眼前，说："你自己好好看看你现在是什么样子？"谢楠看了一眼镜中的自己，心里一惊，镜中的他两眼无神，面容憔悴。他想起自己刚进高中时也曾是个积极向上的男孩，和现在的自己迥然不同。班主任很严厉地批评了他："你现在的样子和懦夫有什么区别？"谢楠只觉得内心好像有块石头压在心口，闷闷的，喘不过气来。他看着父亲那日渐消瘦的脸庞，想到了自己近段时间以来的堕落，忍不住流下了眼泪。父亲临走前还给他留下了 20 块钱，拍拍他的肩膀，叹息着摇摇头。后来，每当谢楠想放弃的时候，父亲那日的表情总会在他的脑海浮现，这也是支持他学习的最大动力。

谢楠开始努力学习，分析自己以前学习存在的问题。他给自己制订计划并督促自己坚决执行。他每天都坚持第一个到教室，晚上最后一个离开。他总是在老师规定的时间内提前完成学习任务。每个星期除了固定的洗衣服的时间，其他的时候都在学习。谢楠的生活变得比以前规律了，当然也会有坚持不下去的时候。每当这个时候他都会想起老师说过的话："人的潜力是要靠不断挖掘的，就好像一颗普通的小草，只有当它被压在石头下的时候才能发现它生命力的顽强，人也是一样的！"于是，谢楠开始试着全身心地投入到学习中，奇怪的是，当他真正沉下心来学习的时候，他也发现了学习的乐趣。

在宿舍里，他努力向比他起得还早的同学学习。进入教室后，他积极向班里成绩拔尖的同学请教问题，学习他们打破砂锅问到底的精神，终于在接下来的月考中前进了 20 多名。

这时候，班主任又趁热打铁地启发他："你知道怎么样才能成为一个有价值的人吗？"谢楠回答："有价值的人需要有人肯定有人欣赏。"班主任说："不是这样的，价值不是靠别人的眼光来实现的，而是靠自己奋斗才能实现，自己的价值只能掌握在自己手中。"

原来老师给他讲这番话看似是在讲道理其实是在鼓励他，谢楠很感激能遇到这么有耐心的老师。一天，上班会课的时候，班主任让谢楠给大家讲讲自己的学习经验。谢楠激动地说："我很感谢我的室友俞志强，还有我们班的程峰。他们都是我学习的好榜样，我每天和俞志强一起早出晚归，他也会及时督促我。还有程峰，不管我问再多的问题他都会不厌其烦地为我解答。"

因为曾在一起共同为高考而奋斗，谢楠久而久之和他们两个成为了好朋友。高考填报志愿的时候，谢楠和他们两个竟然不约而同地报考了同一所大学。就像班主任所说的那样：只有当你变得更优秀的时候才会被优秀的人欣赏，自己的价值只能掌握在自己手中。

谢楠永远记得在那个寒冷的冬季，窗外白雪皑皑。其他同学都去吃饭休息了，只有他一个人还埋头在题海中，做得太专注都不记得时间过去了多久。突然有人走过来拍拍他的肩膀，原来是父亲，父亲的头上还沾着雪花，他手里拿着一个保温瓶，是母亲煲得最拿手的汤。当时谢楠只觉得内心酸酸的，涩涩的，有种想流泪的冲动。他明白其实父亲一直在默默地支持他、鼓励他。父亲把保温瓶交给他，笑着拍拍他的肩膀，说："爸爸看到你进步这么快，真的很欣慰。爸爸为你感到骄傲。"然后父亲离开了学校。虽然外面刮着呼啸的北风，但在那一刻，谢楠觉得心里暖暖的。

谢楠明白每个人的青春一去不复返，所以他应该在青春岁月里留下最美的篇章，抓住青春勇敢地向前奔跑。在后来的岁月中，每当他想起这段毫无保留的奋斗的日子，他总会忍不住嘴角上扬。

六　一句话温暖整个冬天

在一个寒冷的冬夜，向老师正在书桌上伏案写作，每晚的这个时候她都要为第二天的课做准备。北风呼啸，已是深冬，窗外一片白雪皑皑。

突然，一阵刺耳的电话铃打破了屋内的平静，向老师摘下眼镜，伸了伸腰，伸手拿起电话。"你好，请问是哪一位？"向老师礼貌地问道。"向老师，你还记得我吗？"电话那一头传来了悦耳的男声。这个声音听起来有些熟悉，可是向老师却一时想不起来这个人是谁。也许是察觉到了向老师的沉默，那个男孩又接着说："向老师，我是安宇飞，就是那个曾经让很多老师都头疼的调皮鬼啊。"

向老师恍然大悟，思绪也一下子飘到了十几年前。

那还是向老师刚刚毕业的时候，那个时候的她踌躇满志，立志要做一个受学生爱戴的好老师。在她的记忆中，开学第一天那天穿着一件红色的大衣，马尾高高扎起。她微笑地站在孩子们面前，说："从今以后我就是你们的老师了。"坦率而真诚。孩子们也被她的热情感染了，也回应她灿烂的笑脸，就好像阳光下的向日葵一样充满生机。

只有一个男孩和其他人不同，好像完全不在意这个新来的老师，侧着头看着窗外发呆。这个男孩就是安宇飞，在向老师还没有正式接手这个班的时候她就已经从其他老师那听到这个男孩的大名了，据说这个男孩的父母很早就过世了，他一直跟着姨妈生活，姨妈家里本来孩子就多，所以只能勉强管管他的温饱问题，因此没什么人关心他。

很快向老师就发现这个男孩这么让人头疼是有原因的，他总是歪着头斜睨着眼睛，对任何人都是一脸漠然的表情。向老师讲课讲到一半的时候，会偶尔抬头看向他座位的方向，安宇飞总是一副懒洋洋的样子。他上课经常迟到，作业也很少完成，甚至还偷偷地抽烟。在向老师的记忆中，安宇飞最先浮现在她的脑海中就是这样的形象。

"老师。您还记得那次玻璃事件吗？"安宇飞打断了向老师的沉思。

"当然记得啊。"向老师笑着说。

那同样是一个寒冷的冬日，向老师正在办公室里批改作业。突然，只听"砰"的一声，教室里似乎有什么东西摔碎在地上。向老师急忙赶到教室，只见安宇飞正和一个男孩扭打在了一起。安宇飞正用力地抓住那个男孩的领口，气愤地说："你说什么？有种你再说一遍。"那个男孩毫无畏惧的样子，冷哼了一声，说道："我又没有说错，你就是个没人爱的可怜虫。"安宇飞一把把那个男孩推倒在地上，另一只手上满是被玻璃碎片划伤的伤口，鲜血顺着伤口流了出来。

向老师瞬间就明白发生什么事了，赶紧叫几个同学把那个男孩拉到了一边。拉着安宇飞另一只没受伤的手就往办公室走去。

"你要批评我就批评吧，反正我没有做错什么。"还没等向老师开口，安宇飞就先说道，依然是一副桀骜不驯的样子。向老师没有说话，拿出办公室里的急救箱就开始默默地给安宇飞包扎伤口。"还痛吗？"向老师关切地问道。安宇飞愣了一下，沉默地摇摇头。向老师又接着说："可以告诉我发生什么事了吗？"安宇飞抿了抿嘴角，说："他说我的爸爸妈妈都不要我，也没人管我，说我注定就是个没人关心的讨厌鬼。"

"那你打他的时候时候是不是也会痛？"向老师笑眯眯地问道。

"嗯。"

"以后不要打架了，因为打架的话你也会受伤。我不希望看到你受伤，而且在我眼中，你从来都不是个坏孩子。"

听完老师的这番话，安宇飞一脸惊喜地抬起头，眼眶也湿润了。

一想到这件事，向老师有种恍如隔世的感觉，时光飞逝，一转眼十几多年过去了，在那之后，向老师也去了不同的学校任教，也遇到过各种各样性格迥异的孩子。现在想想，那些孩子的笑脸就像放电影般在她的脑海里浮现。

"向老师。您知道吗？您最让我感动的是那句话，您说，我从来都不是一个坏孩子。"安宇飞接着说。

原来就这样简单的一句话，却让安宇飞至今都记忆犹新。安宇飞还说他现在也是一名老师，每当遇到调皮的孩子，他都会像向老师当年那样笑着对他们说："老师相信你不是个坏孩子。"

一句话，或许对某些人来说微不足道，但对有些人而言却足以让他的内心重新温暖起来，尤其是在那样寒冷的冬日。

七　让愤怒转个弯

这是个春暖花开的季节，去学校的这条马路两旁，柳絮如可爱的雪花般飘扬，那些躲在柳树下面的迎春花，一簇又一簇地盛开。暖暖的阳光加上和煦的春风，让路上的行人都感觉无比舒服，除了她。

这个蹲在柳树下的小女孩叫小殷，她双眉打结，双目睁圆，一张小嘴嘟得老高。她在盛开的迎春花旁，却没一点暖意。小女孩正在发脾气，她原来是用脚一路踢着石子的，踢到这棵柳树下时，石子蹦进了花丛中，踢不到石子的小殷，开始用脚踢那些开得金灿灿的迎春花，就像是踢石子那样的用力。

小殷原本是个温柔懂事的小女孩，可不知怎么的，最近却变得暴躁起来。从不说的脏话，也开始时不时挂在她嘴边。昨天发生的一件事，更是让她身边的人，对小殷大跌眼镜。因为她竟然向另一个班的女同学挑衅，扬言要打花对方的脸。都说六年级毕业班的学生压力都很大，小殷是不是为学习而焦躁不安？

可是通过几天的观察，班主任觉得小殷应该是有另有原因。

"小殷！放学了怎么不回家？你为什么蹲在柳树下发呆呢？"正巧路过的班主任发现了树下的小殷。

"班主任！"小殷有种想要逃跑的冲动。

"小殷！我想在附近找家奶茶店，你能帮我吗？"班主任早就有想和小殷谈谈的想法，这回赶上了就想了个委婉的方法，假借找奶茶店，拉上她一起谈谈心，聊聊天。

也许所有的学生对老师都有种畏惧，小殷也不例外，当班主任和她打招呼时，她就觉得不自在。可班主任是要她帮着找家奶茶店，不与学校的事相关，这让小殷放松很多。

"哦，我知道有一家店，用鲜牛奶冲奶茶，新鲜又很有营养，我带你去。"小殷出乎意料地露出了一丝微笑。

班主任观察到了小殷这微小的变化，便亲切地牵起小殷的手，与她并排一起走着。

奶茶店就在几十步开外的巷子口，面积虽然不大，但在吧台的一侧，有一排休息的桌椅。

"我要谢谢你，带我喝到这么新鲜的奶茶，为了感谢你，也请你喝一杯。"班主任要了两杯鲜奶茶后，拉着小殷在休息区坐下，然后像拉家常似的开始说开了，班主任想打开小殷的心扉。

"春天了，天气暖暖的，总想吃点甜品，这能让人感觉快乐。"班主任首先开口。

"没什么能让人快乐的，春天了吗？我没觉得。"小殷像只全身长满刺

的刺猬。

"有些时候，心里的温度远比不上外界的温度。我在你这么大的时候，也常常不开心。"班主任用换位思考法，得到小殷的同感。

"是吗？老师小时候也是家庭不和睦吗？"小殷果然中了班主任的心计。

"是家庭问题呀。我小时候父亲经常要出差，母亲又要加班到很晚，所以我的童年里，回忆最多的是爷爷和奶奶。"班主任说出了自己的不幸。

"我倒不是，爸爸妈妈都在身边，他们都十分疼爱我……不！"小殷突然像被刺中一般，把话锋一转："那，只能算是以前的爱了。"

班主任猜测得不错，小殷不是因为学习压力，而是因为家庭问题，才改变了性格。她想更进一步了解原因，才能帮助小殷找回自我。

"哦？为什么说那是以前的爱了呢？"班主任装着无辜又无知的样子，要让小殷放松。

"因为……因为……"眼看小殷要说出原因的时候，她却停住了。然后小殷像要哭出来的样子，表情复杂。

班主任搂住了小殷的肩膀，就像对待自己孩子那般，用怜爱的声音说道："小殷呀，天下所有的父母都是爱他们的孩子的，不管发生什么，也都不会离开自己孩子。"

小殷告诉班主任她的心事是因为父母准备再生一个孩子，这让小殷觉得没有安全感。她一直都认为一家是3口人，爸爸妈妈和宝宝，如果爸妈再生一个宝宝，那么她就像是多余的，因为她获得家庭的爱，将被另一个小孩分走，这是她最近烦躁和愤怒的原因。

"小殷呀，把你的愤怒收起来吧，转个弯想一下，你将拥有一个弟弟或是妹妹同你一起玩耍，这不是一件很美好的事吗？老师很遗憾没有兄弟也没有姐妹，可好想有一个，那样的话，我就会拥有一个永远都不会离开的小伙伴。父母对子女的爱，都是一样的呀，不管是只有一个还是多一个。当孩子们长大时候都需要离开父母去独立生活，父母不过是在你漫长的人生路上，指引和陪伴你走过一小段路的人。所以呀，小殷，你应该找回自己，快乐起来。"

"真的吗？"小殷依偎在老师怀里，禁不住破涕为笑："你真像我的妈妈。"

八 抽屉里满是善意的微笑

"丁老师，我新买的手套不见了，昨天我看到王强戴了一双一模一样的手套，我觉得一定是他拿的。"张莉莉气呼呼地冲到办公室，对班主任丁老师说。

丁老师心里一惊，但还是愿意相信自己的学生。她眯着眼笑着对张莉莉说："没有证据不能随便怀疑同学哟。""可是班里也有其他同学丢了东西，大家都要求把抽屉放到桌上互相检查，只有王强一个人不愿意把抽屉拿出来。一定是他！"张莉莉斩钉截铁地说道。丁老师这下也有点动摇了：难道真的是王强吗？虽说他家庭不富裕，但平时还是很懂事的，他会拿同学的东西吗？

早上上课，丁老师走进教室的时候无意中看了王强一眼，发现王强也神色慌张地看着她。王强见丁老师盯着他看，又赶紧低下头。看着他那慌张地样子，丁老师心里的疑惑又加重了，可是另一方面他又觉得不能轻易怀疑自己的学生。于是，丁老师装作毫不在意的样子继续上课。只见班长刘茜站起来说："老师，我新买的阅读书不见了。"其他同学也纷纷附和着说，"老师我的钢笔不见了。""老师我的发卡找不到了。"

丁老师有些为难，看样子不把这个问题解决的话同学们是不会安心上课的。丁老师默默地放下课本，心里却急得像热锅上的蚂蚁：该怎么办才好呢？怎么做才不会伤害到孩子们呢？或许是看出了她心中的疑虑，学习委员提议说："老师，要不我们都把抽屉拿出来放在桌面上吧。老师您一个个地检查就可以了。"丁老师心里仍旧犹豫不决：如果小偷真是班里的同学怎么办？这样做会不会伤害到这个同学？就在她犹豫不决的时候，班里的孩子们都纷纷把抽屉搬了出来。丁老师只有硬着头皮一个一个地检查。差不多检查完一遍了还是没有找到丢失的东西。

这时张莉莉指着王强的座位大声地对丁老师说："老师，王强没有把抽屉拿出来。"只见王强趴在桌上，用手死死地护住抽屉。全班同学的目光都集中在了王强身上，可他还是低着头，一言不发。"我们把他的抽屉撬开吧。如果没有做亏心事，为什么怕别人看呢？"有个同学不依不饶地说。丁老师知道同学们都不相信王强，连忙说："既然王强不愿意拿出来，我们就不勉强他，好吗？""看一下又不会怎么样。"还是有同学不肯就此罢休。眼看王强眼泪都快流下来了，一脸委屈地看着丁老师，准备打开抽屉的时候，丁老师及时按住了他的抽屉："不用了。老师相信你。"

下课后，同学们都一窝蜂地拥向小卖部，王强偷偷地来到办公室对丁老师说："老师，我可以让您看我的抽屉，我真的没有拿东西。"丁老师忙笑着安慰王强："没关系，老师也相信你。""不行，一定得让您亲自看看。"王强涨红着脸说。说罢他把丁老师带到座位上，一股脑把抽屉拖到了桌面。只见丁老师瞪大着眼睛，王强的抽屉简直是个"聚宝盆"，他一个一个地把他的"宝贝"往外拿，里面花花绿绿的，都是塑料瓶和易拉罐，塞得满满当当。难怪王强不想让其他人看见呢，原来抽屉里藏了这么多的废品。丁老师满是歉意地对王强说："对不起啊，同学们都误会你了。你真懂事，知道家里有困难，捡点废品换钱减轻父母的负担。"

王强看了看丁老师，有些犹豫，停顿了一会儿才开口说："老师，我不是为了给家里减轻负担才捡废品的。""那是为什么啊？"丁老师有些好奇。"不能告诉您。"王强有些紧张地说。

刚好张莉莉走了进来，她对丁老师说："老师，我的手套找到了，原来忘在图书馆了。"她看到王强桌上的废品，很惊讶地看着王强。丁老师连忙快速地收拾好这些废品，把王强带到办公室。

王强还是有点难为情，他想了一会儿，才开口说："我家隔壁有个爷爷，他的儿子常年在外打工，老伴去年也过世了。他一直都一个人生活，平时没人照顾。所以我想用捡废品换来的钱给他买点生活用品。"没想到这个王强虽然家庭贫穷，但还想着帮助别人，丁老师有些感动了。上课后，丁老师把这件事告诉了全班同学，大家的眼睛也都噙满了泪水。

"老师，我们也要捡废品，让那个爷爷过得更好，让每个同学的抽屉里都藏着善意的微笑！"底下有同学大声提议。

看着这群可爱的孩子，丁老师的眼眶湿润了。

九　我的爸爸是个泥瓦工

在刘畅的记忆中，爸爸工作一直都很忙，每天都是早出晚归，经常到城里打工，没有时间照顾刘畅。所以刘畅童年时期大部分时间都是和爷爷奶奶一起生活。那个时候刘畅还不知道爸爸妈妈是做什么的，只知道在家上班的时候，爸爸下班回来的时候裤子上都会沾满了水泥，脚上穿的鞋也沾满了泥土。

记得有一年暑假，妈妈把刘畅带到爸爸工作的地方去看爸爸，那是刘畅第一次看到那么多的楼房。妈妈告诉刘畅："我们去楼房里捡废弃的纸盒，可以换冰淇淋哟！""冰淇淋是什么？"4岁的刘畅还不知道什么是冰淇淋。"冰淇淋就是一种很好吃的东西。"妈妈摸着刘畅的头，笑着说。于是，刘畅就兴高采烈地跟在妈妈身后，和妈妈一起捡废纸盒。一转眼下午就过去了，太阳公公也快落山了。刘畅看着满满一摞的废纸盒，开心得笑出了声。妈妈不知道从哪变出了一个小推车，把这些纸盒都装进小推车里，带着刘畅去废品回收站换了一块钱，给刘畅买了一个香草口味的冰淇淋。那是刘畅第一次吃冰淇淋，对4岁的刘畅而言冰淇淋就是世界上最美味的食物。原来爸爸工作的地方可以让他吃到美味的冰淇淋，刘畅觉得爸爸是个大英雄。

刘畅对爸爸的崇拜止于6岁。6岁那年，刘畅刚上小学，有一天，刚刚放学的刘畅和小伙伴一起回家，经过一个工地的时候，刘畅看到爸爸正在粉刷一栋房子的墙壁。刘畅刚想跑过去和爸爸打招呼的时候被身旁的小伙伴拉住。其中有个小伙伴好奇地问道："刘畅，你的爸爸是泥瓦工吗？"当时的刘畅还没有听出小伙伴话里嘲笑的意思，还使劲点点头说："爸爸很厉害的，可以让我吃冰淇淋。"谁知有一个小伙伴一脸厌恶地对刘畅说："泥瓦工脏死了，我们才不要和泥瓦工的孩子做朋友。"说罢就跑开了。

后来，班里的小伙伴都慢慢知道了刘畅的爸爸是个泥瓦工，大家都觉得他是个脏孩子，渐渐地也没有小伙伴愿意和他一起玩儿，甚至还嘲笑他，他也逐渐被小伙伴疏远。刘畅慢慢变得内向，也越来越孤僻。

一天早上，天空乌云密布，刘畅像往常一样走在去学校的路上，就在快要到校门口的时候，天空下去了瓢泼大雨，刘畅只好加快步伐，往教学楼的方向跑去，虽然不至于淋成落汤鸡，但刘畅的裤腿上，鞋上都沾满了泥土。好不容易到了教室门口，却被班里最喜欢恶作剧的男孩向远拦住了。向远说："你看看你，裤子和鞋都脏了，和你爸爸一样。"刘畅只觉得长久以来积压在心底的委屈快要爆发了，他狠狠地抓起向远的衣领，重重地把他摔到地上。

这个时候班主任秦老师刚好走进教室，她赶紧把这两个扭打在一团的男孩拉开了。

下课的时候，秦老师把刘畅叫到了办公室，刘畅还是一脸委屈的样子。"为什么打架？"秦老师微笑着问道。"他们都笑话我，说我是泥瓦工的孩子。"刘畅说着说着眼眶就红了。秦老师联想起一直以来同学们对刘畅的刻意疏远，若有所思地点点头。

第二天上课的时候，秦老师没有带课本，她对同学们说："今天我们不上课了，我想带大家去一个地方。"说罢就让班长把全班同学都组织好，带着同学们来到了学校里一栋正在维修的老房子。这个房子是学校里年代最久的一栋房子。苍老的墙壁到处都布满了刮痕，还有孩子们笔画和脚踹的痕迹，墙上的油漆也脱落了。刚好学校最近要迎接检查，校长请了几个泥瓦工粉刷墙壁。因为赶时间，所以泥瓦工只得趁孩子们上课的时间工作。秦老师让学生们注意观察泥瓦工们的动作，还带头鼓励泥瓦工。在学生们的欢呼和喝彩中，几个泥瓦工也更加卖力了。

回到教室之后，秦老师对学生们说："泥瓦工叔叔用自己辛勤的汗水为我们换来了良好的生活环境，如果没有他们，我们也不可能坐在这样明亮的教室里上课。所以我们更应该尊敬他们，珍惜他们的劳动成果。对吗？"

"嗯，老师您说得对！"孩子们都用力地点点头。

"没错，你们都是好样的。"秦老师欣慰地点点头。

从此，班上再没有人瞧不起刘畅了，他与小伙伴相处得很融洽。

十 尝试和别人交换梦想

我们每个人从小的时候开始就拥有各种各样的梦想。有的孩子梦想以后能成为一名画家，像达·芬奇那样画出价值连城的作品；有的孩子梦想以后能成为一名警察，惩恶扬善；有的梦想自己能成为一名医生，救死扶伤；有的希望自己以后能成为一名教师，浇灌祖国的花朵，桃李遍天下。总而言之，这些梦想都是想成为对社会有用、受人尊敬的人。

而顾晗的梦想却和这些相去甚远。顾晗自懂事起就觉得爸爸妈妈工作很辛苦，爸爸妈妈靠卖早点为生，每天会起得很早，他们为顾晗准备好早饭后就推着一个小推车出门了，他们就这样每天推着小推车穿梭在大街小巷，沿街叫卖早点，不管刮风还是下雨从未间断，直到晚上才回来。爸爸妈妈就靠着卖早点的收入维持着家里的日常生活，碰上天气不好没人出门买早点的时候，生意就不好。因此，在顾晗的记忆里，家里的饭菜总是特别简单。

顾晗出生的小镇并不大，和他一起上学的小伙伴们也大部分是邻里街坊。慢慢大家都知道了顾晗的爸爸妈妈是卖早点的，于是有小伙伴开始慢慢疏远他了。起初，在顾晗还懵懂的时候，他并不觉得自己家里和其他人有什么不同。可是自从上了小学之后，经常会有小伙伴不停地追问他："你爸爸妈妈是卖早点的吗？"慢慢他也知道自己的爸爸妈妈是被小伙伴嫌弃了，他变得越来越孤僻。他总是一个人独来独往。

后来，爸爸妈妈觉得小镇人太少，决定去城里打工。于是，顾晗的爸爸妈妈带着顾晗去了城里，顾晗也转学了。终于可以开始新的生活了，顾晗心里开心极了。为了不被同学们嘲笑，他从来不在同学面前谈论自己的家人，也很少谈到他的过去。同学们都很热情，他和同学们相处得很融洽。以前那种被小伙伴嘲笑的郁闷心情也一扫而空。

直到有一天，他的好心情又被打破了。

那是在一个下雨天。爸爸妈妈刚好推着小推车经过学校的门口，顾晗正和同学们一起走进了校门口，顾晗的爸爸妈妈看到顾晗，微笑着朝他挥了挥手，和他打招呼。瞬间，其他同学的目光都聚集在了顾晗的身上。顾晗羞愧地低下了头，昔日那些被嘲笑被冷落的日子又像放电影般在他的脑海里重现。不用抬头他都能感受到旁边的同学用一种异样的眼神看着他。"对，我的爸爸妈妈就是卖早点的，我知道你们瞧不起我。"顾晗生气地吼道，头也不回地就跑开了。

顾晗又变回了以前那个沉默寡言的样子，他拒绝和同学说话，不管他们有没有恶意，反正在他的眼里，全世界的人都瞧不起他，故意冷落他。直到有一天发生了一件事，让他觉得并不是所有的人都介意他的家庭条件的。

因为在意大家看他的眼光，顾晗有段时间对学习提不起兴趣，作业也不按时完成。有一次上数学课，数学老师提出要随堂检查。顾晗很着急，这个时候，同桌吴茜主动把她的作业借给他看。原以为同学们都在疏远他，没想到还是有同学支持他的，那一刻顾晗的心中被一种感动的情绪激荡着。他慢慢向大家敞开心扉，后来在同学们的帮助下，他的学习有了很大的进步。

有一次开班会的时候，班主任让大家谈谈自己的梦想，大家都很兴奋地畅所欲言。轮到顾晗的时候，顾晗吞吞吐吐地说："我希望，我希望能有一间属于我自己的小屋子。"全班同学都有些不解地看着他。顾晗涨红着脸："如果有一间小屋子的话，我的爸爸妈妈就可以在屋子里卖早点，再也不用东奔西跑了。这个梦想对其他同学而言也许微不足道，但对我而言却是很重要的。"说着说着，顾晗的眼眶就湿润了。全班同学都陷入了沉默。

在后来的日子里，顾晗的同学们只要早上在路上或是学校附近看到顾晗的爸爸妈妈的时候，都会争着买他们的早点。有一次，班主任在班会的时候告诉顾晗，她已经和校长申请过了，把学校里的一家门面留给顾晗的爸爸妈妈，他们可以在学校里开店了。顾晗看着老师那理解和支持的眼神，感动得热泪盈眶。

因为遇到了这群可爱的老师和同学，顾晗才有勇气和他们分享自己的梦想，也实现了自己的梦想。

十一　带刺的玫瑰

从小学到现在，欣欣一直都是班里的尖子生，每次考试都是第一名。因此，老师都很喜欢她，她的爸爸妈妈也都为她自豪。而欣欣自己，更是以这个名次为荣。可是，到了初二的时候，欣欣却多次考到了第二名，而这个第一名是被一个叫做静怡的女孩子夺去的。

静怡是一个安静的女孩子，她是后期转过来的插班生。她的个子不高，面容还算清秀，只是左脸上有一块很大的红色的疤痕，因此看起来有些丑。班里的同学都不怎么待见静怡，平时都不怎么跟她讲话，欣欣也不喜欢她。尤其是当静怡三番两次地夺去了欣欣的第一名的宝座后，她更是讨厌她。有时候看到同学们都在外面高兴地玩耍，而静怡一个人坐在教室里埋头苦读时，欣欣的心里竟有一种莫名的快感。

更让欣欣觉得解气的事情是，即使静怡在班上考了好几次的第一名，但是同学们对她的态度依旧没有改变多少。有时候，欣欣甚至有些幸灾乐祸，"就让你一直这么爱学习吧，就算是拿到了全国第一，也没有人跟你玩的。"

欣欣本来以为她可能一辈子都不可能跟静怡这种人有交集的，但是，事情却很快地发生了改变。欣欣对静怡的态度的改变是从那次作文课开始的，从那以后欣欣不但不讨厌静怡了，反而还和她成了很好的朋友。

那次作文课上，老师布置了一个题目是"我的同学"。拿到题目后，欣欣很快就将目标锁定在了静怡身上，她觉得这次是她大展身手的时候了。欣欣写完作文后觉得很满意，尤其是文中她对于人物外貌的描写，她觉得很到位。在作文中，欣欣写到"她那左脸上的一块又红又大的疤痕就像是地里刚长出的马铃薯"。

课上的时候，老师说了一下这次作文的事情，欣欣的心里很激动，她觉得接下来老师一定会拿她的作文做范文来读。可是，结果却不是这样的。老师在台上将这次写得较好的人的名字念了一下，欣欣听了这些人当中并没有她。当最后老师说："下面，我要给大家念一篇我认为是这次作文中写的最出色的一篇文章。"说完，老师就翻开了桌上的一个本子，然后念了起来：

"我的同学欣欣，她是我最希望成为的人。在我眼中，她品学兼优，而且有那么多的朋友围绕着她。如果给我一个实现愿望的机会，我希望能够像她一样，活得那么快乐……"

老师一直在念着，欣欣听到了开头的那句"我的同学欣欣，她是我最希望成为的人"，她首先是愣了一下，接着便是无限的自豪。可是，当老师念完之后说："大家觉得这篇文章是不是写得情真意切，它是我们班静怡同学的肺腑之言。"当时，欣欣的脑袋"嗡"的一声响，之后什么都听不清楚了。

课后，老师把每个人的作文都发下来了。欣欣在拿到作文之后，想到自己在作文中完全是以一个敌对的心态去写的静怡，但是人家却是以赞美的眼光来写的自己。她的心里竟然感到有些愧疚，她迟迟不敢翻开自己的作文本，因为她也害怕老师会因为静怡和自己的对比而批评自己。犹豫了很久之后，欣欣还是翻开了自己的作文本。打开本子以后，老师在上面写满的批语一字一句地扎进了欣欣的心，而且老师对她说的那些话直到现在她都还记得。

老师说："这篇作文在描写人物的时候观察入微，在老师的眼中，你一直都是一个十分优秀的学生。对此，老师很是欣赏你。但是，老师不得不说，你还缺乏一种欣赏和鼓励他人的勇气。据我所知，静怡左脸上的那块疤痕，是她经历了一场大火灾之后留下的。她在历经灾难之后，并没有因为自己的缺陷和不足而自暴自弃，反而是不断地追求进步，这种精神是我们都需要学习的。我知道，欣赏和包容别人要比认可自己难得多，但是如果没有一颗包容的心，那么这个人就无法称之为一个优秀的人。静怡就像是一朵玫瑰，你不能因为她长了刺，然后就忽略掉她的美。"

看着老师写的这些评语，欣欣的心里难过极了。她的难过不是因为这次的作文没有得到老师的认可，而是她自己真的认识到了自己的错误。从那以后，欣欣便主动去接近静怡，最终她们成为了很好的朋友。

十二　画　笔

米琪从小就很喜欢画画，自她会写字以来她就会拿画笔了。她的课本里，作业本上，只要是空白的地方都被她画满了画，只有在画画的时候她才觉得最快乐，只有拿起画笔的时候，她才觉得可以像鸟儿一样在想象的世界里自由地翱翔。

不过这可急坏了米琪的妈妈，因为米琪经常在做作业的时候写着写着就开始画画了，课本上的插图更是被米琪画满了涂鸦，但是米琪的成绩一直都没有什么起色，她不想米琪把所有时间都花在画画上，影响了学习。

于是，一天，吃完饭的时候，妈妈对米琪说："米琪，妈妈想送你一套新的画笔。"

"真的吗？妈妈，你真是太好了！"米琪睁大着眼睛兴奋地说。

"不过，"看着米琪那一脸兴奋的样子，妈妈尽量忍住不笑出声，又接着说，"有一个条件。"

"什么条件？"米琪此刻满脑子都想的是一套新的画笔，急忙问道。"如果这学期的期末考试你能每门功课都考到 90 分以上的话，我就给你买一套新的画笔。"米琪有些为难，因为她对学习一点儿也不感兴趣，可是对新画笔的渴望还是占了上风，她咬咬牙，答应了妈妈。

在之后的日子里，米琪突然变得很勤奋，当然偶尔也会有想偷懒的时候，每当这时她都会想象拿着新画笔画画的样子，顿时又充满了力量。终于功夫不负有心人，在这学期的期末考试中，米琪真的所有科目都考到了 90 分，成为他们班进步最快的学生，也让老师和同学们都刮目相看。妈妈也按照约定的那样给米琪买了一套崭新的画笔，米琪开心极了，整个暑假都拿着画笔画个不停。

新学期开学的第一天，米琪拿出自己的画笔不停地摆弄。今天有美术课，我要用这套画笔画出一幅最美的画，米琪在心里暗暗想着。她正陶醉在自己的想象中，画笔不小心掉到了地上。正当米琪准备把它捡起来的时候，同桌叶均匆匆忙忙地从教室外跑进来，丝毫没有注意到掉在地上的画笔，不小心踩了上去。

"啊，我的画笔。"米琪眼睁睁地看着自己的画笔在叶均的脚下"阵亡"，伤心极了。她一脸愤怒地看着罪魁祸首叶均。叶均窘得满脸通红，忙不停地道歉："对不起对不起，我不是故意的。"米琪气鼓鼓地说："这可是我妈妈给我买的新画笔啊！再也不理你了。"

于是，米琪和同桌叶均开始了冷战，不管叶均怎么和她道歉她就是不听。

第二天上语文课的时候，每周的这堂课都是学生们的固定练字时间，全班同学都静悄悄地用钢笔练字。写了一会儿，叶均手有点酸，他停下笔伸了伸腰，准备休息一下。这时，钢笔不小心滑到了地上，他正准备弯腰捡起的时候，米琪朝着钢笔狠狠地踢了一脚，可怜的钢笔被踢到了靠近讲台的一角。叶均生气极了，他瞪着眼睛问米琪："你什么意思？"米琪也毫不示弱地说："你还不是把我的画笔弄坏了？"两个人就这样你一言我一语地吵了起来。

如果不是那天突然下雨的话，真不知道两个人要别扭到什么时候呢。那天下午放学的时候，天空突然下起了瓢泼大雨。米琪走到一楼的走廊边，不知道怎么办才好，妈妈最近下班也比较晚。正当她犹豫不决的时候，一把伞冷不丁地递到她的面前。米琪还没来得及说谢谢，伞的主人叶均就头也不回地走开了。米琪愣愣地看着他的背影，想到她白天还故意踩坏他的钢笔，顿时觉得惭愧极了。

米琪打着伞走在放学的路上，想着自己最近总是故意惹叶均生气，但他从来没有发她的脾气。就连今天她故意弄坏他的钢笔，他还是在她没带伞的时候借伞给她。一想到这些，米琪心里的惭愧又加深了。她决定第二天就跟叶均道歉。

第二天，刚好又是美术课。在大家练习画画的时候，叶均发现自己少了一支红色的画笔，正在他焦急不知道如何是好的时候，米琪一言不发地把画笔递到了他的眼前。她低着头。有些不好意思地说："对不起，我不该故意弄坏你的钢笔。这支画笔就送给你吧。"叶均接过画笔，也有些难为情地说："我也有不对，是我太莽撞了。"

米琪和叶均互相看着对方，哈哈大笑起来。

经过这件事后，米琪学会了宽容别人，她的好朋友也越来越多。

十三　天使会发光

　　开学的某一天，蔡老师像往常一样在教室里带着学生们朗读课文，每堂课正式学新课文之前蔡老师都要这样做，这一次也不例外。听着孩子们整齐的读书声，蔡老师觉得很欣慰。

　　就在大家读得正专注的时候，有两个穿着制服的警察走到了教室门口。同学们都很惊讶，纷纷停了下来。只听这两个警察对蔡老师说："请问许一飞是这个班的学生吗？"蔡老师愣了一下问道："是的，请问您找他有什么事吗？"

　　"嗯，有点儿事想找他了解一下。"他们一边说一边转过头环视了教室一周，说："哪位是许一飞同学？"

　　"我就是。"一个身材瘦小的男孩怯生生地举起了手，满脸通红。于是，许一飞就在全班同学的注目下被两个警察带走了。

　　许一飞刚走，班里顿时就炸开了锅。大家都在纷纷议论，有的说："许一飞是不是做了什么坏事啊？"有的说："一定是这样，不然警察怎么会把他带走？"还有的同学说："真看不出来，平时一副老老实实的样子，没想到是这样的人。"蔡老师也觉得百思不得其解，这个许一飞可以说是班里最内向的一个孩子了，平时下课了大部分时间也是独自一人窝在座位上，很少主动和同学说话，总是沉默寡言的，这样的男孩，难道真的在外面做了什么坏事吗？可是她又觉得不该这样怀疑自己的学生，毕竟他们都还只是孩子而已。

　　下午许一飞就回来了，他还是和以前一样沉默，不管有同学如何在他身后指指点点，他都一声不吭。这样班里的同学就更疑惑了，他们更加肯定这个许一飞一定是做了什么见不得人的事，不然怎么会连解释的勇气都没有呢？

　　于是班里的同学开始疏远许一飞，他们一致认为许一飞在外面做错事了，他就是个坏孩子。面对同学的种种猜测，许一飞依旧无动于衷，好像同学们的流言蜚语都与他无关。可是他越是这样同学们就越不相信他。

直到不久之后的某一天，也是在蔡老师上课的时候，一个中年男子找到了蔡老师。"不好意思，请问许一飞是这个班上的学生吗？"中年男子一脸急切地问道。蔡老师觉得很奇怪，为什么最近老有人找许一飞呢？她有些好奇地问这个中年男子："我是她的班主任，请问你找他有什么事吗？"中年男子一脸惊喜地说："原来他是您的学生啊？真是太感谢了，要不是他，我的钱就找不回来了。"全班同学你看看我我看看你，又把眼光聚集在许一飞的身上。

看着蔡老师一脸迷惑的样子，中年男子有些不解地问："怎么？这个孩子都没有跟你说起过吗？"蔡老师摇摇头。中年男子又接着说："是这样的，上个星期……"

于是这个中年男子的述说下，大家很快就了解了事情的经过。

上周的某一天早上，许一飞正走在上学的路上。突然听到有人大声喊："抓贼啦，抓贼啦！"只见一个年轻人手里揣着一个文件夹很快地从他旁边跑过。说时迟那时快，许一飞赶紧追了上去，他追着小偷经过了两个路口，终于在一个转弯的地方，他纵身一跃，用尽全身的力气把那个小偷扑倒在地，很快文件夹的主人和警察就赶了过来。中年男子还没来得及感谢许一飞，许一飞就默默地走开了。

听完中年男子的这番话，全班同学都震惊了，大家都没想到平时看起来默默无闻，弱不禁风的许一飞在关键时刻会这样见义勇为，挺身而出。大家又联想到上周的某一天，许一飞进教室的时候袖口和裤子上都有撕破的痕迹，原来是为了抓小偷儿弄的啊！一想到前几天他们看到警察来找许一飞的时候还怀疑他是不是做坏事了，大家就觉得十分惭愧。

中年男子又接着说："真的是太感谢了。那笔钱是我当时刚从银行里取出来的，那是给我女儿治病用的救命钱，没想到一出门就被小偷盯上了，要不是这个男孩及时站出来帮我抓住了小偷，这笔钱说不定就真的落到了小偷手里了。多亏了他啊！"

大家又转过头来看着许一飞，全班同学静默了几秒之后，不知道是谁带头鼓掌。大家都纷纷夸奖许一飞真是好样的。许一飞不好意思地低下了头。

谁说沉默的人会一直默默无闻？也许有一天他也会插上翅膀成为别人的天使。

十四 嗨，我们都是小光头

新的学期开始了，同学们都很开心。与以往不同的是今年开学大家一到教室就发现教室被打扮得很漂亮。第一堂课的时候，班主任站在讲台上笑吟吟地对学生们说："老师想告诉大家一件事。今年我们班上的林湘同学可能有一段时间不会跟我们一起上学了。这个周末大家一起去看看她，可以吗？"

全班同学你看看我我看看你，一脸迷惑的样子。有个男生心直口快地问道："她去哪里了啊？"

班主任平静地说："大家写作文的时候都很轻而易举说出生老病死这样的话，有人真正体会过这句话吗？林湘同学就经历了这句话里的"病"字，她生病了，而且病得很严重，可能有段时间都不能来上学了，需要住院治疗。所以大家一起去医院看看她，为她加油打气，好不好？"

教室里顿时炸开了锅，大家脑袋里浮现的是一个有着长长的黑色头发，双眼皮，大眼睛忽闪忽闪的小女孩，喜欢笑，一笑白皙的脸上闪现两个酒窝，班上好多同学都很喜欢她。

下课后，李萌追着老师进了办公室："老师，老师！"

"怎么了？"班主任回头笑着看着追出来的小女孩，她一副欲言又止的样子。

"老师，听说林湘接受化疗的时候头发都掉光了，她很伤心。如果我们我们去看她的话，她会不会很难过。"李萌看着老师，小小的眼睛里是与年龄不符的成熟，带着些许请求。

班主任随即一愣："你说的有道理，她看到我们大家都健健康康的，只有她一个人生病，她一定很伤心的。我们再想想有什么办法可以让大家去看她又不让她难过。"

"老师，林湘从小最喜欢她的头发，现在头发没有了。如果我们大家都是光头的话，她会不会就不难过了，不如我们一起都剃光头吧？"李萌瞪大着眼睛看着李老师，把之前想好的对策告诉了老师。

班主任却愣住了。要知道全班有 36 个孩子，24 个都是女孩子，男孩子就算了，就是这些小女孩会都同意剃光头吗？一想到这里，班主任觉得有些为难。

"你先回去吧，我们几个老师想想办法。"班主任仍旧带着慈爱的笑容，送走李萌后，她陷入了沉思。

"田老师，你发什么呆啊？"同班的数学老师许老师看到她坐在办公桌上一动不动，过来推了她一把。

"许老师，我们去剃光头吧！"班主任脱口而出，一个想法在脑袋里初具雏形。

"你为了我们班那个孩子啊？"许老师顿了顿，"你是怕班上有学生不愿意？那我和你一起去剃光头，然后再跟大家说说。"

当天下午大扫除分配任务之前班上有些嘈杂，大家还沉浸在放假后上学的喜悦里，班主任和许老师推开门进去之后，班上瞬间鸦雀无声。同学们都惊呆了，他们的两个老师竟然都剃了光头，样子太让人震惊了。

在同学们震惊的时候，班主任和许老师相视一笑，班主任说："过两天就是周末，大家要一起去看林湘同学。但是林湘同学由于做化疗头发都掉光了，和大家都不一样，老师怕她难过，所以决定和她一样，也剃光头，这样她就不会觉得孤独了。"

刚开始班上沉默了一阵，就有几个男孩子女孩子站了起来，他们表示愿意剃光头。在大家的带动下，全班同学都站了起来。班主任欣慰地看着这群孩子，眼眶都湿润了。

周末班主任和许老师买好水果和全班同学按照约定的时间到了医院，为了给林湘制造惊喜，大家都不约而同地戴了一顶帽子。当大家刚刚走进病房的时候，林湘还很失落，然后，大家又不约而同地把帽子摘了下来，林湘惊讶地发现大家都剃了光头，林湘黯淡的眼睛里像燃起了烟花一般，瞬间亮晶晶的。班主任对林湘说："我们大家怕你伤心，所以决定剃光头陪你，这样你就不会觉得孤单了。"大家围着林湘送上祝福，希望她能早日康复出院，和大家一起上学。那一天也是林湘自生病以来最开心的一天。最后，林湘在老师的拥簇下和同学们合影留念。

多年后那是一张很美的照片，照片里的很多人在暮年的时候，回忆说那是他们一辈子唯一一次剃光头。

十五　一块钱换一辈子的信任

　　人民公园的对面，有一条又长又窄的弄堂。这条弄堂就叫公园弄，里面零零星星地开着一些与文化有关的商铺，比如琴行、玉器、裱画、文具、宠物、鲜花等等，小燕经常会光顾公园弄的一处僻静的开阔处开着的一家小书店。可能店主人是喜欢藏书的，所以这家店卖的书都不是畅销书，更没有学校教材，而是文学、文艺的读本较多。也许也沾了一点"文化街"的气息，店堂醒目处赫然摆放着古代书画家的名画与名帖，还有许多昂贵的画册，也许这辈子都没人会去买，但店主人就是喜欢把它们放在店里，任来往的客人随意翻阅。

　　这书店之所以吸引小燕，是因为小燕准备初中毕业后，报考美术类学校，而这类的专业书，在新华书店很少有现货，一般都是需要预订，然而美术类的书都是装帧考究且价格不菲，这让上初中的小燕，望而却步。公园弄的这家小书店，倒是艺术气氛浓郁，上至晋魏下至现当代，名家绘本到理论研究，不管是西画还是国画，每一种都能摆出一两件。

　　"老板，这本书打折吗？"小燕从一排书架上，取出已经看中很久的一本书法字帖。

　　老板是位年轻的小伙子，他戴一副无框的眼镜，看上去很斯文的样子。

　　"是你手里的那本吗？这本书打9折。"他的目光从1米开外的地方望过来。

　　小燕翻看了一下书后面的标价，186元！

　　"老板，这本书很贵，能否再便宜一点儿。"小燕对手上的书爱不释手，因为她从小练习书法，在学校里被当成书法特长生培养，还代表学校获得过荣誉。这本字帖正是她缺少的练习字体，由于很久以前就发行了这本书，并且是限量发售，现在几乎绝货，网上她淘过几次都没找到，现在这里好不容易遇上了，一定要买回去。

　　"这本字帖店里没有存货，仅有一本了。我看你像个学生，这样吧，给你按最低算，打8.8折。"老板从小燕的犹豫中看出她很想购买。

　　"能不能再便宜点儿，我是学生。"小燕摸了摸自己的上衣口袋，里面有她存了好几个星期的零花钱。

老板面露难色，唉声叹气地说道："我这店里的书，基本不赚钱，水电房租都是倒贴。现在书店难做，我这也不走市场主流，只是出于个人兴趣而订的货，滞销的存书很多。不过你真心喜欢这本帖的话，150元进价给你。"

150元！这是小燕身上全部的钱了。

"这……"小燕低下头，默默看着这本字帖，放回去吧，不舍得。下次来买吧，又怕被别人先买去。

老板看小燕还在犹豫不决，就摇了摇头准备离开。

"我买了！"一声铿锵有力的声音，从小燕嘴里蹦出来，这是她纠结很久之后下定的决心。

老板先是被小燕的气势一震，随后走到收银机前准备收钱。在他转身的时候无意间看到窗外天黑了，便随口问了一句："小姑娘，你家住附近吧？天都黑了，买完该回去吃饭了。"

"这里是城西，我家住城东呢。"小燕一边回答，一边递上了150元："老板，给，这是我身上全部的家当啦！"

老板突然一愣，他似乎有些被这个小姑娘热爱艺术的心给感动了。

然后他从收银机里拿出1块钱递给了小燕："这是找你的钱。"

"咦？不是正好吗？怎么还有找钱？"小燕认为老板搞错了，不敢收递过来的1块钱。

"城西到城东要走很久的，找你1块钱乘公交车回家吧。"老板看上去善良又体贴。

对于好心的老板，小燕却不领情："150是你的进货价，找我一块钱，那不就是你亏了1块？不行不行，我可不能这样做。这一块钱算是你借我的吧，但明天我就要去外地考试了，等我考完回来一定还你！"

老板把一块钱放进了小燕手里，对她笑了笑说："我信任你！你要加油呀，现在回家去吧。"

几天后，这家坐落在公园弄的小书店里，老板依旧维持着冷清的生意，忽然一个女孩的身影，轻快地飘进了书店。

"老板，这是我欠你的一块钱。"

女孩拿出一枚硬币，放到了收银机上，然后告诉书店老板，由于她那天买到了字帖，去艺术考试时，正好考到那种字体，随后她便如愿以偿地被录取了。

老板听后，还是那样淡淡地笑了笑。

此后，小燕常常介绍艺术学校的同学来这家小书店买书，放假后还去店里做义工。

书店老板和女孩儿成了好朋友。

十六　融化青春的礼物

纪晓溪最近很不开心，明明就应该是她代表学校参加英语知识竞赛的，要知道英语可是她的强项，而且她也为这个比赛做好了充足的准备，谁知竟然在比赛前夕换人了。据说，代替她参加比赛的男孩叫李沐阳，是学校家长会会长的儿子，为学校捐过好几次经费。

"哼！家里有几个破钱就了不起啊。"纪晓溪一边走在上学的路上，一边小声地咒骂着。初夏的校园里开始散发出燥热的气息。纪晓溪一边喝着可乐一边踢着路边的小石子，心里还在默默诅咒这个李沐阳最好喝口水都塞牙缝。可乐喝完了，她头也不抬地就把塑料瓶往前面一抛，塑料瓶在空中划出一道优美的抛物线，不偏不倚地砸中了一个男孩的后脑勺。

"对不起，对不起，我不是故意的。"纪晓溪赶紧快步走到男孩面前道歉，满脸通红。原以为男孩会大发脾气，谁知他只是轻轻地摸了摸后脑勺，对纪晓溪笑了笑就走开了。

纪晓溪从来没有见过长得这么干净的男孩，白色的 T 恤，简单的长裤，笑起来露出洁白的虎牙，纪晓溪觉得自己的心都被融化了，刚才的坏心情也一扫而空。

下课的时候纪晓溪和死党周越越趴在教室外面走廊上的栏杆聊天，这是她们难得的放松时间。这个时候班里的女孩都会聚在一起讨论最近比较红的帅哥明星或是八卦新闻。"快看快看，那就是李沐阳，他好帅啊！"旁边的几个女孩指了指楼下，兴奋地说道。纪晓溪顺着她们的目光往下看，惊了一下，这不就是那天被她不幸砸到的男孩吗？原来他就是李沐阳。

只见李沐阳手捧着一束漂亮的百合花，朝教学楼的方向走去。16 岁纪晓溪心里突然有了一种怪怪的感觉，酸酸的，涩涩的。因为那段上学路上的事故，纪晓溪改变了之前对李沐阳的看法，她相信李沐阳是个优秀的男孩。纪晓溪默默地回到了座位，看着窗外发了好久的呆。

晚上，纪晓溪在空间里发了一条留言：原来对一个人看法的改变，也许只是一件很微不足道的事。

要不是那次去实验室做物理实验，纪晓溪也许永远都没有和李沐阳进一步接触的机会。

纪晓溪的物理实验报告忘带了，她一脸焦急地跑到隔壁班的教室，随手抓住一个男生就说："不好意思我的物理实验报告忘带了，可不可以……"她抬头，却发现这个男生正是李沐阳。

李沐阳依旧露出他那招牌式的微笑，转身进教室拿出物理实验报告递给了纪晓溪。

物理课后，纪晓溪本来准备把实验报告还给李沐阳。却发现报告被周越越当成了涂鸦的练习纸，画得乱七八糟。纪晓溪十分过意不去，在报告里夹了张字条：不好意思把你的报告都弄脏了。纪晓溪想了一下又在后面写道：下次请你吃冰淇淋。

纪晓溪在周末去爷爷家的路上看到了李沐阳，李沐阳手捧着一个篮球。他没有看见纪晓溪，于是纪晓溪就静静地跟在他身后走过了一条又一条的街道。

其实纪晓溪并不知道他想去哪里，只是突然很想跟着他。穿过了两个十字路口，李沐阳在一个篮球场旁边停了下来。突然，李沐阳转过身笑着问纪晓溪："要不要一起打篮球？"

那天，阳光火辣辣的，但纪晓溪却觉得心里刮过了一阵凉爽的风。

太阳落山的时候，纪晓溪和李沐阳抱着篮球默默地走出篮球场。经过篮球场旁边的小商店的时候，纪晓溪对李沐阳说："李沐阳，我请你吃冰淇淋吧。"于是李沐阳要了香草口味，纪晓溪要了草莓口味。纪晓溪不好意思地对李沐阳说："真不好意思，把你的报告都弄脏了。"李沐阳笑着说："没关系，用完都是要扔掉的。""而且我马上就要出国了。"李沐阳付完钱，边走边说。

最后还是纪晓溪去市里参加英语知识竞赛了，她取得了第一名的好成绩。

李沐阳刚走的时候，纪晓溪一直很难过。此后，她的注意力很快就转移到学习上来了。不过，纪晓溪还是会时常想起他。

她记得她第一次遇见李沐阳的时候，他被她的塑料瓶砸中了脑袋，但他却没有对她发脾气。她记得他那洁白的虎牙。

纪晓溪相信，在以后的日子里，她一定会永远记得这个男孩。

十七 蜕变后的公主

蓓蓓是个自以为是的女孩，她一身男孩打扮，就像她的性格一样，干脆，绝不拖泥带水。她生活在东北一个富裕的家庭，被父母宠爱应该是件幸福的事，可蓓蓓却不是这样认为，她始终觉得父母是她最大的敌人，对她的管束太多。晚点回家要过问，染头发要过问，连吃什么，穿什么都要逐一过问，这让蓓蓓觉得太累。蓓蓓对她的父母已经不能用好与不好来形容，因为身处叛逆期的蓓蓓与父母长期打着冷战，不是装哑就是动手发火。

她的父母也为之很苦恼，自己的女儿为什么就不能像别人家的女孩那样乖巧懂事？为什么父母的关爱，打动不了蓓蓓的心，反而让她讨厌？更让父母伤心的是，给蓓蓓送了那么多的礼物，她却一把火烧了！在这个家庭，父母与孩子的关系，就像有几世宿怨，不是你死就是我亡。可这些都是父母过分疼爱蓓蓓而亲手造成了两代人之间的鸿沟。

叛逆的孩子，家庭生活多少是有些问题的，蓓蓓家无可厚非是以物质来满足小孩的典型，饭来张口，衣来伸手的公主式生活，彻底毁了蓓蓓。由于孩子缺乏与父母交流，对于父母善意的规劝也不当回事，更甚者适得其反。在父母眼里不可行、不能做的事，蓓蓓偏要去做、非要完成。如果再不及时解决对蓓蓓的教育问题，拿不出良方进行疏导的话，蓓蓓很有可能会走上歧途。

蓓蓓的父母万分焦急，他们在朋友的建议下，想到一个办法。在一次全家旅游的时候，父母故意将蓓蓓独自留在某个陌生的小城市，让她能在自力更生的同时，体会人在社会中与别人交往所需要的人际交往能力。这次蓓蓓没有与父母唱反调，而是欣然接受了这个安排。她早就想离开父母独自生活，她向往无拘无束的日子，能像一只蝴蝶般美丽和洒脱。

如果你在生活中充满艰辛，那并不是生活的本身。蓓蓓从来没有离开过父母身边，虽然她很叛逆，但自理能力毕竟很差，在独自生活的一开始，就遇到了重重困难，由于没有钱与食物，蓓蓓只好硬起头皮去打工，因为她还没有毕业，找工作注定是要被人拒绝。又人生地不熟，她也没有一技之长。

所以日子只能过得饥一餐，饱一顿。她也没有别的精力去应付填饱肚子以外的事。在餐馆里洗过成堆的餐具；在加油站的寒风里发过宣传单；在发廊不停地洗着3块钱一个头。走在路边，她最关心的是店家门口的招牌，希望能发现"条件不限"的招工……

异乡的夜晚，特别寒冷。没有一种温暖比全家围在一起吃团圆饭更能暖人心。蓓蓓独自回忆起以前一家人吃饭的情景，每次不是她摔碗离席，就是与父母吵得脸红耳热，更多时候还是她在餐桌上的缺席。现实生活的窘迫，完全超出她自己的想象。从前没有受过挫折的蓓蓓，在没有工作时，极度灰心丧气，她要的自由生活，成了人生经历中的一段苦难历程。她在异乡没有亲人、朋友，她很想回到原来上学的学校，那里的老师现在想起来，都变得和蔼可亲，教室的同学也许这时都在上夜自习，也许还可以小声地聊会儿天。想着想着蓓蓓失声痛哭起来。

经过这段时间的独自生活，蓓蓓体会到了任性只能让家人离她越来越远。而她也在积极地改变自己，自理能力也在加强，她放下了公主的架子，为了生活而渐渐甘心当灰姑娘。她也会体量别人了，与她同住一个出租屋的小艾成了她唯一的好姐妹。晚回家时，蓓蓓会为她在过道里提前开启照明的路灯。领了薪水后，会买两份同样的零食。两人也会互相聊天，一同排遣无聊的时间，这也许是蓓蓓收获的第一份友谊。

几个月后，当蓓蓓的父母推开她那间狭小的出租屋时。

"蓓蓓！"是蓓蓓的爸爸，那微微发颤地声音。

这声呼唤，是熟悉到无法再熟悉的声音了。

"蓓蓓！"这是蓓蓓母亲哽咽的声音。

"爸爸！妈妈！我想你们。原谅以前的我吧，我想回家。"蓓蓓奔到父母身边，3个人抱头痛哭。

蓓蓓终于等到父母来接她回家了，对于离开父母、离开家庭、离开自己最亲的人，蓓蓓现在与过去完全是两种态度。也许时间不能改变什么，但我们可以改变自己。蓓蓓这回真的懂得了什么是爱，并且不再对爱她的人进行伤害，重回昔日的生活轨道，蓓蓓判若两人。

十八　匿名的贺卡

　　他在初中开学的第一天就注意到她了。那是初夏的某一天，刚进入初中的他对一切都充满了好奇。带着对新生活的期待，他独自一人漫步在校园里，想在正式上课之前好好熟悉一下这个校园。走到教学楼前面的时候，他看到一个女孩正站在教学楼前面不停地张望。女孩穿着简单的粉色 T 恤和牛仔裤，马尾高高扎起，白皙的面庞，有一两抹碎发搭在耳畔。他犹犹豫豫地走到女孩面前，吞吞吐吐地说："那个，初一的教室是在那个方向吗？"说罢用手指了指教学楼的第二层。女孩若有所思地点点头，脸上还挂着灿烂的微笑，他从来没有见过笑得这么好看的女孩，只觉得在那一瞬间，心里有个角落"砰"的一声碎了。这个女孩的脸从此深深地刻在了他的脑海里。

　　没想到他竟然和自己在同一个班，在教室里看到他的那一刻，他觉得自己快乐得像要飞入了云端。可是她是那样一个开朗又自信的女孩，很快她就成了班里聚集的焦点，下课的时候她的座位四周总是围满了人。不像其他同龄的女孩那样别扭娇气，她永远都是那么阳光，那阳光似乎可以照耀他内心最阴郁的角落。她的成绩也很好，一直都是班里的第一名。像她这样优秀的女孩，很难不让人喜欢吧。像他这样平凡的男孩，她大概永远都不会注意到他吧，一想到这里，他的内心又有点小小的失落。可是又有什么办法呢？他只能把自己的这份喜欢深深地埋在心底。

　　如果不是因为那次小小的"意外"，他大概只能一直远远地看着她了。

　　那天，他像往常一样乘公交上学，中途停站的时候，他看到她从前门走了上来。每次一看到她的时候，他就觉得自己莫名地紧张，他强迫自己不要过于在意她。女孩站在上车的地方，不停地在口袋里掏来掏去，脸也渐渐地红了起来。"你是不是没带零钱？"司机一脸嫌弃地看着这个神色慌张的女孩，这种事他们见得太多了。女孩的脸越发红了，她支支吾吾地不知道该怎么办才好。他赶紧走到司机面前对司机说："我是她的同学，我帮她付吧。"说罢从口袋里拿出两枚硬币，女孩一脸感激地看着他。他只是微笑着走开了。

　　下车的时候，女孩小跑到男孩面前说："今天真是谢谢你啦！"他十分紧张地说："没什么，我也只是碰巧遇到。"说罢就快步走开了，他怕再多说一句话就会让她看出他内心的忐忑。

　　在后来的日子中，女孩会时不时地主动提出帮男孩解答不懂的问题，看

着她专注的侧脸和白皙的面庞，他的心跳快得让他自己都觉得羞愧。

　　至少让她知道有个人在默默地喜欢她也好，总好过什么事都不做吧。他这样想着，决定在元旦的时候给她送一张贺卡。他在礼品店挑了好久才挑到满意的贺卡，粉红色的，还带着淡淡的香水气息，就像她一样恬静而美好。晚上做完作业后，他想了好久才在贺卡上写了几句很简单的话：这次考试你又是第一名，加油！你真的很优秀！新年快乐！在最后落款的时候，他犹豫了好久还是决定不写名字。他不想她为此分心。

　　元旦的那天，他特意比平时早到了一个小时，趁教室里没有人的时候偷偷把那张贺卡塞到了她的抽屉里。每年元旦的时候，同学们都会互送礼物。她本来就很受欢迎，很快她的桌上就被各种各样的小玩意儿给塞满了。这样也好，这样她就不会特别注意到他的贺卡了，他只想默默地鼓励她就好。

　　第二年的元旦他也是如此，他小心翼翼地把贺卡塞到她的抽屉里，期待着她发现又不想让她发现。贺卡上依旧只写了简单的几句话：马上就要初三了，还是要加油！我会一直为你打气！新年快乐！还是没有写名字。

第三年的元旦，进入初三，面临着中考，每个人的压力都变大了。他还是给她送了一封匿名的贺卡。或许这是最后一次送她贺卡了吧！把贺卡塞到她抽屉的那一刻，他的心里突然有种淡淡地失落。她大概永远都不会知道这张匿名的贺卡是谁送的了。

他原以为自己的心意就这样一直被埋在心底，直到毕业的时候。毕业照发下来的时候，大家都争着互相给对方的照片签名，她也让他在照片背面签名了。在看到他写的名字的时候，她好像有些明白了。其实她一直都想要找出那张匿名贺卡的主人，但是又怕会惊动老师。没想到竟然会是他！

放榜的那天，他惊喜地发现他和她考入了同一所高中。他站在学校的布告栏前，一转身却发现她就站在她身后。她笑着说："谢谢你的贺卡！你的字很漂亮。"她的脸上依旧挂着灿烂的笑，一如他初见她时的那般模样。

十九　熄火的少年

今天，再没有比做值日生这件事更让小军愤怒的了，他从课桌前踢开坐着的椅子，然后抡起手里的课本，任性地往地上一掷，头也不回地走出了教室。正在读高一的小军，是这个班级的"老大"，在他16岁生日的时候，就许下了做个潇洒"古惑仔"，独自闯荡世界的志愿。文身、耳洞、时髦发型、全身名牌，这些都是小军不懈追求的物质生活。至于学校，他除了抵触就是叛逆。上课睡觉，下课打架成了他每日的娱乐项目，全校的老师都无法管束他，而惹是生非，顶撞老师，成了小军每日必修课。

周末放假，他吊儿郎当地站在学校门口，等待父亲来接他回家。一批路过他身边的同学，都有意识地远远躲开，生怕小军突然暴躁而伤到自己。对此早习以为常的小军，照旧摆出一副无所谓的高姿态。

"小军！"一个男人从一辆白色宝马车里走出来，对着小军招手喊着。

这个人就是小军的父亲。可小军只用眼角扫了一下自己的父亲后，侧着脸没有应一声就钻进了汽车里。一路上父亲关切地问小军在学校一周的上课情况、学习表现、考试成绩等等，而这些都让小军厌烦，他压抑着自己的脾气，在回到家的时候就彻底爆发了。

"噼里啪啦！"小军以摔门砸东西一贯的手法，来表现着自己内心对这个家庭的不满。最后晚饭也是在不欢而散中以小军任性倒掉饭菜而告终。家庭气氛尴尬到极点，小军的父母每次都只能相对无言，默默叹气。对于这个捧在手里怕摔了，含在嘴里怕化了的自家少爷，父母是倾注了全部的爱。吃好的、穿好的、零花钱不断，他们的视为掌上明珠的小军，在他们物质过剩的养育下，越来越叛逆，逃学、斗殴、出走，甚至到无人能管教的地步。

这天半夜，小军又从家里溜出去与社会上的不良分子们一起玩飙车，唱K。担心一夜的父母不想再让儿子沉沦，他们痛下决定，把小军这块"心头肉"，送到偏远山区去受苦，希望小军能领悟到生活的艰辛，从而走上正路。

这个计划被悄悄地实施，他们通过远房亲戚联系到一户好心人，愿意让小军住上一段时间。还没等小军这学期结束，他就被父母以体验生活为由，送到了那个偏远山区。

起初的几天小军还是有一点儿新鲜劲，但随后就是每天单调而重复的生活。山区里没有电视、没有网吧、没有餐厅、没有公路，城市里的一切似乎都与这里毫无关系。早晨要上山砍柴，小军没有吃过苦，背被背柴的篓子勒出了血道子，他开始还抱怨不止，但看到每家每户的小孩，都要上山砍柴，这才晓得砍柴对山区人家的意义。砍柴为了取火，有了火才能做饭，有了饭才能不饿肚子，这仅能保障基本的生存。

小军逐渐开始懂得生活的艰辛，特别是当他向别人发泄不满的时候，淳朴的当地人总会一而再，再而三地以宽容的态度原谅他。还有那些山里的学生，他们并不把小军当坏孩子，而是把他当成有缺点的同学，通过大伙帮助能改正的好孩子。在方圆几十里唯一的一所小学里，仅有一间教室，大大小小的孩子们，同在一起学习。高年级的孩子在上课的时候，低年级的孩子就在旁边安静自习。在城里上课不是逃学就是睡觉的小军，在这里他找回了友情，这些山里的孩子用善良的心，感动了他。小军开始相信自己的学校和爸爸妈妈，他在山区小学里写下了《我爱我的家庭》的作文。

在远离城市的这些天里，他从老师眼里看出教育的辛劳，因为只有他们对孩子们有爱，才能坚持十几年在偏远的山区教学；他从孩子们眼里看出了对学习的渴望，因为只有读好书，才能走出大山；他从照顾自己山区生活的好心人眼中，看出了家庭对孩子的重视。是呀，只有甘于奉献后，才能有所收获。小军一下子长大了，他在山里觉得自己也有一份责任和担当。

这里虽然物资匮乏，但山民热情，民风淳朴，这里虽贫困但又是无比丰富。短暂的相聚即将结束，小军的父母准备把他接回城市里，就要与这些朋友离别了，小军真心舍不得，他现在已不是个动不动就发脾气的"古惑仔"了，而是一改以往的坏脾气。以前心中那股对现实不满的怒火，也被山区的真情所熄灭。他现在不但能体谅别人，还有心思为别人着想。也许这大山是有魔力，因为人在自然之中，不过是一颗很小的尘埃，所以每天都要开心生活。

临走前最后一天，小军背了一个小包，从早上出发，在崎岖的山路上步行了 4 个小时，才找到村里唯一的一家杂货店。他要在回城之前，给学校里的同学买了一个大蛋糕，完成他们从没过生日的愿望。

第五章　课桌上的电影不散场

一　我的同桌是最棒的

"喂，你超过这条'三八线'了！"米莉大声在唐京的耳边喊着，眼神里充满了嫌弃。

"不会好好说话啊？"正趴在桌上睡觉的唐京突然坐起来，恶狠狠地说。他看了一眼桌子，发现自己的手不知什么时候已经越过了米莉划定的"三八线"。唐京知道自己理亏了，但是仍然不肯示弱，把手拿回来的时候还故意说："不就超过了一条线吗？至于这么大惊小怪吗？小气鬼！"米莉白了他一眼没说话，然后就自顾自地写作业去了。

其实，米莉和唐京之间经常会发生这样的事。他们是同桌，但是关系一直很不好。米莉是班里班长，学习成绩好，而唐京是班里出了名的坏学生，调皮捣蛋加成绩差，哪一样都让米莉觉得讨厌。米莉虽然讨厌唐京，但是他们却还是一直做同桌直到现在。

米莉之所以能够一直和唐京做同桌，这是因为班主任老师找她聊过。班主任老师跟米莉说："你是我们班的班长，要帮助我们班级里面的每一位同学。唐京同学虽然调皮，但是还是可以改正的。因此，老师希望你能帮助他，让他做回好学生。"带着老师的期望，米莉接受了这个艰巨的任务。只不过，对于唐京这样的人，她不认为好言相劝会带来什么好的效果。所以，她决定采用自己的方法。

米莉跟唐京划定"三八线"，不让他过界，这让唐京一直提心吊胆着，连下课的时候都不敢随便趴下。不然的话，米莉又会对他大喊大叫。除此以外，米莉还经常打击他，这让他很抓狂。每次看到米莉冲他发威，唐京就很生气，但是他不敢真的跟米莉动手，因为一来老师很喜欢米莉，要是闹出了事，老师肯定是向着她，搞不好还要叫来家长，唐京可不想把事情搞这么大；二来，他觉得自己好歹是个男生，好男不跟女斗。就这样，他们一直吵吵闹闹地过着。直到有一天，唐京发现了米莉其实一直在帮助他，他才知道了米莉的良苦用心。

那是在学校开展的运动会上，唐京最喜欢运动，他就参加了男子1500米的田径赛。比赛开始之前，唐京患上感冒还没好，头昏脑涨，于是就坐在观众席上休息，这时米莉过来，递给他一瓶饮料说："拿着，喝了它，这是补充能量的，别给我丢脸了。"唐京听了，很不服气，"我怎么就给你丢脸了，谁稀罕你的臭饮料，拿走。"唐京说完转过头，看向了赛场。米莉说完"爱喝不喝"，放下饮料就径直离开了。唐京看米莉走了，但是饮料留下了，他心想"看老子不跑个第一给你看看"，想着就把饮料一口灌进了嘴里。喝完饮料，唐京使劲地把饮料罐捏成了一团，突然罐子底下掉下来一张便利贴，上面写着"加油！"看着这两个字，唐京的心里顿时有了一种说不出的感觉。

到了比赛的时间，唐京鼓足了气准备上场。当枪声响起的时候，唐京一度跑在最前面，但是两圈之后，他的体力明显不支。到了最后一圈的时候，唐京越来越虚弱，看着前面的同学一个个地超越了他，唐京心里很着急。就在最后50米冲刺的时候，唐京使尽了全身的力气，全力加速，但是最后还是倒在了终点线上。

唐京醒来的时候，发现自己一个人躺在学校医务室的病床上。隔着布帘，他听到外面有人说话："听说这是隔壁班的那个差生啊，学习不行，跑步也不行啊，还没到终点就倒下了。"

"你们说什么呢？他只不过是这两天生病了，要不然轻而易举就能把你们班比下去，我的同桌可是最棒的。"一个女生马上辩驳起来。

唐京一听，后面说话的那个声音不是米莉的吗？听到米莉说"我的同桌是最棒的"，唐京简直不敢相信。但是他回想起比赛前米莉送给他的饮料和写给他的"加油"，他不得不相信这是米莉的真心话。而且，他还仔细回想了下自己在赛场上的情景，他记得他晕倒时有个人连忙赶过去扶住了他，那个人的面貌模模糊糊的，但是现在清醒了，他记得那个人就是米莉。再想起之前的种种情景，虽然每次米莉都是毫不留情地责骂他，但是他却是在她一次次问责中进步着，不管是在学习上还是在生活上。这下，唐京是知道了，原来米莉一直用激将法在帮助他。

过了一会儿，米莉进来看唐京，发现他还是躺着闭着眼睛，她以为他还没有醒。她对着躺在床上的唐京自言自语地说道："希望你赶快好起来吧，这样我才能完成我的使命啊！"说完，米莉就准备转身离开。

"米莉！"米莉一转身，声音突然从后面传出。她转过身，看到唐京坐了起来，笑着望着她。

"你小子终于醒了，你知道你给我丢了多大的脸吗？"米莉见着唐京又是劈头盖脸地一顿臭骂，但是唐京这回却是安静地听着米莉的大喊大叫。半晌，米莉说完了见唐京没有反应，她倒是不好意思了起来。

"对不起，米莉！谢谢你，米莉！一直以来是我误会你了，你以后不管怎么说我，我都不会说你的。"米莉听了，愣了半天，然后笑着给了唐京一个拥抱。

二 最美的棉花糖

新学期开学的时候，学校又迎来了很多新生。李老师在与学生经过一段时间的相处后，大致了解了每个学生的基本情况。其中有一个学生叫刘婷，在李老师的印象中，她好像总是沉默寡言的，不爱与人打交道。

一次上课的时候，到了自由讨论的时间，李老师在黑板上写下讨论的话题：你最喜欢星期几？同学们看到这个话题，纷纷起来发言，最后，当李老师再三询问有没有人还想发言的，这时刘婷竟然站了起来说："我最喜欢星期一。"她说话的声音有点儿小，但是语气却是很坚定。李老师看着刘婷第一次主动站起来发言，她很是惊讶，于是就想着多跟她进行沟通，所以就接着问："为什么呢？大家可都不喜欢星期一哟！"当时，刘婷站着，又是沉默不语，而李老师在那一刹那看到了刘婷眼中的无所适从，所以她赶紧让她坐了下来。

课后，当李老师走出教室来到走廊的时候，刘婷赶上前去给了李老师一张纸条。李老师边走边打开纸条，她见上面写着：因为周一的时候要升国旗。李老师仔细想了一下，升国旗的时候要穿校服，原来她是想着只有在周一的时候才能和大家平等地站在一起。李老师知道，刘婷生长在一个单亲家庭，现在正跟着爸爸一起生活，而她的爸爸现在也是靠着卖棉花糖来维持两人的生计。由此，李老师想起来平时刘婷一直都是穿着校服的，课堂上她不敢说出原因，也肯定是因为害怕同学们知道原因后笑话她。知道了这些之后，李老师一直暗中默默地关注着她，想着怎样帮助刘婷走出这种自卑的心理阴影。

秋天的时候，天朗气清，学校的期中考试也告了一段落。班长在班里说，这周大家一起去郊外秋游，希望大家给出意见。同学们听了，兴奋极了，就像是刚飞出笼的鸟儿，叽叽喳喳地说个不停。

"好了，大家安静。我想这次是我们第一次班集体的活动，大家就做些游戏，多些交流吧。那就去学校外的森林公园野炊，我会从班费中拿出一部分资金去买些事物，其他的就需要我们自己动手了，我们每个人都要拿出自己的绝活。另外，我们必须全部穿上我们的校服，这样才能显示我们是一个班集体。"班长说完，大家以高调的欢呼声表示赞同这个提议。

周六的时候，灿烂的阳光照耀着大地。班长带着班里的同学浩浩荡荡地向森林公园前进，大家穿着蓝白相间的校服在路上说说笑笑，响亮的笑声像欢快的铜铃。刘婷走在同学们中间，手上提着从超市里买来的食物，脸上洋溢着久未绽放的笑容。到了目的地的时候，同学们每个人都动手，洗菜的洗菜，做饭的做饭，刘婷穿梭在锅灶和案板之间，烧菜做饭游刃有余，引得同学们连连称赞。此时的刘婷竟然快乐地哼起了歌，大家在一片欢声笑语中愉快地度过了这次的秋游。

回来的路上，同学们唱着歌儿，高兴地跳着。走出公园门口的时候，一个熟悉的身影映入了刘婷的眼帘，她脸上的笑容顿时僵住了。刘婷刚看到爸爸的那一瞬间，她准备喊"爸"，但是及时止住了。她的心里有些发怵，低着头走在同学们中间。突然，一个同学说："那边有棉花糖啊，我最喜欢吃了，大家要不要啊？"其他的同学笑着说："当然要啊！"于是，大家就飞奔着朝卖棉花糖的人奔去，剩下几个同学站在原地守着剩下的东西，等待着大家的归来。刘婷也留了下来，她站在原地一动不动地看着同学们把她的爸爸包围了起来。过了一会儿，一个同学率先跑了回来，他的手里拿着四五个雪白的棉花糖。

"给，刘婷。"那个同学跑过来首先给了刘婷一个棉花糖，然后又分给大家一人一个。一路上，每个人手里都拿着一个棉花糖，一会儿含在嘴里，一会儿举在空中，形成了一道亮丽的风景线。在同学们的热闹声中，刘婷偷偷地往回看爸爸的身影，眼泪在她的眼眶里打转。不知什么时候，班长突然来到了刘婷的身边，她慢慢地从身后拿出了一个粉红色的棉花糖。

"这是最美的一个棉花糖，你爸爸特地给你做的。"说完，班长就微笑着把棉花糖递给刘婷。刘婷眼泪汪汪地看着班长，迟迟没有伸出手，班长笑着把棉花糖塞进了刘婷的手中。然后拉着她一起奔跑，周围的同学看到刘婷手中粉红色的棉花糖，都羡慕地夸赞那是最美的一个棉花糖。刘婷望着同学们羡慕的目光，再看看班长脸上肆意舒展的笑容，刘婷也开心地笑了。

三　最耀眼的空盒子

"里特！这已经是第三次了。"埃米老师气急败坏地喊道。

课堂上，斯特路·米勒一直发出"咕噜咕噜"的声音，惹得里特多次地转过头去对他做鬼脸，埃米老师每见到一次就会制止里特。

斯特路是一个残障儿童，他五岁的时候得了一场怪病，从此以后，他的耳朵有时候能听到别人讲话，大多时候却是什么都听不到，而且他的喉咙里会一直发出"咕噜咕噜"的声音。在学校的时候，很多同学都已经习惯了斯特路发出的怪声，但是班里最小的孩子里特，觉得斯特路发出的声音就像是鸭子的声音，很好玩，所以他总是会忍不住多看斯特路两眼。埃米老师上课的时候，看到里特总是不专心听讲，一而再再而三地喊里特的名字，并且用眼睛瞪着他，希望里特能够专心上课，可是这个办法好像没有什么作用。

埃米老师实在是为这些事情感到烦恼。星期一的时候，埃米让斯特路的爸爸妈妈来到了学校。斯特路的爸爸妈妈米勒夫妇，他们接到了埃米老师的电话，很早就来到了学校。埃米走近接待室的时候，米勒夫妇正坐着，小声地谈论着什么，看到埃米老师进来，他们有些紧张地向埃米老师问好："埃米小姐，你好！"埃米老师点了点头，冲着他们微笑了下，然后就开始谈论起了斯特路。

"我建议让斯特路去聋哑儿童学校上学，这样对他和其他的孩子都有好处。"埃米老师抱歉地说出这些话。

"可是，斯特路很喜欢这里，要是送他离开了，他会很伤心的。"米勒先生首先说道。

"斯特路剩下的时间不多了，我们请求你，埃米小姐，让他在这度过他最后的几个月吧！"米勒夫人眼里泛着泪花，恳切地请求着。埃米老师听着米勒夫妇的话，不忍心拒绝，还是答应了下来。

上课的时候，斯特路还是会"咕噜咕噜"地发出声音，而里特和其他的几个孩子还是会不时地转过头去看他。只不过，埃米老师现在故意慢慢减少对斯特路的关注，尽量把他跟其他的孩子一样来看待。

圣诞节快要到的时候，埃米老师买来一棵圣诞树，让班里的每个学生都从家里带来礼物装饰圣诞树。第二天，埃米老师把装饰好的圣诞树放在教室的左边，大家看着漂亮的圣诞树，都开心极了。圣诞节过后，圣诞树还放在教室里面，埃米老师打算把圣诞树上的糖果和礼物一起分给大家。

埃米老师开始从圣诞树上摘糖果和礼物了。埃米老师摘到了一颗用红色糖纸包裹的糖果，握在手里，坐在前面的米利连忙叫道："那是我的。"埃米老师听了，笑了笑说："哦，原来这是米利的礼物，那么大家说想要得到米利的圣诞节礼物呢？"同学们纷纷举起了手，埃米老师最后把礼物给了米利的同桌。埃米老师接着在圣诞树上摘下大家的礼物，并一件件地送给了班里的同学。最后，当埃米老师摘下一个用木头做的正方形的盒子时，班里却没有人作声。

"这又是谁的礼物啊？很漂亮的盒子啊！"埃米老师拿着木盒子，目光在教室里游荡。过了许久，还是没有人回答，埃米老师笑着说这肯定是送给她的圣诞节礼物。于是，她就笑着打开了盒子，可是里面什么都没有。大家还在下面问埃米老师，盒子里装了什么。埃米老师看着盒子，一脸的尴尬，准备说"什么都没有"，但是突然间，斯特路说了一句"里面装了愿望"。埃米老师听了，惊讶地笑了，说："啊，这是斯特路的盒子啊！"

"那你是装了什么愿望啊，斯特路？"埃米老师接着问。

"我许了一个愿望，希望能够永远跟大家在一起。"斯特路说完，埃米老师愣住了，教室里一片安静。

几个月之后，斯特路没有来到学校，埃米老师打电话到斯特路的家里。米勒夫妇伤心地告诉埃米老师，说斯特路已经去世了。当时，埃米老师伤心地哭了。之后，当大家再上课的时候，教室里没有了斯特路"咕噜咕噜"的声音，但是教室的讲台上却有一个耀眼的盒子。这是斯特路的装有愿望的空盒子，埃米老师把它放在教室里，实现了斯特路希望永远跟大家在一起的愿望。

四　艾米的圣诞愿望

　　快到圣诞节了,可艾米·哈根多思一点儿都不快乐,她不像别的同学那样,为自己能得到什么样的圣诞礼物而相互间议论纷纷。艾米在学校里几乎没有朋友,她身边的人不是嘲笑她,就是与她保持很远的距离。艾米知道,他们都不坏,只是自己与正常的孩子不同。艾米很特别,她是位脑瘫患者,这导致了艾米不能像正常人那样的走路。她那双一瘸一拐的脚,给她带来不少的麻烦。但生活中的不便,艾米并不在乎,因为她是个乐观而善良的孩子。

　　今天,如果不是课间,艾米想急着回教室拿东西的话,她就不会撞上那个高大的男孩。当时艾米没有别的想法,她只想快点离开,因为被撞的那个男孩在她后面藐视地大叫道:"嗨!你小心点,拐错地方了。"然后还得意洋洋地大笑。本来艾米不怎么生气,因为这样的场面她遇见多了,可是这个大男孩不断的笑声,引来一群同学围观,大家都嘲笑她,可是没有一个人能站出来帮助她,这让艾米非常伤心。

　　艾米只是患有脑瘫,但她不是自闭的孩子。虽身有残疾但她常常自嘲"与众不同",可是她最不能接受的是别人对她的嘲笑,那些不能理解她的人,总在背后对她指指点点,真希望有一天不再被人取笑。艾米心里闷闷不乐,因为从读三年级开始,几乎每天都有人取笑她笨手笨脚走路的样子和结结巴巴的讲话。更可气的是,还有人会在艾米面前,学着她的样子,用手撑住右脚一瘸一拐地来回走路。

　　放学回到家里后,艾米独自坐在饭桌旁,一言不发。

　　"亲爱的艾米,今天学校有什么开心的事呢?"艾米的母亲看到艾米安静的样子,就知道她有心事。

　　"妈妈!我不想说我不开心,可是我真的开心不起来。"艾米用手托着下巴,看着天花板。

　　她不想把不快乐的事告诉母亲,因为家里有太多的事让母亲操心。艾米也没有什么朋友,所以在她不开心的时候,只能对着天花板发呆。

　　"亲爱的,今天电台上播报了一个有趣的活动,他们将举行一次圣诞愿望比赛。"母亲想让艾米快乐起来。

艾米继续看着天花板发呆，她还在为学校里被人取笑的事不开心："这没有什么特别的，每年的圣诞节都有这样的活动。"

"艾米，你可以试试把自己的愿望写下来，只要把愿望寄给圣诞老人，就可能得奖呢。"母亲想帮助艾米，把她不开心的思绪转移。

"哦！"突然，艾米的脑海里浮出了一个念头。"妈妈，快给我纸和笔，我要写信告诉圣诞老人，我的愿望。"

艾米在信中这样写道："亲爱的圣诞老人，我叫艾米，今年9岁。我在学校有个麻烦，你能帮我吗？他们都笑话我走路和说话的样子。我患了脑瘫，我真希望能拥有没有被取笑的一天，您能帮我实现我的愿望吗？爱你的艾米。"

她如愿以偿的将信寄给了举办这次活动的电台。电台也在发出比赛通知之后，收到了成千上万封，从全国各地寄来的圣诞愿望。艾米的信很幸运地被电台的台长选中，当他一遍又一遍仔细地读艾米的信时，觉得艾米是个坚强的女孩，她不向疾病低头，却只需要不被取笑的一天。这个不寻常的愿望，应该让全国的人民都知道。

第二天，全国的媒体都报道了艾米的圣诞愿望，报纸上还刊登了艾米的照片和她给圣诞老人的信。这回艾米成了幸运女孩，来自世界各地20多万人给她送来了友谊和支持。邮递员每天都会为艾米送来节日的祝福和充满鼓励的信件，艾米和家人会逐一阅读他们的信件。其中，有很多来信是讲述与艾米有着同样遭遇的故事，还有人与艾米相同，拥有残疾的身体，但都是内心善良。许多人还感谢艾米能勇敢地站出来，为他们讲话，这也鼓励了艾米，把取笑抛在脑后。这些来信告诉艾米，世界上到处都是互相关爱的人，让她觉得不再孤单。

圣诞节这天如期而至，这一天真的没有人取笑她，大家都为艾米的故事而感动，她周围充满了鼓励与赞许，这让艾米拥有了她自己的自信。艾米的愿望实现了，她也告诉了人们一个深刻的道理：每个人都希望得到别人的尊重、理解和关爱。艾米家所在市的市长，认为人人都有责任去实现这个最美的愿望，就把12月12日的这一天，命名为"艾米·哈根多思日"。

五　我们的奶酪

金立中学三年级（1）班在学校是出了名的差班，学校里的老师都不愿意带这个班级。说这个班级差，并不是说这个班的学生的成绩全都是这个年级的末尾，而是这个班的学生平时要么是成绩差，要么是调皮。对于三（1）班的学生，很多老师都是顾得了这个却顾不了那个，所以长期下来，整个班级的差名声就"声名远播"了。

最近，三（1）班又转来了一个新生，她叫乃酪。

乃酪原来在三年级（3）班，是一个成绩很不错的女生，只是平时很文静，不爱与人打交道。上个学期，乃酪突然得了一场怪病，她在医院里住了两个月之后回来，就变得不会说话了。乃酪变成哑巴的事情并没有很快让大家知晓，只是她的左耳朵是完全聋了，这才让同学们发现了她的异常。乃酪平时不爱说话，以至于生病之后回来变成哑巴也没有人及时发现。周围的同学开始会过来关心乃酪的身体，但是她不讲话，这在同学们的眼里已经习以为常了，所以大家并不觉得奇怪。只是，几次考试下来，乃酪的成绩直线下降，三个月之后竟然掉到了班里的最后一名，这让老师都很奇怪。后来通过了解，大家才知道乃酪已经成为了聋哑儿童。时间一长，乃酪的学习越来越赶不上班里的同学，老师建议她休学，但是她坚持留在学校，无奈之余学校只好让她转到了现在的三（1）班。

乃酪来到三（1）班的那天，全班的同学为新加入一个"玩伴"而欢呼着，老师站在讲台上大声呵斥也没能制止住他们兴奋的笑声。很快，这些调皮的学生就知道乃酪又聋又哑了。有时候，有些学生故意偷偷地跑到乃酪的后面，然后在她的右耳旁大声地喊一声，这时常会把乃酪吓得大跳。忍无可忍的时候，乃酪讲不出话，只好看着他们，这时他们就会为自己的"胜利"而开心地大笑。有时候，有些学生也故意说：我最不喜欢吃奶酪了，又甜又腻。因为"奶酪"和乃酪的名字同音，所以他们有时也会用这些话来嘲讽她。对于周围同学的戏弄，乃酪从来不理会，她依旧跟以前一样，专心地学习，专心地听讲。只是，就算这样做，她的学习成绩依然没有得到多大的提升，因为她遇到一些不懂的问题，既听不清楚，又不方便问老师。为了提高自己的学习能力，乃酪私下自学了手语，很快，她就能够用手语去回敬那些调皮孩子的恶作剧。

三（1）班的学习风气还在懒散地延续着，同学们对乃酪的捉弄也没有停止过，这些直到一次合唱比赛才彻底改变了。

临近七一建党节的时候，学校打算举办一场红歌大合唱比赛。这次比赛要求每个班级都要参加，三年级（1）班也不例外。当老师在班里宣布这个消息的时候，学生们都觉得不关自己的事，只有乃酪认真地听着，听完她又开始伤心了起来，因为她不能参加大合唱。老师看着三（1）班学生的反应，就跟学校反映，请求取消他们的参赛资格。得到这一消息后，三（1）班的学生反而大闹了起来，他们跟老师说他们一定要参加这次大合唱比赛。学校顶不住这些学生的闹腾，最终还是恢复了他们的参赛资格。

老师回到教室，对这帮学生感到很头疼，于是便说："这次比赛，你们既然要参加，那你们自己去搞，看你们能搞出个什么名堂。"越是听到老师这样讲他们越是不服气，尤其班长感到受到了天大的委屈。他站在讲台上义愤填膺地跟大家讲，这次一定要赢了比赛。当时，班里的那些同学不管平时闹不闹的，这时都认真地听着班长的讲话，并坚定地说"加油！"

与老师抬杠之后，三（1）班的学生真的是开始着手准备大合唱比赛了。班长首先派人去打听了一下其他的班级准备了什么花样，然后又安排一些同学出主意。最后，在刺探完"军情"之后，他们决定要来一次与众不同的大合唱。

到了比赛的那天，大家都是抱着看热闹的心态去观看三（1）班的表演。但是，到了三（1）班上台表演的时候，全校的师生都惊讶了。

比赛开始的时候，三（1）班的所有学生都到了场，这里当然也包括乃酪。他们一排排地站好，然后让乃酪站在最前面，转过身，背对观众。当音乐声响起的时候，乃酪熟练地挥舞着双臂，舞台上顿时响起了整齐嘹亮的军歌。同时，全班的同学都随着自己的歌声同步做起了手语。比赛结束后，三（1）班出人意料地拿得了比赛的第一名，大家一起拥过去将乃酪抬了起来，举在空中欢呼了起来。

早在比赛的时候，班里的同学都在千方百计地想着法子搞出新意，最后好不容易想出了用总指挥的方式来进行，却烦恼没有人来担任。这时，一向不说话的乃酪勇敢地站了出来，她说自己以前练过音乐指挥，现在也可以。当时，他们还是在嘲讽她，说她又聋又哑怎么能胜任得了。但是，在乃酪的再三请求下，她还是争取到了这个任务。并且，有同学从乃酪的手语中得到灵感，建议让乃酪把这首歌编成手语教给大家。就这样，三（1）班独特的表演上场了。

这一次，乃酪用自己的努力证明了她能行，同学们也从这一次的活动中真正地找回了做好学生的乐趣。从这之后，三（1）班的面貌焕然一新。对于这一切，他们都觉是这是乃酪的功劳。所以，同学们都亲切地称乃酪为"我们的奶酪"。要是再有人在乃酪的耳边吓唬她，这时就会有人过来制止她。因为他们知道，这是他们的"奶酪"，他们担心会吓坏了她。

六　卡梅拉的小秘密

卡梅拉正在念初中二年级，平时，卡梅拉的成绩不算好但也不是班里最差的。尽管在班级里是一个成绩平平，各方面也不怎么突出的学生，但是卡梅拉并不因此而自卑和消极，也不会违反班规班纪。她反而很开朗，和同学们也很合得来，只是不怎么惹老师注意。

一次，卡梅拉由于星期天和妈妈一起出去玩而忘了完成莫尔老师布置的作业。开学上课的时候，大家都早早地把自己写好的作业从书包里拿出来，摆在桌上，等待着莫尔老师的到来。只有卡梅拉还在为自己空白的作业本而坐立不安。

"嘿，玛丽，你的作业写完了吗？"卡梅拉扯了扯坐在她旁边的同学玛丽的衣服。

"是啊！卡梅拉，我的作业已经写好了，你的呢？"玛丽关心地问道。

"我……我……我的还没写。"卡梅拉吞吞吐吐地回答。

"啊！"玛丽惊讶了起来，"那让莫尔老师知道了，他会生气的。"卡梅拉耷拉着脑袋，一脸的沮丧。玛丽看着卡梅拉伤心的样子，她悄悄地把自己的作业本递给了卡梅拉，并对她笑了笑。卡梅拉知道玛丽是班级里面成绩很好的学生，这下有了玛丽的帮助，至少她不会因为作业是空白的而遭到莫尔老师的惩罚了。正当卡梅拉为得到帮助而暗自开心时，莫尔老师进来了，他说："我亲爱的孩子们，你们的作业写完了吗？我们上完了这节课之后，就请大家把自己写好的作业交给我吧！"

"好！"同学们异口同声地答应着，卡梅拉则夹杂在大家的声音中迅速地把玛丽的作业本压在了书本的下面。

上课的时候，莫尔老师在讲台上专心地讲着课，卡梅拉忐忑地抄着玛丽的作业。她一会儿抬起头看看莫尔老师，生怕他看到自己在抄作业，一会儿又埋下头奋笔疾书起来。在下课铃响起前，卡梅拉终于抄完了这次的作业。她将自己的作业本合上，然后又把玛丽的作业本悄悄地还了回去。然后，到下课的时候，她开心地交上了自己的作业本。

几天之后，莫尔老师把批改好的作业本发了下来。全班的同学都拿到了自己的作业本，却唯独卡梅拉的作业本没有收到。上课的时候，卡梅拉看到莫尔老师手里拿着一本作业本，她想这应该是她的。但是，为什么莫尔老师不把她的作业本发下来呢？"糟了，莫尔老师肯定是发现了自己抄了玛丽的作业。"卡梅拉想到这里，心跳不由得加快了起来。

"今天，我们来说一说我们上次完成的作业。这次，大家的作业都完成得不错，虽然有地方做错了，但是大家都有自己独到的见解，这是你们的创意，很好！不过，这次有几个人的作业完成得特别出色，尤其是我们的……"莫尔老师说到这里的时候故意停了下来，然后望着卡梅拉，此刻卡梅拉的心脏紧张得快要跳出来了，可就在此时，莫尔老师还是说出了"卡梅拉"。卡梅拉听到自己的名字，紧张得闭上了眼睛，而全班的同学则全都惊讶地看着卡梅拉，也许他们是不相信从来默默无闻的卡梅拉，这次竟然进步这么大。接着，莫尔老师又说话了："卡梅拉同学这次的进步很大，她的很多题目的想法都很奇妙。"说到这里，莫尔老师又停了下来，"但是……卡梅拉同学，请你站起来。"卡梅拉听到莫尔老师的话，慢慢地站了起来。

"请问，你的这些想法从何而来？玛丽的很多想法跟你的也很相像哟！"莫尔老师说完看着卡梅拉，班里的同学则又是一阵惊呼。卡梅拉知道，就凭莫尔老师的火眼金睛，他一定是发现了自己抄了玛丽的作业，所以才这么问的。卡梅拉站着，脸上热得发烫，站了半天没说话，但是莫尔老师丝毫没有就此作罢的意思。卡梅拉经不住自己内心的拷问，她终于准备要说出实话了，但是就当她说出"我"的时候，玛丽突然站起来，并大声说道："莫尔老师，我最近经常跟卡梅拉讨论着一些事情，所以我们的很多想法都很接近。是这样的，请莫尔老师不要误会卡梅拉。"莫尔老师听了玛丽的解释，"哦"了一声，然后让卡梅拉坐下并接着表扬了卡梅拉和玛丽合作学习的精神。

卡梅拉坐下之后，心情逐渐地平复了下来。她望着玛丽，高兴地笑了。课后，卡梅拉跟玛丽谈论着这件事，玛丽说让她不要放在心上，这是属于她的小秘密。从此以后，卡梅拉就真的经常向玛丽请教问题，而且，卡梅拉的成绩很快地就有了提高。当莫尔老师再次在班上夸奖卡梅拉的时候，卡梅拉看看玛丽，又想起了自己的那个小秘密。她在心里告诉自己，"以后一定要做个认真学习，诚实守信的好学生"。

七　别让毛毛虫躲在茧子里

　　童童和乐乐是同桌，童童的学习成绩很好，而乐乐的学习成绩却总是不如意。大家都很奇怪，平时看他们两个人在一起学习，都是很认真，可是为什么结果不一样呢？为此，老师和同学都只想到了一种解释，那就是乐乐没有童童聪明。

　　上课的时候，老师很喜欢拿童童和乐乐做例子。通常都会把童童作为正面的教材，教导大家要以童童为榜样，学习要找到正确的方法，而乐乐则通常成为了事倍功半的教材。为此，乐乐有时候很不开心，他不开心的时候就会把头埋进自己的抽屉里。乐乐的抽屉很大，而且是从上面翻盖的。每次乐乐把桌子打开，然后把脑袋塞进去，然后整个人就少了大半截。童童作为他的同桌，也为他的成绩而同情他，但是她从不觉得自己比乐乐聪明。因为乐乐看了很多书，会做很多事情，而这些都是童童做不到的。每次看到他被老师当作例子拿来讲之后的反应，童童总以为他是偷偷地把头埋在抽屉里哭，所以总是不敢去叫他，害怕更加刺激他。直到后来有一天，童童发现，其实乐乐学习成绩不好是另有原因。

　　那天上课的时候，老师又拿童童和乐乐开了玩笑。下课后，乐乐把头埋在抽屉里，过了一会儿拿出来，脸上一副若无其事的表情，然后去上厕所了。童童看了，心里真是为他感到难过。但是，童童一直都很奇怪，她开始以为乐乐是把脸埋在抽屉里偷偷地流泪，但是长时间观察下来，她发现其实乐乐并没有哭过。所以，童童就好奇乐乐到底把头埋进抽屉干了什么。这次，乐乐离开了教室，童童决定打开乐乐的抽屉一探究竟。

　　"啊！"童童打开乐乐的桌盖，尖叫了一声。她看到乐乐的桌子里面养了很多毛毛虫，各种颜色的毛毛虫，有的已经在吐丝结茧了，有的则长得很大。童童看着毛毛虫那满身的毛，立刻觉得身上的鸡皮疙瘩全起来了。童童立马关上了乐乐的桌子，她自我调节了一下。冷静下来之后，童童想想，乐乐应该是因为养这些毛毛虫而没有专心上课。于是，童童高兴地跑去找老师，跟老师说了自己的发现，并跟老师请求，希望他以后不要再这么说乐乐啦。老师得知这个消息后，他来到教室，看到乐乐又把头埋进了抽屉里面。老师径直走过来，一下把乐乐的脑袋从里面拽出来。

"乐乐，你在干什么？"老师生气地问着他。

"我……我……我没干什么。"乐乐支支吾吾地回答。老师没听他说话，一把打开他的抽屉，同学们看到里面有好多毛毛虫，顿时都惊呼了起来。

"给我把这些虫子都扔掉，不好好学习，跑到学校来搞这些东西。"老师给乐乐发命令了。乐乐站在那里不动，眼泪在眼眶里打转。童童看着乐乐没有行动，她担心老师因此而惩罚他，所以她主动提出让她来处理这些毛毛虫。老师点头答应了，乐乐就眼睁睁地看着童童把这些毛毛虫从自己的抽屉中清除干净。

抽屉里没有了毛毛虫，乐乐再也没有把头埋进抽屉里了。但是，他也知道了这都是童童告的状，所以他不再理童童了。童童开始为自己的告密感到抱歉，所以经常主动跟乐乐说话，但是乐乐生她的气，坚持不理她。后来，童童索性也不跟他讲话。没有了毛毛虫，也没有了老师的取笑，乐乐和童童还是一如既往地认真学习。一个月后，大家又迎来了一次月考，这次考试成绩出来后，让大家都吃惊的是，乐乐的成绩竟然超过了童童。看样子，大家认为的童童比乐乐聪明的结论已经不成立了。

当学校颁布奖励给乐乐的时候，童童看着他站在领奖台上骄傲地昂起头看着自己的时候，童童开心地冲他笑了。乐乐回来之后，童童交给了他一个正方形的大礼盒，笑了笑，让他打开看看。乐乐打开礼盒，里面有几只漂亮的蝴蝶马上飞了出来，而盒子里静静地躺着的是很多已经结了茧的蛹。

"这不是我的毛毛虫吗？它们都变成蝴蝶了啊！"乐乐高兴地叫了起来。

童童告诉他，老师让她把这些毛毛虫扔掉之后，她偷偷地把它们养在了家里，这几天它们正在破茧，所以她就想让乐乐看看破茧成蝶后毛毛虫是多么漂亮。她觉得乐乐就像是这些毛毛虫，只是因为他一直把自己的才能掩藏了起来，没有真正地通过学习展现给大家看，所以老师和同学们才不了解他。这下乐乐明白了，原来童童做了这一切，都是为了让他明白：不能让毛毛虫躲在茧子里，破茧后的毛毛虫才能变成美丽的蝴蝶。

八　冬日暖阳

冬天的太阳很吝啬，刚露了个脸就躲进了云层里。偶尔跑出云层的几束阳光，透过窗户的缝隙照射进教室，落在陈亮的桌位上。

"陈亮，我们换个座位吧？"刘星笑嘻嘻地跟陈亮央求着，"你知道我最怕冷了，整个教室就你这里暖和些。"

"就你怕冷，我不怕冷啊！"陈亮一口回绝，并得意地捋捋自己的发型。

刘星是班里出了名的"刁蛮"女王，她的学习成绩很好，平时有些同学总会跟她请教一些作业。刘星总是喜欢很霸道地"占取"同学们的东西，只要她看上的东西一定会千方百计地得到，要么是用自己的东西交换，要么是大家自愿给她的。因为实际上，刘星经常会帮助大家。不过，帮忙归帮忙，刘星的脾气总归是有些大小姐的脾气。

有一次，刘星看上了班里一个男生的一本笔记本。她走上前去，拿出自己的一支钢笔，放在那同学的桌上，然后就拿着那笔记本走了。当时，那个男生心里其实很不情愿把那个本子给她，虽然是她交换的。但是，那本子是那个男生生日时朋友送给他的礼物，所以他一直很珍惜它。那一次，刘星把他的本子拿走了，后来那个男生去要了几次，刘星不管说什么都不肯还给人家。时间长了，那个男生也就将此事作罢。对于刘星的行为，班里大部分的同学都已经习以为常，但也有些人特别看不惯刘星的作风，而陈亮就是其中的一个。

到冬天的时候，正好处于无阳区的教室只有可怜兮兮的几束阳光照射进来，而那几束像金子般的阳光刚好是照在了陈亮的座位上，所以陈亮的座位一到冬天就是一个"香饽饽"。这次，刘星也看上了这个风水宝地，她几次三番地来跟陈亮要求换桌位，不管是给予精神上的"恐吓"还是给予物质上的补偿，陈亮就是不为所动。

"想让我'退位让贤'，哼，做不到！"陈亮在心里想着，"别人都怕你，我亮哥可不怕你。"

"不换就不换嘛，你得意什么？"刘星气得直跺脚，然后无奈还是转身离开了。经过了多次的沟通和几次的明争暗夺，刘星最终还是败下阵来，她对此虽然感到很不甘心但也是束手无策。无奈之下，也只好放弃了这次的夺取。

一场物理测验之后，物理老师将卷子发了下来。刘星以最高分获得了班里的第一名。物理老师把卷子发下之后，说让同学们自己先看看，自己找出错误的根源，然后在上课的时候点名回答。到了上课时，物理老师点到了陈亮，让他讲的那道题刚好是他不会的。陈亮站起来半天回答不出来，急得脸涨得通红。

"陈亮，你要是答不出来，可以请一个同学帮助你回答"，物理老师在讲台上注视着他。陈亮在心中盘算着，"我能让谁帮我呢？好像我了解了一下，全班只有刘星一个人把这道题做对了，我总不能让她帮忙吧？"正当他想得入神，刘星突然站了起来，然后流利地说出来这道题的解题步骤。物理老师听了，满意地点了点头，并让陈亮和刘星都坐下。

下课了，陈亮想为课上的事情对刘星说声谢谢，但是有点儿不好意思。最后，他还是决定要亲自道谢，"大不了就把自己的座位换给她"，陈亮最后挣扎着在心里说。于是，当刘星走过陈亮旁边的时候，陈亮一下喊住了她。

"刘星，谢谢你上课的时候帮我解围呀！"陈亮说完这句话立马站起来，随手做了个请入座的姿势，因为他心里已经做好了随时贡献自己座位的打算。刘星看着陈亮的举动，有些惊讶，但随后就说说道："上课的那道题我闭着眼睛都会做，只是你太笨了而已，所以不客气，还有，姐已经不稀罕你的座位了。"刘星说完，潇洒地一个转身，徒留陈亮一个人站在原地发愣。对于刘星的讽刺，陈亮觉得很生气，他在心里暗暗地想"不就是解一道题嘛，有什么可得意的？"

几天之后，刘星感冒病了。她每天来到教室不停地咳嗽，上课的时候穿了好几层的棉袄还在发抖。她这一病，班里倒是安静了，没有了刘星霸道的"抢夺战"，同学们倒有些不适应了。有的同学主动地送上了自己的衣服，有的同学主动地为她倒来开水。陈亮坐在一旁，看着大家为刘星忙前忙后。阳光照在他的身上，暖洋洋的。

放学之后，陈亮悄悄地把刘星的座位换到了自己的位置，然后把自己的桌子搬到了刘星的位置上。第二天早上，阳光还是固定地照在了那个位置，但这时已经是刘星的位置了。刘星来到教室，走到陈亮的旁边。

"看什么看？你的位置在那边！"陈亮不客气地说，然后指了指他原来的座位。刘星看了看，一边咳嗽一边走过去，坐下，然后看了看陈亮。他正

坐在她的位置上看书，写作业，刘星于是也开始写作业。

上课的时候，阳光照在刘星的身上，她突然感觉到这个冬日的阳光格外地温暖。

九　特别的用意

小川是在初三的时候认识的潇潇，那时，她们是在同一个班级。小川的性格大大咧咧，而潇潇平时在班级里面也是活泼好动的，因此她们在初中的时候便是好朋友，但是关系还没有那么亲密。到了高中的时候，她们很幸运地都考上了市里的重点中学。从那是开始，小川和潇潇才正式确定了闺蜜的关系。

来到高中之后，面对陌生的校园和陌生的同学，小川刚开始有点不适应。突然没有了那么多的朋友，小川只要是一个人的时候，都会觉得很孤单。所以，在学校里不管做什么，小川都会喊上潇潇一起去。虽然小川和潇潇被分在了不同的班级，但是她们在放学的时候总是会一起去食堂吃饭，放假的时候一起去逛街，这情形就像是两个亲姐妹。对于这段友情，小川很珍惜，她在心里觉得以后不管发生了什么事情，潇潇都会是她最好的朋友。可是，到了高二的时候，她们的关系就慢慢地改变了。

高二刚开学的时候，学校里开始分科。小川选择了读文科，而潇潇则选择了读理科。她们的班级教室分别分布在校园的东南和西北角，中间有一段很长的距离。有一段时间，潇潇的老师老是拖堂，小川就一直在学校的食堂门口等她放学，然后和她一起去吃饭。这样的日子久了，潇潇说担心会耽误小川的时间，所以让她不要等她，自己先去吃饭。小川坚持不肯，还是照例去等她。潇潇为此，感到特别感动，于是就叮嘱小川，既然要等，那她下课后就会尽快赶过来。两人就这么说好，小川感到很开心，她觉得只要有潇潇这个好朋友陪着她，那么她就什么都不怕。可是有一天，当小川站在食堂门口等潇潇的时候，最后却没有等到她的人。

那天放学后，小川远远看去，发现潇潇的教室外没有动静，她知道她们老师又拖堂了，所以小川就安心地在食堂那边等潇潇。半个小时之后，潇潇还没有来，食堂里有很多同学都已经吃完饭离开了。于是，小川就赶到潇潇的教室门口，发现教室里面空无一人。突然，她看到潇潇的一个同学从教学楼里出来，她连忙上去问她，那同学告诉她，说潇潇早就去吃饭了。小川于是又跑去食堂那边，担心潇潇正在那边等她。可是，当小川过去的时候，食堂门口并没有人，而且连食堂内的人都快走完了。小川闷闷不乐地回到了教室，一直想着刚刚的事。

晚上吃饭的时候，小川又去食堂门口等潇潇了，但是快到上课的时候她还是没有等到潇潇过来。这下，小川生气了。晚上放学后，小川径直离开了学校，回了家，并没有等潇潇一起。第二天上学的时候，潇潇托人给小川送来了一张纸条，上面说她昨天换座位，然后就忘了要和小川一起吃饭了。潇潇并且还说，以后她们会老是拖堂，所以让小川不要等她了。看着潇潇写的话，小川的眼泪顿时夺眶而出，她心里感到非常难过。之后，小川赌气没有去找过潇潇，但是潇潇有时候还是会来看一下小川，不过小川觉得潇潇没有把她这个朋友放在心上，所以很长时间都不理她。后来，潇潇索性也不来看看小川了。小川见潇潇没有来看她，她心里更难过了。

一个月之后，潇潇没有跟她联系过。两个月之后，潇潇还是没有跟她联系过。三个月之后，潇潇还是没有来找过她。小川一直在数着日子，很长一段时间都无法走出伤心难过的情绪，她一直觉得是潇潇先背叛了这段友情。从那之后，小川决定要彻底忘记这个朋友，于是她又重新交了很多朋友。一个学期之后，小川渐渐走出了失去朋友的阴影，她的身边有了一群好朋友，这时候即使在路上看到了潇潇，小川也故意装作没看见一样。可是，新学期开始了两个星期，小川不管什么时候，她都没能碰上潇潇，她心里有些奇怪了。周五上完课之后，小川来到潇潇的班级，她看到潇潇的位子是空的，连桌子上面也是空的。小川于是进去问潇潇的人在哪儿，可是她的同学告诉小川说，潇潇这个学期开始就没来上课。小川一下子懵了，她在周末的时候打听了一下潇潇的消息，最后得到的竟是她得了重病，现在在医院里。

听到这个消息，小川简直无法相信自己的耳朵。她哭了一整夜，心里沉重得像是压了一块石头。

过了几天，小川收到了一封信，这封信是潇潇写给她的。小川拆开信，看到上面写着：

小川，对不起！我知道这段时间让你伤心了，你一直是我最好的朋友，我并没有忘记。我上个学期就知道自己得了重病，我怕你以后没有我会不适

应，所以我故意疏远你……

看着手中的信，小川大哭了起来。不久之后，小川打电话给潇潇的家人问她的情况，他们却告诉她潇潇已经去世了。面对这一消息，小川却出奇地平静。她收拾好关于潇潇的一切记忆，然后开始学会一个人吃饭，一个人逛街，并学会更加珍惜身边的朋友了。不过，有时候她还是会突然走着走着就流起眼泪来。

十　我接受你的拒绝

李倩的语文成绩很好，长得也很可爱，她的性格活泼开朗，尤其讨人喜欢。上初三的时候，班里的老师总是把李倩的作文当作范文，拿来读给同学们听，同学们都特别羡慕她，也都很喜欢和她做朋友。

那时，班里总流行"帮弱扶贫"的做法，老师经常会让成绩好的学生和成绩差的学生坐在一起，然后让成绩好些的学生去帮助成绩差的学生共同进步。李倩由于语文成绩好，而且性格开朗，所以就和班里一个文弱的"书呆子"坐在了一起，"书呆子"是班里同学对陈阳的称呼。陈阳是一个个子高高的男生，他时常戴着眼镜坐在位子上研究一些物理和生物知识，不爱说话，也不爱交朋友。所以，他的所有的理科成绩都很好，却唯独语文老是考不及格。老师为了让他能够在语文上得到进步，所以就安排他坐在李倩旁边，希望李倩能辅导陈阳的语文。面对老师的寄托，李倩欣然地答应了，本来她就是一个爱交朋友的人，而且是不管和谁，她都能打成一片。

自从陈阳和李倩做了同桌，李倩果然不负众望，兢兢业业地坚守着自己的"教育"岗位，尽力帮助陈阳辅导语文知识。李倩帮助陈阳安排了一个语文学习计划，并在课后给他恶补一些文化常识，这样时间一长，陈阳的作文素材倒是积累了不少。但是，在拼音文字方面，陈阳学习起来还是很困难。对此，李倩又想出一个法子，她每天早读的时候，都让陈阳对着她读一篇课文，每当他有读错的地方，李倩就会立刻纠正他的读音。时间一长，陈阳的语文成绩果断地得到了很大的提升，而陈阳也慢慢地愿意与人交谈，但是这个人也只限于李倩。

后来，李倩见自己的任务顺利地完成了，所以就减少了对陈阳的辅导。但是转而一想，陈阳的数理化这么好，放着这么好的资源在身边，不用白不用，所以李倩打算也让陈阳给她辅导辅导数理化。通常的情况下，不管是谁去找陈阳请教问题，他都是沉默着不说话，就只是自顾自地学习。但是这次，当李倩一开口说出自己的请求时，陈阳就答应了，李倩觉得是自己给陈阳辅导了语文的缘故。

李倩和陈阳做了3个月的同桌，这3个月以来，李倩和陈阳互相辅导，各自的成绩都有了很大的提高。3个月以后，李倩和陈阳的座位调开了，但是大家慢慢地发现，陈阳已经不是从前的那个"书呆子"了。陈阳开始在课堂上积极地发言，然后是阔谈历史和地理，尤其是他也渐渐地交到了一群好朋友。陈阳的这些改变，大家都觉得是李倩的功劳，就连李倩自己也这么认为。所以大家就常跟陈阳开玩笑，说："陈阳，你能有今天，都是人家李倩的功劳，你说你拿什么回报人家？"这时，有人会说："那就以身相许呗！"说完，大家就哈哈大笑了起来，李倩知道大家是开玩笑，每次也只是开着玩笑回答说："陈阳是我的兄弟，你们毁了我的声誉可以，但是不要毁了他的啊，那样我就不客气了啊。"而陈阳，他每次都只是听着大家说笑，自己并没说什么。

整个初三下来，大家还是一如往常地爱开陈阳和李倩的玩笑，但是李倩更愿意把那个当作是自己"教育"成功的一个范例。尽管大家总是这么说，但是李倩和陈阳的友情丝毫没有受到影响，他们逐渐成了很好的朋友，至少在李倩看来是那种无话不谈的朋友。可是，临近中考的一个星期的晚上，大家都在上晚自习。陈阳过来找李倩请教一个文字的发音问题，李倩正好也有问题跟他讨论，于是两个人一直讨论到了下自习。当两个人把问题都解决后，教室里的人全走了，陈阳建议和李倩一起出去走走。

陈阳和李倩来到校园的操场上，操场上有很多人在跑步，他们绕着操场走着。李倩一边走着，一边笑着跟陈阳说一些班里的事情，而陈阳听着一会儿笑了，一会儿也会说上那么几句。说着说着，陈阳突然低沉地说："李倩，我希望我们能够在一起！"李倩听了，心里"扑通"地跳了一下，然后反应过来，故意大笑着说："哎呀，兄弟，干吗那么矫情啊！我们大家现在不都是在一起并肩作战吗？现在是中考的关键时刻，我们的青春和汗水应该在战场上挥洒啊！一起加油！"说完，李倩使劲地拍了一下陈阳的肩膀，然后向前跑去。陈阳沉默了一会儿，然后追赶上去，大声朝着李倩喊："我接受你的说法。兄弟，我们一起加油！"

昏暗的灯光下，李倩和陈阳一前一后地围着操场快速地跑着，口里还大声喊着"一起加油！"

十一　今天，我们都去吃河粉

"这次的春游，每个人都交 50 元，有没有人不去的？有不去的同学请课后在我这里来登记一下。"班长说完从讲台上下来，有一个女生过去找了班长。

"你为什么又不去啊，林小莫？每次班级活动你都不参加，你这次说说你又有什么原因。"班长看了一下眼前的女生，言语间带着责问的语气。

"我这几天拉肚子，我怕后天还没好。"林小莫像犯了错的孩子，低着头小声地说道。

"好吧！"班长说完摇摇头，在班级的花名册上，将林小莫的名字打个钩代表她不去。

星期天班级停课，大家都乘坐着大巴出去春游。在车上，班长站在前面，建议大家多些交流和沟通。于是，同学们就一起聊起天来。大家一会儿聊到学习，一会儿聊到生活，一会儿又说到班级聚会的事情。一说到班级聚会的活动，班长就想到了林小莫，"从高一到现在高二，林小莫一次都没有参加过班级的集体活动。她到底是真的每次都有事，还是不喜欢和大家打交道啊？"班长在心里想着。想着想着，班长就和大家说起了林小莫。这时候，一车的同学便开始讨论起林小莫了。

"我觉得林小莫是故意不想来春游的。"一个同学说了自己的看法。

"林小莫应该是不舍得花钱吧！我平时看她就特别小气，从来都舍不得请别人吃东西。"

"还有啊，我看林小莫总是穿着那几件衣服，简直就是守财奴嘛！"

在车上，大家你一言我一语地说着林小莫，言语中都显示着他们对林小莫的讨厌和排斥。班长听着大家的话，要是没有听她们说，她还真不知道林小莫平时会有这么小气的一面。因此，班长在心里就更加讨厌林小莫了。

春游活动结束之后，很快学校里要举行一次大合唱比赛。这次比赛要求每个班都是 10 个男生，10 个女生。班长仔细算了一下，要是班里所有的女生都参加的话，那人数就可以凑齐，但是这 10 个人包括林小莫。班长一想到林小莫平时都不会参加班集体活动，而这次大合唱估计还要买统一的服装，她估计林小莫就更加不愿意参加了吧。不过，转而一想，如果林小莫不参加，那样的话，人都凑不齐，就更不用说比赛了。"不管了，这次无论如何，必须要让林小莫参加大合唱比赛。"班长在心里暗自想到。

"现在，我宣布一下参加本次大合唱比赛的人员的名单：李峰、夏雪、马丽丽……林小莫"班长念完了最后一个名字——林小莫的时候，故意看了她一下。她看到林小莫的眼中流露出一种焦虑的神情。班长接着说："这次大合唱比赛是每个班级都要参加的，我们班里的女生比较少，所以以上念到的人都一定要参加。到时候，我们要穿统一的服装上台演唱，至于是买班服穿还是穿其他的衣服，那就到后面再说。"说完这些，班长走下台去。她担心林小莫又会过来跟她讲，说自己不想参加这次的大合唱活动，于是她看了看林小莫，但是她只是坐在那里做作业，这下班长的心里就放心了。

放学之后，林小莫还是来找了班长，但是这次她没有直接说自己要退出比赛，而是跟班长说，能不能在比赛的时候大家统一穿校服。班长问她为什么，她支支吾吾地说不出原因，然后班长就说："每次的班集体活动都是代表着我们这个班集体，我不想因为服装的事情而影响了我们的这次比赛。我知道你是不想花钱买衣服，没事，到时候我们大家一起为你分摊这件衣服的钱，这下你可以不用担心了吧？"班长说完转头就走了。林小莫一个人站在那里，偷偷地抹眼泪。

第二天上学的时候，林小莫给班长写了一个纸条，告诉她如果班里同学都要买衣服才能参加大合唱比赛的话，那她就不参加了。班长看了，非常生气，她去找林小莫说这次比赛的重要性，希望她能准时参加，但是林小莫一直沉默不语。无奈之下，班长去找班主任说明这个情况。班主任听了之后，他告诉班长说林小莫的家庭条件不是很好，林小莫现在是跟卖河粉的爸爸在一起生活。知道了这些之后，班长终于想清楚了为什么每次林小莫都不去参加班集体的活动了，实际上是不参加要花钱的活动。这次也是一样，林小莫不想增加爸爸的负担，所以她才千方百计地省钱。

找班主任了解到了这些情况之后，班长回来并没有再去找林小莫。只是，两天之后，班长拿来一堆衣服，然后发给要参加合唱比赛的同学，这其中当然也包括林小莫。当林小莫拿着买来的衣服时，她连忙跟班长说她不要。班长走过来，笑着跟她说："林小莫，这衣服可不是白给你的，你可要请我们大家每人吃一碗河粉啊！"说完，其他十几个人也一起过来，笑着说——河粉！河粉！

看着大家的微笑，林小莫也笑了。她高兴地答应了，说："好，今天我们都去吃河粉！"

十二 一个"克莱恩"患者的故事

高玮是一名克莱恩·莱文综合征患者，他无论是吃饭还是上课，总会突然睡着。现在，他是一名研究"克莱恩"病症的教授，能够有今天的成就，高玮一直觉得那是由于一个人和一件事。如今，每当高玮遇到学生问他，"作为一个'克莱恩'患者，你是如何获得成功的"的时候，他就会说："我给你们讲个故事。"

于是，他就开始讲起了那个属于他高中时代的影响了他一生的故事。

高中的时候，高玮和一个女生坐同桌。刚进学校的时候，大家都不知道高玮是一个"克莱恩"患者，只是看到他总是在睡觉。作为高玮的同桌，那个女生开始总是会去叫醒他，但是时间长了，她也就索性让他睡了。再后来的时候，那个女生也知道了高玮的病症，而故事就从那时开始了。

一次课上，老师正在讲课，他点名同学起来回答问题，刚好点到了高玮。高玮那时刚刚从睡觉的状态中醒来，他站起来看着老师，一脸的茫然。班里所有的人包括老师知道他总是爱睡觉，看他这睡眼惺忪的样子，老师猜想他肯定是又在课堂上睡觉了。于是就批评了他，然后让他一直站着。站着，站着，高玮又睡着了。大家都在专心地上课，根本就没注意到高玮站着还在睡觉，只是老师在讲台上讲课，讲着讲着突然大喊一声"高玮！"。这一声，把全班的同学都吓了一跳，但是还是没有叫醒高玮。同桌看了看，发现高玮竟然又睡着了，她使劲地拧了一下高玮，高玮这时醒了，他眼神迷茫地看着老师。

"站着都能睡觉，你这真是练了睡功啊，高玮——坐下！"老师毫不留情地讽刺了高玮。同学们听了都哈哈大笑起来，只有同桌拉了拉他的衣角，提醒他坐下。面对老师和同学们的嘲笑，高玮一脸的无辜，他清醒过来后觉得很难过。那天受到了老师的嘲讽后，高玮一直不停地掐自己的手，好让自己时刻保持着清醒。同桌看着高玮这个样子，她有些担心，并安慰他说："你知道你睡着的样子像什么吗？像沉思者！"说完，同桌就闭上眼睛，做起了"沉思者"的动作来。高玮看着同桌的姿态，禁不住笑了。后来，同桌就一直以"沉思者"的名称来称呼高玮。

往后，高玮还是会忽然地睡着了。有一天下课了，高玮趴在桌子上睡着了，突然有个同学恶作剧地跑过来在高玮的耳边大喊了一声。高玮惊得一下子站了起来，他双眼瞪着那个同学，非常生气。可是，那个同学丝毫没有感觉到高玮的怒意，他只是得意地笑了笑。高玮当时站起来就打了他一拳，接着两个人就打了起来。同桌见了，连忙上去拉开他们，好不容易在大家的帮忙下，将他们拉开了。可这时，那同学又骂了起来："你就是个没用的'睡神'，每天只知道睡觉，还要什么狠。"

"王力，你这话说得过分了哟！他又不是故意的。"同桌女生激动地回了那个同学一句，然后让高玮坐了下去。事后，同桌又安慰高玮说，他是一个孤独的沉思者，所以不需要别人的理解。高玮听了，又开心地笑了。

几个月之后，高玮要休学了。大家对高玮的休学都感到很奇怪，只有同桌的女生没有表现出好奇的表情。高玮临走的时候，他跟同桌说自己是一个"克莱恩"患者，还解释了自己为什么一直都想睡觉。高玮说完，本以为同桌会感到很惊讶，但是却没想到的是，那女生只是说了一句："我知道，沉思者。"高玮听了同桌的话，他惊讶了半天，然后笑着对她说："再见！"那次离开，高玮其实是去接受治疗了。在后来的日子里，高玮没有再见到那位同桌，但是他却一直都记得同桌对他说过的话"你是孤独的沉思者，所以不需要别人的理解。"高玮时刻记住这句话，并下定决心要做一个真正的沉思者。所以在接受治疗之后，高玮结合自身的情况，攻读了医学院，全身心地投入到了"克莱恩"病症的研究中。

"我是'克莱恩'患者，这是我的故事。"每次高玮讲完了这些后就会跟学生们重复一遍这句话，说完后他的头脑中又会回想起高中同桌那个女生的模样。并且，他会在心中默默地说道："谢谢你！"

十三　青春画板上曾盛开过玫瑰

　　夏天的傍晚，天边的晚霞异常的绚丽。周静趴在宿舍的窗户上，远眺着远处的云霞发着呆。

　　周静是一名高二的学生，他的爸爸妈妈常年在外工作，因此他不得不寄宿在学校里。周静在学校里生活，他的爸爸给他在校内租了一间公寓，平时的吃住条件简直算得上是王子般的生活。但是，周静并没有好好学习，他在学校是出了名的调皮生。上课的时候，周静总是在台下玩手机，听 MP3，很多老师都对他感到无奈。刚开始的时候，会有一些老师及时去制止他的一些小动作，但是久而久之，他依旧不悔改，那些老师索性也就不管了。不过，尽管周静在人前总是一副调皮捣蛋的样子，但是他一个人的时候也是会有安静的一面。

　　对于周静来说，虽然他拥有着别人都没有的充裕的物质生活，但是他却从小就缺少父母的关爱。所以，当周静一个人在宿舍的时候，他总是会静静地想着这些，有时候甚至会想着想着哭起来。

　　这天，周静正看天边的云霞看得入神，他觉得那些云彩变化万千，其中有一片云彩竟然像是一朵盛开的玫瑰。

　　"啪"，楼下一阵响声将周静的思绪从臆想中拉回了现实。他连忙往下面看去。只见学校的林荫道上，一个年轻漂亮的女生正站在那里，头上冒着大滴的汗水，脚下的一个巨大的行李箱静静地躺着，轮子四分五裂。看得出来，这个女生应该是刚刚到学校的。

　　"难道是转校生？刚来第一天就这么狼狈，这样子也确实挺惨的。"周静在心里幸灾乐祸地想着。

　　周静只顾看热闹，忘了每天要例行给他的妈妈发一条短信报平安了。突然，手机强烈地震动着，周静一下子从窗户边拉回身体，迅速地拿起手机。一滑开桌面，电话那头就传来了急促的声音"静儿，你怎么了？怎么不给妈妈发信息啊？"周静听着妈妈的话，知道她是真担心他了。"就算担心又怎么样，又不回来陪我。"周静在心里埋怨道。

　　听着妈妈的唠叨，周静显得有些不耐烦了。他在妈妈说完"自己要注意照顾自己啊！没钱就跟妈妈说一声啊！"立马就把电话挂断了，然后倒在床上，陷入了一阵忧伤之中。

　　周一上语文课的时候，大家发现教室后面突然多出了一个听课的人。那是个女生，长得很漂亮，她的手里拿着笔记本，正在专心地听讲台上的老师讲课。周静一如往常地"放肆"起来，大家虽然好奇但还是会认真上课，而周静却是旁若无人地转过头去，盯着那人看。

　　"咦，这不是那个倒霉蛋吗？难道她是老师？"周静在心里细细想来那天发生的情景，顿时觉得有些得意，因为他见证了一个老师最糗的时候。正当他看着那个女生陷入沉思的时候，台上的老师喊了他一声"周静同学，你在干什么？"这时，那个女生也注意到了他，她朝着他微笑地点了一下头，他顿时觉得有些尴尬，脸刷地一下就红了起来。

　　课后的时候，老师正式跟大家介绍了那位女生，"她姓林，是来我们学校实习的大学生，接下来的 3 个月，她将会在我们班代课。"同学们听了都开始欢呼起来，而周静却一反常态地安静了下来。

后面林老师在班里上课的次数越来越多了，她的声音很温柔，笑起来很迷人。尤其是当周静上课违反纪律时，她总是会走过来，微笑着替他解围。林老师的做法渐渐地使周静的行为改变了，他开始认真地上课，尤其是在语文课上听讲特别认真，为此林老师总会夸奖和鼓励他。很快，周静的成绩获得了突飞猛进的提升。一个月后的月考中，周静的作文竟然在全班拿到了第一，为此很多同学和老师都质疑他是抄袭别人的。但是，林老师并不这么认为，课后的时候，林老师找到周静谈话，她告诉周静要好好学习，她相信这些成绩是通过他的努力取得的。说这些话的时候，林老师一直微笑着看着他。这时候，林老师的笑容就像是一朵艳红的玫瑰花绽放在了周静的心上。

后来，周静的语文成绩确实提高了很多，这下就堵住了悠悠之口，林老师为周静的进步感到很开心，周静为林老师的开心而开心着。很快，3 个月的时间就要到了。临走前的一个星期，林老师在班里跟大家说，一个星期之后就要离开了，希望大家能够认真地学习，将来考上一所好的大学。听到这个消息，周静感到了从未有过的难过，他回到宿舍之后，趴在床上，泪流满面。晚上放学后，周静偷偷地从外面买来一支玫瑰花，然后写了一封信，悄悄地把信塞到了林老师常用的课本里面，而把玫瑰花插到了她的笔筒里。第二天上课的时候，当他看到林老师，他的脸上一阵红一阵白，他紧张死了。他不知道林老师有没有看到自己的信，"应该看到了，这么明显的玫瑰花放在那里啊！那她等下会不会批评我啊？完了！"周静在心里忐忑地想着。可是，一堂课下来，林老师却是像什么事都没有发生过一样，她还是以一贯的姿态来给大家讲课。一个星期的时间就这么过去了，周静看到林老师没有什么反应，他又失望又难过，上课又恢复了懒散的状态，只是不再扰乱课堂了。

看着周静的状态，林老师依旧是微笑着鼓励他，但是还是不管用。林老师临走的前一天，班里的同学都到她的办公室里去给她送礼物，只有周静一个人回到了宿舍，静静地看着天边的云彩发呆。就在第二天林老师站在讲台上，跟大家告别后转身离开时，周静的眼泪一下夺眶而出，然后迅速离开座位，跑到林老师的面前哽咽着说："林老师，我……我……"她看着他，笑了笑，说："没事，老师也送你一个礼物，就在你的作文本里。"

周静听了林老师的话，连忙飞奔回去，从一堆书里翻出了作文本，只见上面写着几行清秀的文字：

赠人玫瑰，手有余香。小静，你的礼物老师收到了，也感受到了你对老师的情谊。在我眼里，我一直觉得你是一个很聪明的孩子，所以希望自己能够尽力让你走上正途。好好加油啊！老师会时刻关注着你的。

看着本子上的文字，周静的眼泪再一次地流出。

十四　每个人的"蝴蝶效应"

快上课了，沈林上完厕所急匆匆地往教室跑。突然，他看到地上有一卷钱。沈林捡起地上的钱，拿在手里感觉是厚厚的一卷。他看了一眼，里面有 10 元和 20 元的，甚至还有 100 元的。沈林慌忙地将捡到的钱塞进口袋里，然后跑回了教室。

坐在教室里上课，一节课下来，沈林的脑子里一直在想着刚刚捡的钱，老师讲了什么他一点儿都没听到。放学之后，沈林没有去食堂吃饭，而是径直回了宿舍。回到宿舍，他连忙躲进被窝里，从口袋里掏出刚刚捡到的钱。他仔细一数，总共有 520 元。

"这可够我两个月的生活费了，我这下真是走了狗屎运啊！"沈林在心里乐滋滋地想着，感觉像是做梦一样，转而他那紧张的心跳又让他陷入了愧疚的思想中，"这么多钱，肯定也是别人的生活费，那他要是掉了这么多钱，肯定是急死了。"沈林的思想在不断地挣扎着，他感觉到有两个自己在脑子里争吵。晚上睡觉的时候，宿舍的同学都睡着了，但是沈林确实翻来覆去的睡不着。他把钱压到他的枕头底下，一晚上翻出来数好几遍。第二天早上，沈林的眼睛肿得厉害，同学们都笑话他晚上偷东西去了。沈林面对同学们的玩笑，不作回答，只是心里老是感觉七上八下的。

上了一上午的课，沈林还是无法安下心来好好听讲。在挣扎了那么长时间之后，沈林脑子里的那个"还钱"的声音最终胜过了"留钱"的声音。上午刚放学，沈林飞一般地跑出教室，直奔教务处，然后大声对教务处的老师说："老师，我捡到了 520 元钱，现在交给你。"说完，沈林就准备跑走。

"同学，你等等！"教务处的老师及时喊住了沈林。沈林心底"突突突"地跳个不停，他在想，"他不是要问我什么时候捡到的钱吧，完了！"沈林想到如果他告诉老师自己是昨天捡到的钱，那老师肯定就会怀疑他之前想要留下这笔钱。但是，他转过身，那老师却问道："你是哪个班的学生？叫什么名字？"

沈林听了，顿时落下了心里的石头。此刻，教务处的老师问他的名字和班级，到时候肯定是要表扬他的。于是他大声地报出了自己的名字和班级，此刻他昂着头，觉得心里不再忐忑，而是有一种自豪感涌上心头。果然，当天晚上上自习的时候，老师在班里就提到了这件事，并且告诉了大家，这笔钱的主人是一个家庭条件特别困难的女生的，这 520 元是她这个学期的生活费。昨天掉了钱之后，她哭着跑到教务处老师那边，请老师帮她留意一下。所以，这次沈林拾金不昧的行为无疑是受到了老师的大力赞扬。

几天之后，学校要为同学们举办成人礼，学校通知让沈林作为代表，上台发言。沈林接到通知后，又高兴又紧张。能够成为全校师生的模范人物，沈林心里兴奋极了，这可是他第一次在那么大的场合露脸，所以他又觉得很紧张。对于这来之不易的一次表现机会，沈林心里清楚，这完全是因为他将捡到的巨款上交了，所以他觉得这次发言时应该要说说这件事。

当撰写发言稿的时候，沈林有些头痛。他思前想后地想要拽些有文采的词语，但是总是觉得怎么写都写不好。突然，一只蝴蝶飞进教室，飞入了沈林的视线。灿烂的阳光下，蝴蝶在煽动着翅膀，沈林看着发了呆。他的思绪渐渐地深沉起来，他回想起这几天发生的事情，想到自己曾经的卑劣，又想到现在的荣誉。顿时，沈林觉得豁然开朗，他拿起笔，在草稿纸上迅速地写下了"每个人的'蝴蝶效应'"。

成人礼如期举行，沈林拿着自己写好的发言稿，站在主席台上。他开始念到：

据说亚马逊流域的一只蝴蝶，扇动一下翅膀，就会引起美国西海岸的一场飓风。这就是著名的"蝴蝶效应"。所以，各位同学们，老师们，今天我要演讲的主题就是"每个人的'蝴蝶效应'"。我前阵子捡了钱，然后还给了那位同学，我没想到这竟然能够帮助她度过这个学期。我很高兴能够成为一个拾金不昧的榜样，但是我从心里认为，我不过就像是那亚马逊流域的一只蝴蝶，我希望我也能带来"蝴蝶效应"……

当沈林念完自己的演讲稿时，台下的掌声如雷贯耳，沈林知道他的成长之旅就此开始了。在大家的掌声中，他张开双手，像一只蝴蝶一样，轻轻从台上走下来。

十五　别夺走天使的翅膀

　　阿离是班里的三好学生，长得也不错，很受大家的欢迎。平时在班里，一些同学不管有事没事总喜欢找她帮忙和聊天，有些男同学甚至会借着请教问题跟她套近乎。阿离感觉自己就像是众星拱抬的月亮。可是，这一切随着苏果儿的出现而改变了。

　　苏果儿是插班生，她是从城里过来的。苏果儿刚转来的时候，头上扎着一个高高的马尾辫，白白净净的脸蛋上有一对酒窝，她笑着走进教室，同学们的目光都被吸引了过去。下课的时候，同学们都凑上去，问苏果儿的名字和有关于她的一切。同学们像狗仔队一样围着苏果儿打转，但是苏果儿并不感到厌烦，也丝毫没有大小姐的脾气。她耐心地解答着同学们的疑惑，并微笑着跟他们做朋友。

　　渐渐地，苏果儿似乎要取代了阿离在班上的位置。同学们不再喜欢找阿离一起做事和玩耍了，那些总是爱找理由接近她的男同学也都去找苏果儿了。阿离将这一切看在眼里，心里嫉妒的焰火越烧越高。但是，苏果儿却越来越靠近阿离，并在心底把阿离当作了最好的朋友。

　　一次，阿离和苏果儿一起为班里画黑板报。苏果儿很会画画，阿离看得出来，但是苏果儿负责画的一块"艺术天地"，她思索了半天还是没有想出好的构思，最后阿离帮助她解决了。当时，苏果儿看着阿离的作品，对她很是佩服，心里充满了感激。而其他的同学，更是为了她们两个人完美的作品而大加称赞。但是，阿离为了这次能够在苏果儿面前出出风头，感到很是开心。她心想："总算能把你苏果儿压下去了。"后来，阿离总会借一些这样的机会，故意在苏果儿的面前耍威风，这使得苏果儿对她越来越佩服。因为阿离帮苏果儿的忙帮得多了，苏果儿便把阿离当成了自己的好朋友。

　　苏果儿生日的时候，她带来了一个大大的生日蛋糕。阿离看到班里的同学全都围了上去，跟苏果儿说一些祝福的话语。苏果儿笑得乐开了花，她站在同学们的中间，纯洁得就像是一个天使。阿离看着苏果儿这么开心，心里就越是生气。她坐在位子上，眼睛瞪着大家。可是，当苏果儿点上蜡烛的时候，她特地过来邀请阿离一起去吹蜡烛。苏果儿站在阿离面前说："阿离，我们两个人一起吹蜡烛吧！"她的眼神里充满了期待和真诚，阿离看着竟有些感动。而且在切蛋糕的时候，苏果儿知道阿离喜欢吃水果，所以首先把水果最多的那一块切给了阿离，阿离在那一刻心里竟也有些愧疚。吃完蛋糕过后，苏果儿还把自己从城里买来的挂饰娃娃送给了阿离，那个挂饰娃娃是很多女孩子都梦想拥有的，但是苏果儿只给了阿离一个人。不过，苏果儿做的这一切，并没有真正地"收买"了阿离的心。

班里举办元旦晚会的时候，苏果儿和阿离都参加了，阿离知道苏果儿又要戴着她手上的那对铃铛去上台表演了。每次苏果儿带着铃铛在教室里走过的时候，她就像是一个天使，而那对铃铛就像是她的翅膀，铃铛发出的美妙的响声带着她一起飞翔在教室的每个角落，大家看到了都赞美她、羡慕她。这次，阿离决定将苏果儿的铃铛藏起来。

元旦晚会的时候，苏果儿发现自己的铃铛不见了，她到处寻找，同学们也帮着她一起寻找，但是还是没有找到。她焦急地哭了，最后连节目都没有参加。苏果儿自从掉了铃铛之后，一个人闷闷不乐地坐在座位上，教室里再也看不到那个像天使一样的笑容了。大家看着苏果儿的改变，都一直在帮她寻找那对铃铛，但是铃铛在阿离的手里，大家当然是找不到的。

后来，阿离仍然没有把铃铛交出来，苏果儿却被她的爸爸接回了城里。苏果儿临走之前，跑过来找她的好朋友阿离，并给她留了一封信。苏果儿走了之后，阿离拆开信来看：

阿离，你是我最好的朋友。我的那对铃铛是我外婆去世的时候留给我的，我从小是跟外婆一起长大的，所以那对铃铛对我很重要。我走之后，如果你找到了那对铃铛，请帮我保管吧！谢谢你！

阿离看着苏果儿给她写的信，她泪如雨下。到了这时候，她才明白苏果儿真的是一直把她当作自己的好朋友，但是她却做了对不起她的事。

过了几天，阿离不知从哪儿打听到了苏果儿的地址。她把那对铃铛寄了过去，并给苏果儿写了一封回信。在信中，她对苏果儿说道："你是一个天使，不能没有了翅膀。现在，我帮你把翅膀找到了，希望你能像以前一样开心和快乐。"

十六　追火车的小男孩

田径赛场上，发令枪一声响，一个瘦瘦高高的男生以箭一般的速度飞快地冲过了终点线。

"这个可是近几年的田径'黑马'啊！"

"谁说不是呢，他已经蝉联世锦赛男子百米冠军3年了。"

"这样的速度真是惊人啊！"

观众席上，人们纷纷地讨论这个叱咤赛场的男生，坐在一边的一位老人，头发花白但双眼炯炯有神，他就是这匹"黑马"的教练。他一边听着人们讨论自己的学生，一边微笑地看着站在终点线接受喝彩的男生。

赛后，很多媒体记者都来采访老人和那个男生。在一次访谈节目中，主持人问老人，对于自己的学生能够获得这样的成绩，他是否满意。老人骄傲地对着镜头说："当然！"

"那请问，这个学生是你最得意的一个学生吗？"主持人接着问。老人沉默了一会儿，然后才说："是，也不是。"大家听了老人的回答，都感到有些惊诧。过了一会儿，只见老人慢慢地解释道："我说是，是因为他确实是我选到的最好的一个苗子；而我说不是，则是因为我不满意他是这样的好苗子。"主持人听了有些糊涂，她请求老人进一步地解释一下自己的话，老人微笑着说："我先给你们讲个故事吧！"老人说完，主持人点点头说："您请说！"于是，老人便开始了自己的回忆。

"5年前，我坐火车去一个县城的学校里挑选体育特长生。路途中，火车每站都会停靠几分钟甚至是上10分钟。我记得在其中的一个不知名的小站，火车停靠了5分钟。在火车快要停靠的那会儿，我随意地张望了下窗外。那是一个深山里的小村庄，到处都是低矮的房屋和连绵起伏的群山。火车刚停下，隆隆的车声停止了，窗外就传来各种叫卖声，有卖玉米的，有卖火腿肠的，有卖方便面的……

"我听着叫卖声，把头伸出窗外看了看，这时一个瘦瘦高高的、黑黝黝的小男孩来到了我的身边。他胸前挎着一个大篮子，篮子里装了很多矿泉水。他看到我就说：'先生，买瓶矿泉水吧！'我看到他眨巴着眼睛，眼睛里透露出恳求的目光。我把头缩回车内，从钱包里掏出10元给那个小男孩，并跟他说要的是 10 瓶矿泉水。当时，小男孩的眼神里充满了喜悦。他急忙地从自己的篮子里一瓶一瓶地拿出矿泉水给我。但是当他拿出了篮子里最后的一瓶水时，还差一瓶，他连忙说："先生，请您等一下，我再去拿一瓶来。"说完他掉头就跑了。我拿着水坐好，但是旁边坐着的一位年轻的先生突然拍着我的肩膀说道："这片都是穷乡僻壤的，你看这个孩子肯定没钱上学，现在来做小骗子的。"我听了那先生的话，转过头对他笑了笑，因为在我的心里，我本来就不是打算跟那个小男孩做一笔大生意，所以最后的一瓶水有没有对我来说都无所谓。可是，旁边的先生为了求证自己的结论，他一直盯着窗外，当火车快要开动的时候，他看到小男孩还没有出现，所以他就更加坚定了自己的看法，并在一旁开心地跟我说着他慧眼识人。这时，连我都几乎相信了他的说法。可出乎意料的是，在火车开动的时候，那个小男孩从后面追了过来。火车的速度越来越快了，小男孩一直奋力追赶，我看着窗外火车轨道边的乱石，生怕他摔倒，于是就伸出手对他挥手，表示不用给我这瓶水了。但是，那个小男孩却是跑得更快了，眼看着火车就快出站台了，那个小男孩却拼命地跑起来，最后还是将那瓶水递到了我的手里。

拿着小男孩递过来的矿泉水，我看到上面全是汗水。这时，坐在旁边的先生似是为了自己的判断失误而觉尴尬，他看着我笑了笑，然后看起了报纸。我看着他也笑了笑，但是脑海里却一直闪现着刚刚那个追火车的小男孩的影子。

当火车在下一站停靠的时候，我下了火车，然后买了一张去上一站的票。"

老人说完自己的故事，他对着镜头笑了笑。主持人听完了故事，也会心地微笑着，她好像明白了老人之前话的意思。

总结的时候，主持人看了看老人，然后她思索了下，并对着镜头说："观众朋友们，面对体坛'黑马'给我们带来的荣誉，大家一定认为他的教练一定是最得意和最开心的那个人。但其实，我们都想错了。站在我们面前的这个教练，此刻他的心里只有'心疼'二字。那个追火车的小男孩是值得我们敬佩的，这个悉心教导的老师是值得我们学习的，让我们一起为这对师生祝福。"

主持人说完，她站起来，朝着老人深深地鞠了一躬。

十七 终于开放的冰花

青青是一个爱管闲事的女生，她经常会有事没事地对一些同学指手画脚，而这些同学往往会是那些爱生事、闹矛盾的人。青青在班上担任着数学课代表的职位，有时候利用职位之便，她还经常会在收上来的本子上写些话，对一些破坏班纪班风的同学进行思想教育。

一次，班里新来了一个女生，名字叫作鲁冰花。鲁冰花是个文静的女生，她平时不爱笑，总是冷冰冰的一张脸，因此班里的同学给她起了个外号叫"冰块脸"。鲁冰花对于同学们的戏谑，她只是放在心里并不理论，不管大家怎么在背后嘲讽她，她依旧只是一个人坐在那儿看书发呆。不过，尽管鲁冰花把自己所有的时间都花在了学习上，但是她的成绩并不突出，尤其是数学成绩，总是处于中等水平。这一切被青青看在了眼里，她开始见到那些同学喊鲁冰花叫"冰块脸"的时候，她就会呵斥他们，但是时间一长，就连她自己都会觉得鲁冰花真的是千年不化的一座冰山。

后来，尝试了那么多次，鲁冰花依旧是没有改变，于是青青就决定改变策略。

考完数学测验之后，青青在发卷子之前，偷偷地用铅笔在鲁冰花的卷子空白处画了一个笑脸。当她把卷子发给鲁冰花之后，偷偷地看看鲁冰花的反应，只见鲁冰花呼啦呼啦地把她精心设计的图案给擦掉了。青青见了，心里不免有些失望，但是她还是没有放弃。后来，她只要收到了鲁冰花的作业本和卷子，都会在上面画上几个笑脸，但是鲁冰花总是会擦掉，并没有什么过多的反应了。直到有一次，青青在收上来的作业本上，看到鲁冰花回了一句："你到底是想干什么？"

"没干什么，就想看看你的笑容啊！"青青就像是发现了新大陆，高兴极了，她随即回复了一句，然后又在后面画上了一个笑脸。第二次收来作业本的时候，青青看到鲁冰花又回复了："我成绩又不好，又没有什么朋友，根本就笑不起来。"青青这下知道了，原来鲁冰花的性格并不是天生就那么文静的，她其实只是因为学习成绩提不上来的缘故才会闷闷不乐。所以，青青觉得这个女孩子还是可以改变的。于是，之后她在鲁冰花做错的数学题的下面，用铅笔一步步地为她解出了正确的答案，然后照例还是画上了一个笑脸。这下，鲁冰花的"冰块脸"终于开始融化了。

一次上数学课的时候，数学老师在讲台上提了一个问题，问有谁知道这道题的答案。鲁冰花这时缓缓地举起了手，老师点了头示意她站起来回答。鲁冰花于是就慢慢地站起来，说出了答案。数学老师听了答案，表扬了鲁冰花，但是也说出了她的不足，那就是回答问题的声音太小，希望她以后可以勇敢一些。鲁冰花听了，脸蛋一下子红了起来。青青见了，心里暗暗高兴，"这下'冰块脸'终于有起色了！"

课后的时候，青青还是和往常一样，在鲁冰花的本子上完成了她的杰作，并附上一句话："你红红的脸蛋真好看，要是笑起来，那肯定得是一朵花。"

鲁冰花拿到本子后，看到青青写给她的话，还想到这段时间以来，青青对自己的照顾，她抬起头朝着青青微笑了一下，只不过刚好青青在低着头写作业，错过了这一抹微笑。

令人高兴的是，在青青的辅导下，鲁冰花的数学成绩逐渐上升到了上等水平。之后，青青在鲁冰花的本子上留下的铅笔足迹越来越少了，而鲁冰花回复的文字却是越来越多了。眼看着鲁冰花的成绩一天天地变好，青青相信，不久之后，鲁冰花的性格也会变得越来越开朗的。

元旦晚会的时候，鲁冰花表演了一个节目，之后还给同学们送去了祝福。鲁冰花的这一举动让同学们都惊呆了，他们没想到鲁冰花也有这么活泼可爱的一面。但是，青青知道，鲁冰花本来的面貌就是活泼开朗的一个女生。

节目表演完之后，鲁冰花走下来找到青青，她一看到青青就上去紧紧地抱住了她，然后在她耳畔小声地说："谢谢你，青青！"青青面对鲁冰花突如其来的热情竟然有些不知所措，等她反应过来之后，她也在青青的耳边高兴地说："看到冰花绽放的感觉真开心！"

十八 青春纪念册

王亚娟有一个日记本，她很珍惜。虽然现在是毕业参加工作了，但是王亚娟还是一直珍藏着那个本子，没事的时候总翻开来看看。虽然同事们总笑话她假文艺，但其实只有她自己心里清楚，这其实是她的青春纪念册。

翻开日记本，上面的字迹并不是王亚娟自己的，但是上面的事情确实是属于她的故事。

8 年前，王亚娟还是一个刚上高中的学生。那时的王亚娟性格比较内向，在班里总是不爱讲话，所以她的朋友特别少。

一次上课的时候，旁边的一位同学不小心把自己的笔弄掉了。那同学悄悄地跟王亚娟说："我的笔掉在你的脚下了，帮我捡一下吧。"王亚娟看了看同学，然后看了一下老师，发现老师正在注视着大家。她有些为难地看着同学，那同学见她坐着没动，于是就没给她好脸色。王亚娟这时看到同学一脸的不高兴，于是就弯着腰去帮她捡笔，但是这时老师的视线正好落在了王亚娟的身上。

"王亚娟，你在干什么？"老师大声地说。全班同学听了老师的话，都看着她。王亚娟捡起地上的笔，缓缓地坐起来，低着头，紧张得脸蛋通红。

"下次要是有什么事情没做完，请到教室外面去，做完了再进来。"老师一脸严肃地看着王亚娟。知道老师在发脾气，王亚娟根本就不敢出气，教室里一片安静，接着老师就继续上课了，而王亚娟却心里憋着难受，一直闷闷不乐的。下课之后，王亚娟把捡到的笔还给那位同学，那位同学看到王亚娟上课受到了批评，她本以为王亚娟会怪她的，结果没有。所以，从此以后那位同学便开始和王亚娟做起了朋友。并且，她最终成了王亚娟最好的一个朋友。

王亚娟生日的时候，她的那位朋友送给了她一个日记本。王亚娟拿到日记本，不知道要写些什么，但是朋友跟她讲，"要不这个本子我替你保管，我来给你写日记"。王亚娟听了，淡淡的一个笑容，这就表示了她很开心。于是，那天，她的朋友在日记本上第一次写下了王亚娟的心情：今天是我的生日，默默送给了我一个漂亮的日记本，我感到很开心。后来，凡是发生在王亚娟身上的事，她的那位朋友都会把它记入到这个小小的日记本里去。

高三的时候，王亚娟喜欢上了班里的一个男同学。那个男同学的成绩很好，长得又很帅气，王亚娟喜欢他，并不跟他说话，只是喜欢远远地看着他。这时，朋友知道了。她开始劝说王亚娟不要痴迷于早恋，这样会影响她的学习，但是王亚娟只是笑了笑。后来朋友又多次劝说过王亚娟，王亚娟觉得朋友终究不懂自己的心，所以还和朋友闹了一段时间的冷战。朋友无奈，只好选择陪她一起默默地守护着她的感情。而同时，朋友又将她这段时间的一言一行都记载在日记本里，并且没有让王亚娟知道。高三快毕业的时候，班里开展了最后一个元旦晚会。大家在一起，面对别离，有人流下了眼泪，有人笑着说再见。而王亚娟当时躲在教室的角落里，暗暗地哭泣，因为她知道那个男生终究还是要远离。从此以后，她连远远地看着他的机会都没有。由于王亚娟平时的低调，同学们并没有注意到她的异常的情绪，只有那位朋友，她远远地看着王亚娟伤心的样子，心里也感到很难过。她没有走上前去安慰王亚娟，而是把她那个时候的心情记录了下来，她能感觉得到那时王亚娟心里的疼痛。

高考结束填志愿的那天，朋友找到王亚娟，跟她说了告别的话之后，就把那个日记本交给了王亚娟。王亚娟拿着手中的日记本，不轻不重，对于三年的高中生活，她只觉得平平淡淡，除了暗恋有些伤痛之外，她觉得自己一无所有。但是，当王亚娟翻开那本日记本，看到里面详细地记载着她的一言一行，她的快乐和微笑，她的痛苦和流泪。当翻到最后一页的时候，王亚娟看到朋友在上面写着：高中三年即将结束了，我最开心的一件事就是交了一个好朋友——王亚娟。从她为我捡起笔受到老师批评而没生气的那一刻，我就知道这个朋友值得真心对待。虽然，之后我们有过很多的摩擦，但是我知道她是最善良的那个人。我希望我的好朋友王亚娟，可以在今后的日子里做一个阳光明媚的女生。

看到这里，王亚娟才明白，原来一直以来自己并不是一无所有，至少她还有个最要好的朋友。从那以后，王亚娟一直珍藏着这个特殊的日记本，因为那不仅是朋友给她的礼物，更是她的青春纪念册。

现在，每当王亚娟翻开这本日记本的时候，她的心里就有一股暖流涌上心头。

十九　秘　密

"喂，凌霄。你不去打球，坐这儿干吗呢？"薛梅跑过来拍了一下坐在山坡下看书的男生。那男生叫作凌霄，他是这个学校里的风云人物。校园内众所周知，成绩好、家境好、长得好的学生就是他了。凌霄有很多好朋友，而其中就有一个薛梅。薛梅是凌霄的同班同学，个子不高的一个女生，长得挺秀气，只是她从来都是留着一头帅气的短发，而且性格也是大大咧咧的，所以同学们一般都不把她当作女生看。本来学校里有很多女生都喜欢凌霄，只要听到哪个女生跟凌霄闹出了绯闻，那么大家就会立马把那个女生的所有信息全部"八卦"出来。所幸，薛梅在大家的眼里只是一个女汉子，所以是安全的。

薛梅和凌霄的成绩不相上下，两人总是占据着班里的前两名。凌霄时常会和薛梅一起讨论题目，有时候也会一起出去运动打乒乓球。这天薛梅来找凌霄打球，找了一圈竟然发现他坐在山坡上看书。

"怎么了？我在看书呢。"凌霄昂起头，对着薛梅灿烂地微笑着。

"看什么书啊，老兄。你不知道，你往这儿一坐，旁边的花花草草都被你压死一大片啊！"薛梅双手交叉着抱在胸前，一本正经地对着凌霄说。

"好吧！好吧！打球去。"凌霄站起来，以绝对的高度站在了薛梅的面前，拍了下薛梅的肩膀，"走吧！"

来到球场，薛梅和凌霄首先对战了两局。刚开始只有他们两个人在打，过了一会儿，周围的人越来越多了。有的是来加入打球的决战的，更多的则是一些前来观看帅气凌霄的女生。打完几局后，薛梅暂居下风，她站在一边看着他们打，凌霄一个旋球让对方摸不着北，这时周围的女生尖叫了起来。薛梅朝着身边凌霄的超级粉丝看了看，然后又笑了笑。打完球之后，一起打球的几个人一起去吃饭了。坐在食堂的桌子上，薛梅首先"八卦"了起来："喂，兄弟，刚刚我看了一下周围的女生，有几个妹子长得不错哟，可以发展一下。"其他几人听了，连忙问："哪个？哪个？是不是隔壁班的班花啊？"接着又有人说："那个班花可不错啊，成绩好，长得好。""是啊！那和凌霄可是绝配啊！"

凌霄听着大家的说笑，他坏笑着对薛梅说："梅大哥，要不给你介绍介绍？"

"我啊？"薛梅停住了手中的筷子，"好啊！就不知道人家看不看得上我啊！"说完，薛梅就哈哈大笑起来，大家也一起笑了起来。

到了圣诞节平安夜的时候，凌霄收到了很多的礼物。下自习后，大家都快离开的时候，凌霄看着桌上的一大堆的凌乱礼物，准备整理一下放进抽屉里去。这时，薛梅不知什么时候来到他的身后，"喂"的一声，吓了凌霄一大跳。

"还不走啊？"薛梅笑着问。

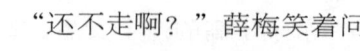

"唉，桌上乱糟糟的，我先整理一下。要是再有人送这些东西，我一定拒收。"说完，凌霄就笑了起来。

薛梅看着凌霄，笑容突然有些尴尬。她说："那你收拾着，我先走了。"说完，薛梅转身就走。

"别啊！一起吧！就随便放一下。"凌霄转头及时喊住了薛梅，同时他也看到了薛梅手上拿着的一张精美的贺卡。

"哎，兄弟。你手中的贺卡是准备送给谁的？还是谁送给你的？从实招来哦，是不是有妹子追你啊？还是你有暗恋的帅哥啦？"凌霄坏笑地看着薛梅，她的脸一秒变得通红。

"你瞎说什么呢，就我同桌送的。"薛梅立即反驳道。

"好吧！好吧！我开玩笑的。"凌霄见薛梅一脸的紧张，立刻打住了自己的追问。平静下来之后，薛梅倒是主动跟凌霄开起了玩笑说："我这个可是秘密，而且还是不能说的一个秘密。"凌霄听到说这是薛梅的秘密，他便要过去抢，说一定要看个究竟。但是，薛梅最后还是没有把这张贺卡给凌霄看。

新学期开学的时候，凌霄获得了保送市里重点高中的名额，而薛梅则以一分之差与这次的机会失之交臂。得知这个消息之后，班里同学为了给凌霄送行，就去外面的餐馆里吃一顿饭。饭桌上凌霄给薛梅敬了3杯酒，表示自己对"兄弟"的情谊以及他对薛梅的同情。此外，他还鼓励薛梅，说他会在市里高中等着她，到时候他们还一起去打球。薛梅听了，心里非常感动。

一年之后，中考结束，薛梅考上了省城的大学附中。凌霄听到这个消息，他很为薛梅高兴，虽然没能等到她来一起打球，但是他还是记得这个好朋友的。只是薛梅，自从去了省城念书之后，大家就很少知道她的消息了。3年之后，高考结束的那一夜，薛梅给凌霄打来了电话，电话里两人说着笑着谈论起当年初中时的事。说着说着，他们就说到了当年那个贺卡的事，凌霄于是就好奇地问了一下："兄弟，你那个不能说的秘密可是还藏着？"

听着电话那头凌霄一如既往的笑声，薛梅说："那个秘密就是你啊！"说完，两人都哈哈大笑了起来。

第六章 伟大与平凡如此接近

一 放牛班的春天

克莱门特·迪克是一个矮胖矮胖的秃了顶的中年男人，他在去年夏天的时候被派来这家收容所里当助教。收容所里收容了很多被社会遗弃的儿童，但是他们并不觉得自己可怜，反而活得异常的潇洒。他们常常捉弄前来助教的老师，这导致了很多老师都在这里待不下去，以前有些助教或老师来了不到3天就被这些孩子给"赶"回去了。所以，这家收容所从此就因难以管教而出名，并被社会上的大众称为"放牛班"。

虽然迪克也难逃被放牛班孩子捉弄的命运，但是他不但坚持了一个夏天，而且还打算继续坚持下去。

去年夏天，克莱门特·迪克刚来到这家收容所，他看到孩子们在大声地笑着，他觉得这是大家在为他的到来而感到开心，所以他的心里感动极了。可是，不久他就听到有些孩子公然地嘲笑他，叫他"秃子"。这时，他才知道原来这些孩子们并不喜欢他。

迪克主修音乐，他其实是一个音乐大师，但是他的这个才能好像被社会埋没了。不过，来到这里，他决定要把自己的特长发挥出来。所以，迪克在这里不仅担任着助教的工作，有时也教孩子们音乐课，虽然他们不是那么喜欢。迪克是一个崇拜敬奉音乐的信徒，他坚定地相信音乐可以使人变得安静，可以让人变得更好。因此，迪克下定决心要用音乐来教化这个"放牛班"的孩子。

上课的时候，迪克在黑板上画下一串串的音符，讲台下的孩子在兴奋地吹口哨。迪克并不把这个行为看作是扰乱课堂的行为，反而觉得是美妙的乐声。当迪克的音乐一响起，这些孩子也都很配合，一起合唱起歌曲来。很快，迪克发现这群孩子中有一个人，他叫蒙德。他的嗓音特别地美妙，他认为他是一个天生的歌唱家，可能他自己不知道而已。所以，迪克有意去培养这个学生，每次合唱都让他当领唱，适当的时候还会对他加以指导。不过，这样教育的结果并不使迪克满意，因为这个孩子是班里最调皮的一个，他每次都会把迪克的好意当作是儿戏，总会嘻嘻哈哈地混过去。迪克看着这群名副其实的"放牛班"的学生，他开始也有些力不从心了。不过，很快他就发现这些孩子其实并没有人们说得那么糟糕。

一次，迪克微笑着让蒙德站起来给大家做领唱。他开始故意咿咿呀呀地喊，弄得班里的其他同学都哈哈大笑。迪克并没有发脾气，他只是一再说："蒙德，请你给大家领唱吧！"正当蒙德漫不经心地唱起第一句时，校长刚好从教室外面走过。他瞪着眼睛看着蒙德，蒙德立刻变得认真起来。迪克觉得奇怪极了，他看了看校长，又看了看蒙德，他发现蒙德的眼神里透露着恐惧。

下课后，校长把蒙德叫到了办公室，迪克过了好一会儿才过去。当迪克来到校长办公室的时候，他看到蒙德正蹲在地上，惊恐地蜷缩着。

"马特校长，你在干什么？"迪克惊讶地质问着校长，因为他明显知道校长是狠狠地打了蒙德一顿。蒙德看到迪克来了，并且大声地质问着校长，他连忙站起来躲到迪克的身后。校长面对迪克的质问，他也板着脸，说这些孩子难管教，所以就要狠狠地教训。过后，迪克跟校长辩论，说不管怎样都不能打孩子。可是，校长根本就不听迪克的话。从那天起，迪克知道了原来这些孩子一直生活在暴力的阴影下。

从那次之后，迪克看到校长用暴力对待这些孩子的次数越来越多。每次，迪克都会上前劝阻，并且会在事后教大家唱歌，他希望用音乐来抚平这些孩子心中的伤痛。

一个夏天过去了，迪克与校长的关系越来越僵。但是，这些原来与迪克针锋相对的"放牛班"的学生们，逐渐对迪克有了好感。虽然他们还是会在课堂上捣乱，但是蒙德再也不会嘻嘻哈哈地应对迪克的音乐课。迪克看到这些孩子的改变，他对自己改变这一切现状的愿望愈加强烈。他希望通过自己的抗争，让这个收容所彻底摆脱"放牛班"的恶名，他希望这些坏孩子终究能和正常的孩子一样健康地成长。可是，迪克的愿望不久就破灭了。

这个夏天刚过完，教务部就派人来说，要将克莱门特·迪克调往别处。迪克后来得知，原来是马特校长从中搞的鬼，他明显不希望迪克妨碍他用暴力来教育这些学生。

临走的一天，迪克心里很难受。他提着一个箱子，默默地走出了这家收容所的大门。可是，正当他要上车的时候，背后响起了一阵响亮的歌声。迪克回头，看到整个"放牛班"的孩子都站在门口，正在唱那首他教给他们的歌。迪克流着眼泪上了车，孩子们哭着跟他告别了。

十几年过后，克莱门特·迪克因病去世了。葬礼上，一位世界著名的音乐指挥家不请自来，在他的葬礼上演奏了一曲《月夜》。乐曲低回悠扬，像夏天的一阵凉风吹过人们的脸庞。这首乐曲正是当年迪克常给"放牛班"的学生演奏的那首音乐，而这个指挥家就是当年的蒙德。

二 发明家不必为自己的好点子道歉

陶然是一个"发明大王"，也是一个"整蛊大王"。

"啊！这是什么？"

"蛇！这里有蛇！"

教室里狭长的走廊上，一条灰色的"蛇"在来回穿梭。这引得教室里的尖叫声此起彼伏，一下子，安静的教室陷入了一阵混乱。

"丁零零"，上课铃响了，老师走进了教室，"都在干什么？准备上课！"老师看着混乱的教室，生气地大声喊道。同学们一下子安静了下来，但是有的同学还对刚才的一幕心有余悸，在台下小声地说着："蛇！蛇！"

"天天就知道打闹，你们该把这股玩的劲头放到学习中来。"老师气呼呼地说着，同学们都安静地听着，但是陶然却在偷笑，因为这条"蛇"是他放的。他用一块灰色的布料包裹在截断的棍子上，然后给它按上电池让它能够自由活动，做成后就是一条玩具蛇。陶然迫不及待地想要试验自己的新发明，所以就把这个刚刚做好的"蛇"放到了教室里面。看到同学们惊恐的表情和恐惧的尖叫声，陶然知道自己成功了，但是，同学们竟然没有发现这是一条玩具蛇。因此，陶然在暗自得意自己的杰作。

"陶然，你在笑什么？"老师注意到了陶然的"与众不同"。

"没什么啊！"陶然面不改色地回答着。

"给我坐下！下次再让我看到这样的情景，全班都去操场跑步——上课！"老师无奈地用生气和沉默结束了这次的混乱。但是，实际上，班里发生这样的混乱场面不下数十次。

以前，陶然曾用自己的玩具车和废旧的小型发电机，做成了一架小型的飞机，然后在上课的时候用遥控器使它在教室外面飞行，那飞机的声音特别大，转移了全班同学的注意力。为此，老师没收了陶然的遥控器，并警告他以后不许再把这些玩具带到学校来。不过，陶然是天生的调皮孩子，他完全没有把老师的话听进去，他依旧是不断地发明，不断地整蛊同学和老师。老师和同学们对于陶然的"开玩笑"既生气，又不得不承认陶然的聪明才智，所以每次陶然整蛊成功之后，大家都是以宽容的态度去对待陶然。

这次，老师明显知道这又是陶然在搞恶作剧，但是又放过了他。不过，陶然并没有因此而感激老师，决定不再做这样的事，他反而是暗暗决定要跟老师开一个大大的"玩笑"。

过了两天，陶然趁着下课的时候，偷偷地将自己发明的新玩意安装在黑板擦里面。上课的时候，当老师拿起黑板擦擦黑板时，她神经质地抖落了手中的黑板擦。第二天上课的时候，老师来了，但是没有上课，她说自己的手受了伤无法拿起粉笔在黑板上写字，所以让大家自习。

"昨天看着老师的手不是还好好的吗，怎么今天就受伤了呢？"

"老师的手上也没有伤口啊，哪里受伤了啊？"

同学们听了老师受伤的消息，都在议论纷纷。陶然听了，心里有些紧张。一天过去了，两天过去了……老师的手还是无法写字。同学们开始有些担心老师了，大家都在议论老师到底是怎么了。这时，只有陶然心里清楚老师到底是发生了什么事。他看着这次老师是真的受伤了，他的心里又害怕又紧张，最后他决定亲自去跟老师说明情况并跟她道歉。

放学了，陶然一个人来到老师的办公室，他看到老师正在用左手艰难地批改同学们的作业。

"老师，对不起！是我害你受伤了。"陶然站到老师的面前愧疚地说。老师听了，然后惊讶地看着陶然，说："陶然，你说说你怎么伤害老师的。"于是，陶然将自己把小发明装进黑板擦里的经过详细地跟老师说了，并告诉了老师她的手是被电流击中了。说着说着，陶然害怕地哭了起来，他连连跟老师道歉道："老师，对不起，我没有想到这个电流会让你的手受伤，对不起！"

陶然一直在不停道歉，老师在一旁静静地听着。陶然生怕老师会责罚他，可是，令陶然没有想到的是，老师看着陶然哭，反而抚摸着陶然的头。然后，她开了口说："没事的，陶然。你是一个聪明的发明家，发明家是不必为了自己的好点子而道歉的。"说完，她微笑地看着陶然。

陶然面对老师的宽容和夸奖，他脸上挂着泪水，温顺地点了点头。

三　你的勇气是最大的奖赏

一年一度的英语演讲大赛又如期地举行了，参加比赛的选手全都是有备而来。大家在选手慷慨激昂地演讲声中，毫不吝啬地鼓起了自己的手掌。眼看着比赛高潮迭起，大家都以为这将是历年以来竞争最激烈、演讲最为精彩的一次大赛，结果中间却出现了一个不小的失误。

一个个子高高瘦瘦的男生，站在台上，开始了自己的演讲。他的开场很精彩的，大家都听得出来，这是一个很新颖而且很能吸引大家乃至评委老师眼球的话题。就在大家期待着他的下一句要讲什么的时候，他却突然停止了。这是他第一次参加这种大型的比赛，所以这次他紧张地忘词了。

"各位评委老师，我很紧张，请再给我一次机会！"他紧张而又尴尬地望着台下的评委，评委们点了点头，示意他可以调整一下情绪再继续。于是，他就再来了一次。可是，到了中间，他整个人就像是被抽空了，脑子里一片空白。这时台下的人群一片寂静，大家唯恐发出一点响声而打断了选手的思路。他看着台下，看到几十双眼睛都在盯着自己，但是他憋红了脸就是想不起接下来自己要讲什么。此刻，他感觉自己就像是进入了真空，耳边什么声音都没有，就只听到自己心跳加速的"突突突"的声音。当主持人上台喊他的时候，他才像是从睡梦中刚醒过来一般，感觉失败和沮丧如期而至。面对台下哗然一片，他抱歉地说了一声"Sorry"，然后就走下了台。

坐在台下，他的头脑渐渐清晰了起来。之前遗忘的词语此时此刻像漫天的星斗一样布满了他的大脑，但是一切都晚了。他看着台上的参赛者丝毫没有受到他的影响，还在精彩地做着演讲，而且是一个比一个讲得好。此刻，他觉得其他的选手表现得愈好，对他的打击和讽刺就越大，他一遍一遍地翻开看自己修改多次的演讲稿，心里的失落无法言说。

最后，当所有的选手都演讲完毕，该公布比赛的评比结果了。他坐在位子上，如坐针毡，恨不得立马消失在比赛现场，因为他知道接下来将会是最残酷的时刻。这时，外语学院的一位德高望重的老人走上了台，他是外语学院外语研发室的教授。他站在台上，首先对那些参与比赛并且获得了很好的成绩的同学，表示了祝贺，而对没有的胜出的同学则指出了需要改进的地方以及祝愿他们将来可以获得更大的进步。老教授所说的所有的话，在男生听来都是对他的讽刺和数落。他伤心地低下了头，在心里不停地责怪自己，心想"自己天生就不是一块适合比赛的料，以后无论如何也不再参加这样的活动了。"可是，突然老教授又接着说："在我们一生中，总会遇到很多坎坷的时候，有些偶然的因素可能会导致我们的失误和遗憾。但是，失误并不能否认我们的能力，失败并不代表没有了希望。只要有了能力和希望，我们总有一天可以获得成功。对于我的这些观点，有同学想要发表些自己的意见吗？"老教授说完就沉默了，他知道这些话是说给他听的。老教授在等着，大家也都在等着。

此刻，老教授的这些话无疑给了他极大的鼓励。他听了，觉得心里有一股力量一直怂恿着他站起来。于是，他就借着这股莫名的力量站了起来，然后说到："我相信我能行。对不起，请再给我一次机会，可以吗？"说完这句话，他顿时觉得自己可笑之极，在比赛结束之后竟然还想有第三次机会，但是这些都是那股不知名的力量在推动着他作出这样的行为。大家听了他的发言，没有说话，老教授也是没有说话。他的心情一下子又变得沮丧起来，此时此刻他是多么后悔自己提出了那些无理的要求。但是，令他没有想到的是，老教授突然说话了："年轻人，你不必为你的勇敢道歉。我们当然可以再给你一次机会，但是，没有奖励，因为我觉得你的勇气就是对你最大的奖赏。"老教授说完，微笑地请他上台。他听了老教授的话，突然明白了原来那股力量是他的勇气。

他镇定了，上了台，然后再次开始了他的演讲。这次，他顺利并且是精彩地完成了自己的演讲。台下的掌声不断，老教授的眼里更是透露出一种赞赏的目光。他走下台，脸上充满了骄傲的神情，他知道他获得了成功，尽管没有奖励，但是就如老教授说的那样，"你的勇气是最大的奖赏。"

四　站在心中的小泥人

卡洛斯是一个很特别的家伙，他从来都不爱学习，但是却有一个独一无二的爱好，那就是喜欢做泥塑。不管什么时候，你都会看到卡洛斯的书包里总是装着一套简陋的泥塑工具和两盒彩色的橡皮泥。而且，卡洛斯总是喜欢在上课的时候去摆弄他自己的橡皮泥，丝毫不顾及别人的目光。对于卡洛斯，老师们都觉得他这个学生太调皮，有时候会说他，有时候会没收他的泥塑工具，但是都不管用。卡洛斯总有他的办法，会再弄来一套泥塑工具和几盒橡皮泥。

班里新来的海尔老师是一个特别严格的老师，她对于学生们在课堂上的任何不规矩的行为都要进行惩罚。但是，和其他老师不同，海尔老师的惩罚方式很特别。海尔老师教大家美术，所以如果有谁违反了纪律，她就会在黑板或者画板上画出他形象最坏的时候的样子。

海尔老师第一次来上课的时候，她一走进教室，大家的目光便都好奇地落在了她的身上，只有卡洛斯还在专心致志地捏自己的橡皮泥。海尔老师走上讲台，她一眼就看到了卡洛斯的不同寻常。她没有首先跟大家打招呼，而是转过身，快速地在黑板上画了一幅画。那幅画画的是一个小男孩，正趴在课桌上捏橡皮泥。大家看了海尔老师画的画，知道这画的是卡洛斯，于是大家都大笑了起来。

卡洛斯专心在做自己的作品，当他感到大家都在看他时，他才抬起头看了看讲台上的海尔老师。那时，海尔老师正拿一副严肃的表情看着卡洛斯，她想让卡洛斯明白，在她的课堂上不允许有学生在做其他的事情。不过，卡洛斯对于海尔老师的惩罚丝毫没有放在心里，在这之后的美术课上，大家都在认真地学习画画，只有卡洛斯一如既往地在捏橡皮泥。海尔老师总是想方设法地想让卡洛斯在课堂上暂时搁置自己的这一爱好，能够专心地学习。但是卡洛斯屡教不改，她生气极了。为此，卡洛斯深深地记下了海尔老师对他的一次又一次的"惩罚"。

一次上课的时候，海尔老师正在黑板上给大家演示素描。这时候，卡洛斯看着讲台上的海尔老师，他想起了海尔老师总是在黑板上画他，然后惹得大家都嘲笑他。这次，他想着他也要把海尔老师捏成各种各样的丑八怪，以此来报复海尔老师。

　　卡洛斯边在脑子里回忆着自己看过的最丑的人的样子，然后把海尔老师的身体捏成各种残疾的样子。这时，教导主任刚好经过海尔的教室。他看到其他孩子都在专心地上课，只有卡洛斯一个人在埋着头做别的事。教导主任走进教室，他看到卡洛斯桌上已经做好的各种各样的"海尔老师"。教导主任生气地瞪着卡洛斯，并让他带着他的作品去办公室。

　　卡洛斯跟着教导主任来到了办公室，随后海尔老师也跟着来了。

　　卡洛斯站在海尔老师和教导主任的面前，教导主任把卡洛斯捏好的各种各样的"海尔"放到她的面前。海尔老师看着眼前泥塑的自己，面容捏得跟自己真的是一模一样，只是这些"海尔"的身体，要么是断了一只手，要么就是瘸了一条腿。望着望着，海尔老师竟觉得那些就是她自己。

　　"这是你的学生就交给你处理，不过竟然能够对老师做出这样的事情，一定要好好惩罚下。"教导主任跟海尔老师叮嘱道。海尔老师听完了教导主任的训导，点了点头，然后让卡洛斯先回了教室。

　　卡洛斯回到教室后，他觉得自己终于报复了海尔老师，于是心里觉得很痛快。但是，他想着海尔老师等会儿肯定不会放过他，一定会对他大加严惩。想到这里，卡洛斯不禁打了一个寒战。

过了一会儿，海尔老师进了教室。大家看到海尔老师严肃的表情，都以为海尔老师肯定又会批评卡洛斯的。可是，大家万万没有想到。海尔老师这次不但没有批评卡洛斯，反而还表扬了他。海尔老师站在讲台上，一脸严肃说到："首先，我要对卡洛斯说声抱歉。对不起，卡洛斯。"海尔老师说完，冲着卡洛斯微笑了一下，然后她又接着讲："聪明的卡洛斯一直有着自己的才能，可是海尔老师却没有发现。今天我看到了卡洛斯的杰作，他用橡皮泥捏成的"海尔"是那么栩栩如生。"说完，海尔老师拿出一个个用橡皮泥捏成的"海尔"。大家看到桌上摆放的那些"海尔"老师，一个个都是那么地形象和逼真，有的是海尔老师正在画画，有的是海尔老师正在夹着画板。卡洛斯也看到了自己的作品，但是他现在看到的却不是自己最开始的作品。

卡洛斯看到海尔老师的改变，他突然觉得是自己做错了，他知道了原来自己这个"泥人儿"一直是站在了海尔老师的心中。听到海尔老师夸奖他，卡洛斯心里更是觉得愧对海尔老师。他羞愧地低下头，接受着海尔老师的表扬，但是他在心里却告诉自己"以后再也不会让海尔老师生气了。"

五　没有不好的孩子

礼拜天，收容所里来了一批人，他们走路的步伐很整齐，一看就知道是政府的人。孩子们都簇拥着跟在他们的后面看热闹，他们看到这些人找到了伯雷尔先生，他们对伯雷尔说了几句话，然后伯雷尔先生看了一眼跟在后面的孩子们，接着就把这些人带进了一间办公室。过了好长时间，这些人才从伯雷尔先生的办公室里出来，随后，伯雷尔先生也从办公室里出来了。但是，伯雷尔先生自从和这些政府来的人见了面之后，他的脸上就一直挂着担忧的表情。这是因为，伯雷尔先生担心的事情，终究还是发生了。

伯雷尔先生是一个著名大学的教授，不过现在他已经退休了，所以他现在的身份只是一个退了休的老头子，兼任这家收容所的负责人职位。这家收容所里住着的孩子都是一些问题少年，他们有的爱打架，有的爱睡觉，总之就是不喜欢上课和学习。政府之前曾派了专门的监督人员来监督这里，他们跟伯雷尔先生说好了，如果这里的孩子一直是这个样子，根本就无法改变，那么政府就将关闭这里，不再免费为这些孩子开放。伯雷尔先生一直在努力地改变现状，只是他没想到政府给的时间会是这么短。

刚刚伯雷尔先生在办公室里跟那些政府派来的监督人员说了好半天，他希望他们能宽限几日，想要尽力为孩子们争取一个可以读书的地方。可是，他们跟伯雷尔先生说了最后的期限，明天会给最后一次机会，他们会过来听课。如果课堂上孩子们的表现还是那么差劲，那么到时候不管伯雷尔先生说什么好话都不管用了。

伯雷尔先生为刚刚的谈话感到很忧心，他走出办公室看到孩子们扒在教室的窗户和门口上，看着他，冲着他笑。伯雷尔先生只要看到这些孩子，就会想起他当初来这里的目的。他的初衷就是希望这里的孩子能够上学，所以他不想半途而废。况且，他始终相信，世界上没有不好的孩子，只有不好的教育。所以，无论如何，这次都要保住这所收容所。

伯雷尔先生思前想后，觉得目前所要做的就是证明给政府的人看，这些孩子都是可造之材。所以，伯雷尔先生决定，明天的最后一节课，他要亲自给孩子们上课，而且是用一种特殊的方式来给他们上课。

第二天，伯雷尔先生早早地来到了教室。他在黑板上写下了最后一节课的课题：说说《灰姑娘》的故事。过了一会儿，孩子们逐渐地来到了教室，伯雷尔先生让他们全都坐好，保持安静。没过多久，政府派遣的那几位监督人员也准时来了。伯雷尔先生特地在教室的后面给他们留了座位，他们一进教室，伯雷尔先生就请他们坐下了。

"同学们，大家上午好！今天我们上课的主题是说说《灰姑娘》的故事，下面我们就一起来听大家说说吧！"伯雷尔先生有些紧张地看了看那些坐在教室后面的人，然后又把目光寄托在教室里的这些孩子们身上。

刚开始，教室里静悄悄的，时不时的还有一些孩子会转过身，朝后看去。伯雷尔先生于是又大声重复了一遍，"今天我们上课的主题是说说《灰姑娘》的故事，谁来说说这个故事呢？"

"我喜欢王子，他一直追求着灰姑娘，是个感情专一的人。"这时，一个可爱而又漂亮的小女孩站起来大声说道。

"很好！海蒂，你是个聪明的姑娘。"伯雷尔先生终于舒展了一下眉头，他接着又问："那你们不喜欢谁呢？"

"我最不喜欢灰姑娘的继母了，她总是阻拦灰姑娘去追寻自己的幸福。"这下是班里最小的孩子莫林在回答了。但是，随着莫林说完，有人则不同意他的意见了。有人说灰姑娘的继母也不是那么坏，至少是因为继母的坏才磨炼出了灰姑娘勤劳的品质。伯雷尔先生不断地鼓励着这些发言的同学，而且还不时地微笑着看看其他的同学。慢慢地，大家纷纷站起来说了各自的观点。很快，一节课的时间在大家的讨论中不知不觉地过去了。

一节课下来，每个人都发言了，而且对于每个观点都有不同的看法。这使得伯雷尔先生很高兴，他相信这些孩子出色的表现一定可以征服前来监督的人员。

果然，下课之后，伯雷尔先生走到那些人面前，有礼貌地把他们又带到了办公室。过了几分钟，那些人先从办公室里出来了，然后上了车走了，有的孩子还追着车，在后面大声欢笑着。接着，伯雷尔先生也从办公室里出来了，他的脸上充满了笑容，因为他成功了。在办公室的时候，那些政府派来的人员在伯雷尔先生面前承认了，"世界上没有不好的孩子"，他们答应了不再关闭这里，而且还准许伯雷尔先生一直在这里教导这些孩子们。

六　把学校背上山的"愚公"

在茨坝村小学有一个木匠老师，也是一个小学校长，他数十年如一日，倾心倾力地把一座学校背上了山。现在，大家更愿意称他为"愚公"，他就是刘恩和。

在1993年之前，刘恩和还是后坪乡中心完小的骨干教师。就在那年，刘恩和被调回自己的母校——茨坝村小学，担任校长。回到母校，满目的苍凉景象。学校没有围墙，没有宿舍，也没有操场，就连仅有的几间用来做教室的木房，也都是东倒西歪，瓦片上到处都是漏洞。每当下雨的时候，如果外面下雨教室里就成烂泥塘，如果外面下雪课桌上就湿漉漉的。看着眼前的情景，刘恩和知道这些房梁腐烂得随时都可能掉下来，如果不能及时地修缮，孩子们将无法正常上学。所以，刘恩和心里想着，当务之急就是要建一所像样点儿的学校。

正在刘恩和为修建学校而苦恼时，他得知世界银行贷款，资助中国贫困山区修建学校的项目下来了。于是，刘恩和找到乡文教办领导，想争取在茨坝小学立项。可是，看着乡里的实际情况，乡里领导知道这是根本不能实现的情况。所以，他们干脆就跟刘恩和说明了情况，"这个项目的要求是三通一平，路通水通电通地平"，可是茨坝村小学根本就是三不通。不过，刘恩和是一个倔脾气，只要他认定的事，他就一定要做到。所以，他多次找到乡领导，跟他们保证，只要能够让茨坝小学立项，他就一定会把学校建好。最后，领导拗不过刘恩和的倔脾气，给他下了一个硬性指标，那就是在 10 天内交清 1 万元的匹配金。于是，刘恩和就千方百计地凑足了这 1 万元。

当所有的建筑材料和投资基金都准备好了的时候，刘恩和在修建学校上又遇到了一些难题，那就是给建筑师傅的工资不够，山下的建筑材料不好运。为了解决这些难题，刘恩和最终想出了一个办法，那就是自己去把建筑所需的材料背上山，以此来抵修建师傅的工资。当双方达成协议后，刘恩和便开始背建材。

建筑用的材料都在石界地区，从石界到茨坝有十几里的路程，全是崎岖的山路。刘恩和背着水泥、钢筋和石灰，每天从早到晚，总是奔波在这条路上。无论是刮风下雨还是烈日当头，人们总会看到一个满脸皱纹、胡须花白的老人，拄着竹竿、弓着腰，在崎岖的山路上背着沉重的竹篓子，拖着沉重的步伐，艰难地前行。在平时上课的时候，刘恩和不仅要去背建材，还要准时去给孩子们上课。他每天在上课之前去背一趟，然后赶在上课之前回来，准时来到教室。为了每天能多背几趟，刘恩和总是会在前天夜里煮好一锅土豆，然后第二天早上带在背建材的路上，边走边吃。头天晚上，刘恩和背完石材回来，倒在床上就睡着了。后面有一天晚上，他忘了煮土豆，结果第二天没有早餐吃，他又累又饿，最终昏倒在路上。而在修教学楼打水泥板的时候，刘恩和头天晚上在几里外的水池边守水，一夜没合眼，因为他生怕别人会把水泥偷走。第二天回工地，他又接着背砂浆。结果，当他踩着踏板将 200 斤的砂浆背上二楼时，他瘫倒在地上，就再也起不来了。

看着刘恩和为了修建学校日益消瘦的身影，乡里的村民们感动了。刚开始的时候，村委会鼓励并动员村民们一起搬运建材，但是没有人肯去背，刘恩和只好靠自己一个人去背，而且他相信"喊破嗓子不如做个样子，背一点总要少一点"。终于，刘恩和这个"样子"还是做得很好，村民们开始主动地去帮忙背建材。

历经了4个多月，修建学校所需的建材终于都搬运完了。在这期间，刘恩和来回共走了2000多公里的山路，磨破了5双鞋。建材背上山了，最终两层的教学楼修好了，就在这短短的几个月的时间里，年仅48岁的刘恩和一下就全白了头发和胡子。

如今，茨坝村里最贫穷的一户人家就是刘恩和，但是他的学校却是整个乡镇最具现代化的一栋楼。看着修建好的教学楼，听着教室里孩子们朗朗的读书声，刘恩和的脸上扬起了笑容。

尽管这个固执地要把学校背上山的愚公曾经被人们嘲笑和怀疑，但是他用自己的双手和坚韧不拔的毅力实现了自己的诺言，他是人们永远都不会忘记的可敬又可亲的刘恩和——茨坝村的刘校长。

七　你们都是最棒的

还没开始上课，学校里的同事就告诉陈奕婷，说她即将要前去"赴任"的那个班级，是全年级最难管的一个班。当时，陈奕婷还以为同事们是在跟她开玩笑，没想到现实的情况却是更严峻。

陈奕婷去上课的第一天，她刚走进教室就看到了最让人头疼的一幕。

两个男生正在打架，一个个子大些的男生正骑在那个个子矮小些的男生身上。她走进教室的时候，还听到那个男生正对他说："你下次要是再敢这样说，我一定打得你满地找牙。"陈奕婷进去后，她瞪着地上的两人，希望他们自己停手并回到自己的座位上去。但是，出乎陈奕婷意料的是，这两个学生还是旁若无人地争吵。正当陈奕婷气得想要朝他们大喊的时候，隔壁班的李老师跑过来了。他站在教室的后门，朝着教室里大声喊道："都在干什么？全部都给我回到自己的座位上去。"说完，李老师朝着陈奕婷笑了一笑。陈奕婷尴尬地回了他一个微笑，然后一本正经地站在讲台上。

站在讲台上，她首先介绍了自己的姓名。介绍完了，她停顿了一会儿。她本以为学生们会兴奋地喊她一声"陈老师"，但是坐在台下的学生却是一个个地面无表情。接着，她开始讲授自己已经备好的课，但是学生们全是一脸戒备的表情。

　　放学后，她觉得依循惯例是要找那两个打架的男生谈话，询问他们情况，为他们调解矛盾。所以，在下课前的几分钟，她吩咐那两个打架的男生放学后留下。可是，当下课铃一响，班里的学生全都像是脱缰的野马，争先恐后地跑出了教室。陈奕婷连忙喊住了那两个学生，可是他们站住之后，其中个子较高的那个男生，一脸不耐烦地对她说了句："小姐，有时间多为你自己操操心吧！我们都是差生。"说完，他们就悠哉游哉地逃离了陈奕婷的视线。

　　面对学生的挑衅，陈奕婷感到手足无措，她第一次感觉到自己力不从心。

　　课后在办公室备课的时候，李老师走过来跟她打招呼并跟她说，"你的那个班里的学生，都是乡下田间劳作的孩子，野性大。下次要是再遇到这样的情况，直接找我。"陈奕婷知道，李老师说的是上次上课时发生的事情，但是她不想自己今后的班级一直这样懒散下去。所以，她对李老师说，请他以后不要替她出头，她会自己处理好班里的事情。

　　第二次上课时，陈奕婷首先在黑板上写下了"奕婷陈"3个字。班里的学生看到了，他们得意的大笑，笑话她把自己的名字写错了。陈奕婷没有马上擦掉黑板上的字，而是转身跟学生们说："我和你们一样大的时候，我经常把自己的名字写成黑板上的这个样子。那时候，大家都认为我是全校最差的一个学生。他们常常称呼我为'差生'，如今说起这个我都感到羞愧。"陈奕婷边说边回忆起自己的历史，她的眼眶有些湿润。

　　"那你是怎么成为老师的？"有一个学生站起来问道。

　　"因为我并不承认我自己是个差生，而且我很讨厌'差生'这个称呼。所以我努力地学习，我想要摆脱它。"陈奕婷深情地说，"我今天站在这里给你们上课，我不觉得你们很笨，我也不认为我的学生是差生。但是，如果有人还认为自己是差生，那么我请他出去，因为这个教室里的人都是最棒的。"

　　陈奕婷说着说着，她的情绪有些激动，眼泪止不住地流了下来，她急忙用手去擦拭自己的眼泪。这时，台下的学生看到陈奕婷的举动，沉默了。她又继续说："从今天起，我不想再听到'差生'这个词，我相信你们中间一定有人将来会考上大学，因为你们真的是最棒的，你们听到了吗？"陈奕婷越说越激动，尤其是最后的这句话就像是吹响的号角那样振奋人心。班里的学生听了，竟然都异口同声地说了句"听到了"。

　　从那次课之后，这个班里的学生真的有了很大的改变。他们准时上学，认真上课，整个班级的成绩逐步地上升。在陈奕婷来到这个班级的第一个教师节，陈奕婷意外地收到了班里学生送给她的礼物。那是一张用纸糊了好几层做成的贺卡，贺卡密密麻麻地写着各种祝福的话，下面的署名是二年级（5）班全体同学。拿着这张粗糙却又充满温暖的教师节礼物，陈奕婷的眼眶又湿润了。

几年之后，这个班里的大部分学生都上了大学，当初那个打架的学生最后还成为了一个成功的企业家。陈奕婷得知了这一切，她欣然地笑了，她默默地想，"你们都是最棒的！"

八　断翼天使更美丽

她是一个普普通通的女生，过着简简单单的生活，干着一份平平常常的工作。但是，她却做了一件不平常的事，成为了一个大写的人，她就是断翼的天使——张丽莉。

张丽莉出生在一个教育世家，她的大伯母是老师，于是，张丽莉从小就在心里埋下了当老师的种子。长大后，张丽莉认真学习，一直朝着自己的梦想不断努力。她高中毕业后考入了依兰师范学校，通过几年的学习，张丽莉打下了扎实的基础。在依兰师范学校毕业后，张丽莉于2004年顺利通过了"专升本"考试，进入大庆师范学院学习。在完成了自己的学业后，张丽莉如愿以偿地进入了佳木斯市第十九中学任教，真正地成为了一名老师。

对于教学，张丽莉始终相信"只有有爱心的教师，才能培养出有作为的学生"。所以，她总是对学生关爱备至，在生活的点点滴滴中去关心和呵护每一个学生。

班里的一个学生不爱学习语文，张丽莉就故意每次在语文课上，让他起来朗读课文。而且，她还在这个学生朗读完课文后，夸奖他的声音很有"磁性"。这样，那个学生逐渐就对语文产生了兴趣，语文成绩也就随之有了很大的提高。而当她听说班里的一个学生家庭条件特别困难时，张丽莉又从自己的工资中每月抽出一部分钱来资助那个学生。

正当她日复一日却不知疲劳地为学生付出的时候，不幸突然降临了。

2012年5月8日的那天，大家都在正常地上课、下课，一切都和平时一样。晚上8点30分下自习之后，佳木斯市第十九中学的初三学生一齐涌向对面的

四中校门，这时，停在四中门前的一辆大客车因驾驶员误碰操纵杆致使客车突然失控，从而撞向了路边停着的另一辆客车。同时，被撞客车失控后正向校门口的学生们冲来，但是此时学生们却是背对着那辆客车在走路，根本就没注意到危险的降临。猛冲过来的客车正一米米地前进，突然，张丽莉不知从什么地方冲了出来，一下子将在车前的几名学生都推了出去。当失控的客车停止了之后，张丽莉却被卷入了车底，继而遭到了碾轧。看着车底下奄奄一息的张丽莉，大家很快把她送到了医院进行抢救。刚送到医院，医生就初步诊断出张丽莉是双下肢碾轧伤、失血性休克、骶骨骨折、双上肢及双手碾轧伤，生命垂危。

　　躺在医院的病床上，过了许久，张丽莉才从昏迷中醒过来。当她醒过来之时，她说的第一句话是："那几个孩子没事吧？"她的这句话是问当时正守在床边的爸爸的。爸爸看着张丽莉的模样，心疼得掉下了眼泪。看到爸爸为自己难过，张丽莉安慰爸爸说："当时车祸的场景我还记得，很幸运，如果车轮从我的头碾过去，你就看不到我了，我救了学生，也保住了命，今后一定会幸福的。"

就是这么一个普通的女孩子，和所有的人一样全心全意地爱着家人，她把自己的爱扩大了无数倍，分给了学生。

早在 2009 年的冬天，张丽莉也因为保护学生而被车撞了一次。那次，她所带的班里有一位同学生病了，张丽莉就带着几名班干部前去探望。那时候，地上结了冰，走路很滑。就在过马路的时候，一辆自行车朝着一个学生冲过来。张丽莉见状，一把将那学生揽进自己的怀里，而自己却被自行车撞个正着。幸运的是，那次她并没有受多大伤。

虽然一次次地从生命的边缘走过，但是为了学生，张丽莉从来都不顾危险。这次，她没有像以往那样幸运，可以免过伤害。但是，当记者问到她有没有后悔过自己所做的事情，她却说道："不后悔！这样做是我的本能。我已经 30 岁了，我已和父母度过 30 年的快乐时光。那些孩子还小，他们的快乐人生刚刚开始。"

如今，张丽莉因为车祸而被截掉了双腿，从此以后，她可能就要在轮椅上度过。但是，学生们却从来都没有忘记过这个伟大的张老师。他们说："以前老师是我们的拐杖，以后我们就是老师的轮椅。"而在人们的眼中，此时的张丽莉就像是断了翼的天使。大家都相信，拥有着学生们和家人的爱，这个断翼天使将会更加美丽。

九 问题少年或许是可以开发的宝藏

彭成刚接手新班级，同事们就特别提醒他，这个班里面有几个问题少年，其中最为调皮的就是一个叫做王威的男生。彭成听了，半信半疑。可是，当他刚在班里上第一次课时，王威就开始"崭露头角"了。

去上课之前，彭成心里一直想着同事们的话，他想不管怎样，以后都要多关注一下这个学生。刚走到教室门口，彭成听到教室里面有打闹声。他连忙走进去，只见一个女生正在教室里一边哭喊着一边追一个黑黑胖胖的男生，那个男生手里拿着一个铅笔盒，一边跑着还一边得意地笑着说："你来追我啊！"彭成看了，他连忙制止了这个男生。大家看到新来的老师一来就发脾气，他们都站在原地不敢动，只有那个男生。他慢悠悠地走到那个女生的面前，把手中的铅笔盒直接扔在了那个女生的桌子上，然后悠哉游哉地回到了自己的座位上坐下了。

彭成看着眼前的少年，他想这个学生应该就是王威。于是，他就试着喊了一下："王威。"果然，那个男生听了随即就望着彭成。

"你出来一下。"彭成说完先出了教室，紧跟着，那个捣乱的男生，也就是王威，他也出来了。

"你说说你刚才为什么这么做吧？"彭成一脸严肃地注视着王威。

"好玩！"王威睁着一双大眼睛望着彭成说。

听到这个回答，再看着眼前这个睁大眼睛的孩子，彭成真的不愿意相信事实。随后，彭成让王威给那个女同学道歉，这件事也就算完了。可是，没过两天，隔壁班的陈老师气冲冲地找到了彭成，他说王威弄坏了隔壁班的钟表，说好让王威这天还过去的，可是到现在还没有见他来。彭成一听说这事，他马上找王威问了个明白。王威承认，他确实是弄坏了隔壁班的钟，也的确答应过要还，但是，他没有钱。说这些话的时候，王威一脸的无赖样。彭成看在眼里，急在心里。他总是想着一定要把这个问题少年给教育好，因为他总是相信每一个问题少年或许是一个等待开发的宝藏。这下，彭成还是没有狠狠地惩罚王威，而是自己掏钱替他承担了这个责任。

这件事结束后，彭成觉得如果一直这样下去，那么王威这个学生肯定是会越变越坏。所以，他开始仔细关注王威的生活，希望从一些细节入手。

有一天，彭成看到王威正在拆一个崭新的游戏机。他以为这又是王威在破坏别人的东西，他走过去想要制止他的行为。

"王威，你在干什么？"彭成站在他的面前问。

"你看到的啊，就是拆游戏机啊！"王威专心地拆自己的东西，漫不经心地回答。

"你看你把一个好好的游戏机给拆掉了，那不就坏了吗？"彭成有些生气了，语气有些急促。

"拆掉了，我还能给它重新装上。"王威说完，抬起头看着彭成说，脸上流露出骄傲和自豪的神情。突然，彭成灵机一动，他想借此机会来好好教育下王威，于是就让他把这个游戏机装给他看。彭成本来以为王威说的话是骗他的，但是结果，王威真的把那部游戏机装好了。顿时，彭成觉得眼前的这个少年并不是只会破坏。那天，彭成由衷地称赞了王威的动手能力，夸奖他以后肯定能成为一个发明家，并鼓励他可以朝着这个方面发展。没想到，王威听了彭成的表扬，他竟然害羞得脸红了。从那一刻起，彭成对这个问题少年充满了希望。

后来上课的时候，彭成总是故意挑王威的优点并对他进行表扬。而王威自从那次拆装游戏机被彭成表扬之后，他再见彭成时，再也不会像以前那样嚣张。不过，虽然得到了彭成的不断鼓励，但是王威在学习上似乎并没有有所改变，直到那次发明大赛之后。

期中时期，学校举行了一次课外发明大赛。当时，班里有很多同学都主动参加了。彭成首先就想到了王威当日拆游戏机的情景，所以他也替王威报了名。

课后的时候，彭成跟王威说，学校里的发明大赛问他有没有兴趣参加。王威听了，有所犹豫，没有立刻拒绝彭成，也没有马上答应。第二天，报名的期限已经过了。王威怯怯地来找彭成，问他还有没有机会报名参加，因为他自己已经发明了一个自行车的助动器。彭成听了，微笑着跟他说："当然可以。"

王威顺利地参加了比赛，而结果竟然是出乎意料地拿到了发明大赛的一等奖。听到这个消息，彭成心里很高兴，因为他再次证实了自己的观点——问题少年或许是可以开发的宝藏。拿着奖杯站在领奖台上，王威第一次以一种规规矩矩地姿态站在了全校的师生的面前。大家看着眼前的这个有着聪明才智的少年，都纷纷地为他鼓起了掌。

在发明大赛结束之后，王威彻底地改变了。他不再傲慢，不再调皮捣乱，而是全身心地投入到了学习中，希望以后真的能成为一个像彭老师说的那样的发明家。

十　双手刨出的生命通道

当灾难来临的那一刻，生命便是那么脆弱，一不小心就被吞噬在重重危险中。但是，在危难面前，有的人往往能挺身而出，舍己为人地挽救着他人的生命。在过去的"5·12"汶川地震中，就有着这么一个感人的故事。

在 2008 年 5 月 12 日的那天下午，四川绵阳县的某中学正在上化学课。

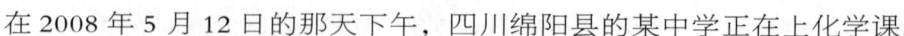

　　突然，四周传来"隆隆"的响声，接着教室也开始摇晃了起来，而且是摇得越来越厉害。化学老师嘱咐学生们坐着别动，然后自己跌跌撞撞地走出门去看情况。当化学老师看到教室外面逐渐坍塌的房屋时，他立刻朝着教室里的学生喊到："地震，快跑！"老师的一声大喊，惊醒了安静的教室，学生们拼了命地往外冲。一时间，人挤着人，有的同学被挤在了后面出不来，惊恐地大哭着；有的同学冲在前面，在晃晃荡荡的教学楼上跌撞着。随后的一声巨响，整个教学楼地塌陷了。瞬间，教学楼的一楼变成了平地，而二楼则变成了一楼。有些一楼的同学还没来得及逃出来，他们就被压在了瓦砾之下。

　　随着余震的不断发生，那些还没有完全塌陷的教学楼也渐渐地偏斜。那些幸存的学生和老师在逃出了教室之后，他们来到了校园空旷的地方。在场的老师，一边安顿所有逃出的学生，让他们在原地待着不要乱跑，一边积极展开救援。但是，光凭着几个老师来救援，人手明显就不够。这时，在这群学生中，有一个男生偷偷地从人群中溜了出来，然后回到自己原来上课的教室，去寻救那些还没来得及逃出来的同学。他在震毁的教室旁寻找着，不久就看到了被卡在楼梯间的同班同学孝廉。他一边不停地搬挖，一边鼓励着对方说："我来了，你要坚持，一定要坚持！"正当他不断地尝试着各种方法来施救时，不断袭来的余震让原本就坍塌的教学楼陷入了随时都会塌陷下去的境地。于是，他加快自己的救助步伐。但是，天色渐渐地暗了下来。有老师在充满尘埃的废墟中喊到："受地震影响，岷江上游的大坝可能决堤，低洼地带的漩口中学或许将被淹没。为了安全起见，学校将组织所有逃出来的学生爬上地势较高的渔子溪山。"

　　听到老师的召集口令，看着愈来愈黑的天色，他最终随着大部队离开了。

　　晚上，天空下起了大雨。同学们和老师们都搭起了帐篷，老师们为大家煮了一些土豆。他吃着土豆，看着外面的天气，心里想起了同学孝廉向他求救时的情景。他想象着同学在漆黑的废墟中没有吃的、没有喝的情景，觉得自己不能见死不救。所以，他暗自下定决心，自己一定要将孝廉救出来，哪怕是自己一个人。于是，当晚9点，他一个人再次偷偷地溜出了帐篷，冒着大雨，在泥泞的道路上深一脚浅一脚地摸到了学校。

　　在漆黑的夜色中，他凭着自己的感觉找到了白天孝廉被埋的位置。此时，原来的教学楼的楼梯已经被废墟掩盖。但他知道，他的同学就在这里面，所以他蜷缩着身子，钻进了废墟，然后开始了自己的救援。他一边搬挖一边听声音，感觉与孝廉越来越近时，他的兴奋就多了一点儿。

一个小时过去了，两个小时过去了，他的手磨破了，鲜血止不住地流了下来。他忍着疼痛，继续挖。中间由于他晚上只吃了两个土豆而体力不支，差点儿晕了过去，但是想着同学，他又继续坚持了下去。终于，4个小时过去了，他看到了他的同学孝廉。此时，他看到孝廉的左腿已经骨折，受了很多伤。由于失血过多，加上雨水不断地落下，孝廉不断地颤抖着。他连忙脱下自己仅剩的一件短袖的 T 恤，裹在孝廉的身上，然后准备想办法救出同学。这时，孝廉突然抽泣着说："你别走，如果你要走，就等我死了再走吧！"

"你不会死。你是我们班最小的一个，你的生命力也是最强的，我绝不会丢下你！"这时候，这个少年坚定地说道。说着，他赶紧地清理干净孝廉身边的瓦砾，然后用尽全身的力气将孝廉从废墟中拉了出来。看着眼前的同学，他开心地笑了。

当他成功地把同学带到了山上时，他自己却晕倒了。同学们和老师们都在身边喊着："马健，马健。"他醒过来，笑了笑，又睡了过去，他实在是太累了。

他就是用双手为生命刨出通道的勇敢少年，他的名字叫马健。